人力资源管理名家精品系列教材

薪酬管理

（第二版）

主　编　张丽华
副主编　郭云贵　王　蕴

科学出版社
北　京

内 容 简 介

薪酬管理作为人力资源管理的一个重要组成部分，专业技术水平要求较高，既是重点也是难点。薪酬管理课程是人力资源管理专业的核心课程。本书根据精品课程教材建设要求，针对应用型本科人才培养的教学特点和要求编写，系统阐述薪酬管理的基本理论与应用方法。本书将理论知识与实践案例紧密结合，引用了大量的薪酬管理实践案例来说明理论的应用性，力求在体系结构上体现新颖性和系统性，在内容上体现可读性和实用性。

本书既可作为高等院校人力资源管理专业课程教材，也可作为企业人力资源管理培训用书。

图书在版编目（CIP）数据

薪酬管理/张丽华主编. —2版. —北京：科学出版社，2017
人力资源管理名家精品系列教材
ISBN 978-7-03-051792-0
Ⅰ. ①薪…　Ⅱ. ①张…　Ⅲ. ①企业管理-工资管理-教材
Ⅳ. ①F272.92

中国版本图书馆CIP数据核字（2017）第029879号

责任编辑：张　宁 / 责任校对：邹慧卿
责任印制：张　伟 / 封面设计：蓝正设计

科学出版社出版
北京东黄城根北街16号
邮政编码：100717
http://www.sciencep.com
北京盛通商印快线网络科技有限公司 印刷
科学出版社发行　各地新华书店经销
*
2009年4月第　一　版　开本：787×1092　1/16
2017年2月第　二　版　印张：14 1/4
2019年8月第九次印刷　字数：334 000

定价：48.00元

（如有印装质量问题，我社负责调换）

FOREWORD

前　言

为落实教育部提出的实施高等学校教学质量与教学改革工程的要求，实现“基础扎实、知识面宽、能力强、素质高”的人才培养模式，必须进行教学内容与课程体系的改革。人才培养模式最终要落实到各个培养环节，而占大学学习时间最多的课堂教学使用的材料及学生阅读量最大的资料依然是教材。在学习时间最多、阅读量最大的环节上进行改革是教学改革的重点。在多年教学改革的基础上，实施精品课程教材建设项目是一个重要创举，是教学内容和课程体系改革在21世纪的继续和升华，适应了我国在21世纪建设若干所世界先进一流大学和一批世界知名高水平大学的需要。

精品教材应反映世界科学技术、社会发展的水平，同时适应我国科学技术、社会发展的现状。根据精品课程教材建设的要求，我们确定了本书的编写思路：以薪酬管理的前沿理论为基础，以中国企业薪酬管理实践工作为背景，以培养高素质、高技能、应用型人才为目标，全面、系统地介绍有关薪酬管理的基础理论知识，并结合我国薪酬管理工作的具体实践活动，全面阐述薪酬管理的思想体系及相关技术和工具，力求在结构上体现新颖性、系统性，在内容上体现可读性和实用性。

薪酬是企业与员工之间最主要的联结纽带之一，是企业与员工共同关注的重要问题。因此，薪酬管理是人力资源管理的重要组成部分，是重点，也是难点。重点在于它是最重要、最有效的激励员工的方式，科学合理的激励力度和激励方向可以激励员工，促使员工卓有成效地工作；难点在于它不仅涉及员工公平感、成就感、归属感等心理感受，还涉及员工队伍稳定和企业成本运作。因此，薪酬管理这门课程成为人力资源管理专业的必修课程和核心课程。本书按照精品课程教材建设的要求，针对培养人力资源管理专业本科层次人才的要求和特点编写，主要特点是薪酬管理理论与企业薪酬管理实践案例紧密结合，引用了大量的企业薪酬管理实践案例说明薪酬理论的应用性。本书每章都设有引导案例、关键概念、本章小

结、复习思考题、案例分析题等，还在部分知识点或案例旁边添加了二维码，读者可以通过扫描二维码下载与理论知识相关的实践材料进行阅读。本书力求在方便读者学习理论知识的同时，使其对企业薪酬管理的实践有感性、客观的认识和了解，从而提高学习兴趣与学习效果，达到学用结合、知行合一的目的。

本书不但吸收了国内外薪酬管理理论研究领域的一些最新成果，而且融入了编者在教学科研中的理论思考和最新体会，在理论上具有创新性和前瞻性，在实践上具有适用性和可操作性。同时，本书考虑了薪酬管理理论如何与中国企业的实际相结合的问题。本书包括两部分：第一部分，理论，介绍薪酬管理的发展历程，阐述薪酬管理的基本概念、基本理论和基本原理。第二部分，实务，介绍如何开展薪酬管理活动，包括薪酬管理制度，薪酬体系设计，薪酬水平决策，薪酬结构设计，薪酬预算、控制及调整，员工福利与社会保障管理等的基本方法与技巧。

本书第一章、第三章由王蕴、张丽华编著，第二章由闵罡、郭云贵编著，第四章由闵罡、张丽华编著，第五章、第六章由马蕾、郭云贵编著，第七章由曹林、郭云贵编著，第八章由王蕴、张丽华编著。全书由张丽华教授统稿完成。科学出版社编辑张宁、刘文娟为本书的编写做了大量基础性的工作，并提出了许多宝贵意见和建议。

本书借鉴、引用了国内外许多学者的研究成果，在此表示衷心的感谢。

由于理论与经验的局限，本书难免存在不足之处，敬请各位专家和读者不吝赐教，以使本书在修订时更加完善。

编者

2016 年 11 月

CONTENTS

目　　录

第 1 章　**薪酬与薪酬管理** ……1

1.1　薪酬概述 ……2
1.2　薪酬管理概述 ……10

第 2 章　**薪酬管理理论** ……17

2.1　生存工资理论 ……19
2.2　工资基金理论 ……22
2.3　边际生产力工资理论 ……24
2.4　供求平衡工资理论 ……29
2.5　集体谈判理论 ……32
2.6　效率工资理论 ……37

第 3 章　**薪酬管理制度** ……44

3.1　薪酬制度概述 ……46
3.2　基本薪酬制度 ……49

第 4 章　**薪酬体系设计** ……72

4.1　职位薪酬体系设计 ……74
4.2　能力薪酬体系设计 ……79
4.3　绩效薪酬体系设计 ……84
4.4　长期薪酬体系设计 ……91

4.5 企业经营者薪酬与年薪……98

第 5 章 薪酬水平决策……107

5.1 薪酬水平与薪酬战略……110
5.2 薪酬水平的影响因素……114
5.3 薪酬市场调查……118
5.4 岗位评价与薪酬的内部一致性……123

第 6 章 薪酬结构设计……137

6.1 薪酬结构的横向设计……139
6.2 薪酬结构的纵向设计……142
6.3 宽带型薪酬结构设计……155

第 7 章 薪酬预算、控制及调整……165

7.1 薪酬预算……168
7.2 薪酬控制……174
7.3 薪酬调整……189

第 8 章 员工福利与社会保障管理……199

8.1 员工福利概述……200
8.2 员工福利的规划与管理……206
8.3 社会保障的管理……211

参考文献……220

第 1 章
薪酬与薪酬管理

引导案例

分粥的故事

英国历史学家阿克顿（1834—1902 年）讲过一个分粥的故事。故事大意是，有七个人组成的小群体，每个人都是平凡且平等的，他们没有害人之心，但不免自私自利。他们想以非暴力的方式解决每天的吃饭问题——分食一锅粥。由于粥不够吃，又没有称量工具，如何分粥便成了一个难题。为了让大家都满意，他们尝试过多种分粥方案。第一种方案：指定一个人负责分粥。可是很快大家发现，这个人为自己分的粥最多。于是换了另一个人，结果总是主持分粥的人碗里的粥最多、最稠。第二种方案：大家轮流主持分粥，每人一天。这就等于承认了分粥人为自己多分粥的权利，同时也给予了每个人为自己多分粥的机会。虽然看起来平等，但是每个人在一周中只有一天吃得饱且有剩余，其余六天都饥肠辘辘。第三种方案：大家选举一个德高望重的人负责分粥。开始这位德高望重的人还能公平地分配，但不久他便开始为自己和讨好他的人多分。第四种方案：选举一个分粥委员会和一个监督委员会，形成监督和制约机制。在这种方案下，基本实现了公平，可是由于监督委员会常提出各种异议，分粥委员会又据理力争，等分粥方案确定了，粥却冷得不能喝了。第五种方案：每个人轮流分粥，但是分粥的那个人要最后一个领粥。在这个制度下，七个碗里的粥每次都是一样多，就像用科学仪器量过一样。

思考题：

1. 出现分粥难题的根源是什么？
2. 从薪酬管理的视角看，分粥故事带给我们哪些启示？

1.1 薪 酬 概 述

1.1.1 薪酬的内涵

薪酬一词，是从“compensation”一词翻译过来的。从字面理解，意思是平衡、弥补、补偿，暗含着交换的意思[①]。

薪酬从本质上说是员工因向其所在单位提供劳动或劳务而获得的各种形式的酬劳或答谢，体现的是一种公平的交易或交换的关系，即员工向雇主或企业让渡其劳动或劳务使用权后获得的报酬，也是雇主或企业为获取员工提供的劳动或劳务而提供的回报或报酬，体现了劳动力的价格水平。广义的薪酬包括员工所获得的各种货币收入及各种具体的服务和福利之和，狭义的薪酬不包括各种具体的服务和福利。

① 米尔科维奇 J T，纽曼 J M.薪酬管理.第 9 版.成得礼译.董克用校.北京：中国人民大学出版社，2008：7.

1.1.2　与薪酬相关的概念

1. 报酬

报酬（rewards）是指员工从雇主或企业那里获得的作为个人贡献回报的，他认为有价值的各种东西，一般可分为非货币性报酬与货币性报酬两大类。

1）非货币性报酬

非货币性报酬通常是指对员工有相当程度的吸引力，但不是直接以货币形式表现出来的一些因素，如社会地位、成长和发展的机会、富有挑战性的工作、工作满足感、工作的自主性、特定的工作环境等。

2）货币性报酬

货币性报酬通常是指员工所得到的各种货币收入和实物，包括直接薪酬和间接薪酬。

直接薪酬（direct rewards），如工资、绩效奖金、利润分享、股票期权等。

间接薪酬（indirect rewards），如养老保险、医疗保险、带薪休假、住房补贴等各种福利。

报酬的构成如图 1-1 所示。

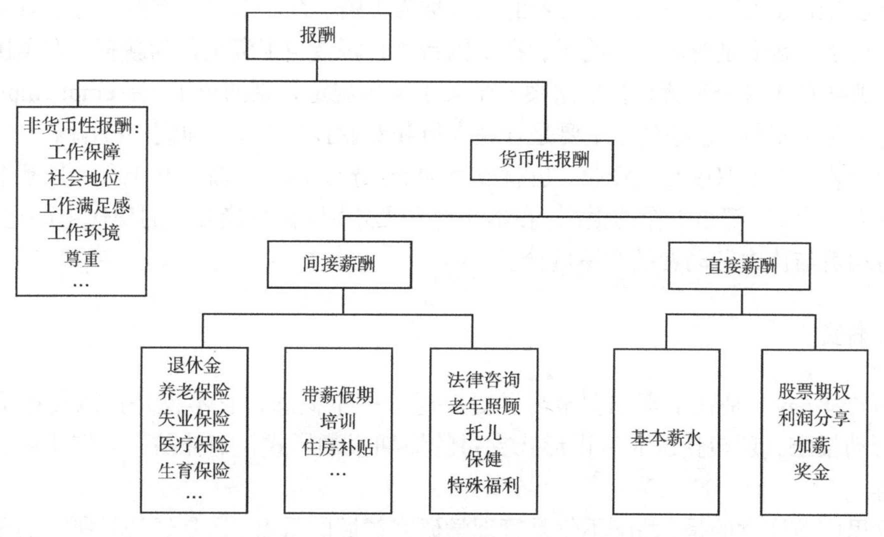

图 1-1　报酬的构成

资料来源：Schuler R S.人力资源管理. 吴淑华，黄曼琴译.台湾：沧海书局，2001

2. 工资

什么是工资（wage）？从形式上看，工资是劳动者付出劳动以后，以货币形式得到的劳动报酬。国际劳动组织的《1949 年保护工资条约》中对工资定义如下："'工资'一词系指不论名称或计算方式如何，由一位雇主对一位受雇者，为其已完成和将要完成的工作或已提供或将要提供的服务，提供的可以货币结算并由共同协议或国家法律或条

例予以确定而凭书面或口头雇用合同支付的报酬或收入。”[①]这一定义，一是明确了工资的支付者和工资的收入者。支付者为雇主，按照我国劳动法的规定，雇主应统称为用人单位；工资收入者则统称为劳动者或工资劳动者。二是明确了支付工资多少的依据，应是劳动者“已完成和将要完成的工作或已提供或将要提供的服务”。三是明确了工资支付的方式，即不论名称或计算方式如何，均应以货币结算并支付报酬或收入。四是明确了工资支付的标准，即工资应依照共同协议或国家法律或条例的规定以及书面或口头劳动合同的约定。

我国劳动部在《关于贯彻执行〈中华人民共和国劳动法〉若干问题的意见》（劳部发〔1995〕309号）中把工资定义为用人单位依据国家有关规定或劳动合同的约定，以货币形式直接支付给本单位劳动者的劳动报酬，一般包括计时工资、计件工资、奖金、津贴和补贴、延长工作时间的工资报酬以及特殊情况下支付的工资等。由此可见，工资是劳动者劳动收入的主要组成部分。

3. 薪金

薪金（salary）又称薪俸、薪给、薪水。薪水，按《辞海》的解释，旧指俸给，意谓供给打柴汲水等生活上的必需费用。工资与薪金的划分，纯属习惯上的考虑。一般而言，劳心者的收入称为薪金，劳力者的收入称为工资。在日本，工资被认为是对工厂劳动者的给予，薪金是对职员的给予；在中国台湾，薪金与工资统称为薪资；在美国，薪金是指那些免于《公平劳动标准法案》中关于加班规定管制的员工（exempt employee）所获得的基本报酬，这些员工主要是管理人员和专业技术人员，他们的报酬采取年薪或月薪的形式，不采取小时工资制，也就没有加班工资。因此，薪金和工资，是基本报酬的两种表现形式，都是工作的报酬，在本质上并无差别。在日趋复杂的现代生产过程中，脑力劳动者与体力劳动者已几不可分。

4. 薪资

薪资（pay）是比工资和薪金内涵更广泛的一个概念，它不仅是指以货币形式支付的劳动报酬，还包括以非货币形式支付的短期报酬形式，如补贴、工作津贴、物质奖励等。

这里应该注意的是，薪酬不仅是管理学研究领域的重点，还是经济学研究的重要组成部分。经济学和管理学对薪酬的称谓是有差别的，在经济学研究中，一直采用“工资”的概念，其对应的是“劳动力价格”。经济学关注的是工资的性质和工资是如何确定的，而管理学则更多地关注对薪酬的管理。

---

① 国际劳工组织. 国际劳工公约和建议书（1970—1993）. 第二卷. 北京：国际劳工组织北京局，1994.

1.1.3　薪酬的构成

薪酬可分为直接薪酬和间接薪酬，其中直接薪酬包括基本薪酬、可变薪酬，间接薪酬包括员工福利和服务，如图 1-2 所示。

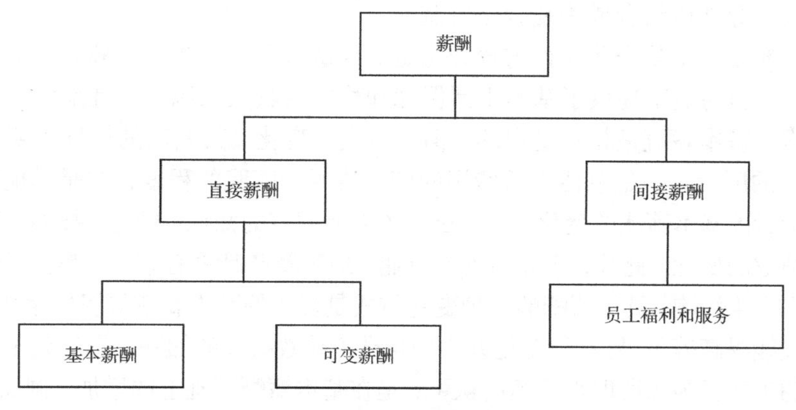

图 1-2　员工薪酬的构成

1. 直接薪酬

1）基本薪酬

基本薪酬（basic compensation），也称标准薪酬或基础薪酬，是一个企业根据员工所承担或完成的工作任务，或者员工所具备的完成工作的技能或能力而向员工支付的稳定性报酬。

大多数情况下，企业是根据员工所承担工作本身的重要性、复杂程度、责任及劳动强度为基准，按照员工实际完成的劳动定额、工作时间和劳动消耗而计付的劳动报酬。由于它是根据员工的工作性质支付基本现金报酬，因此它只反映工作本身的价值，而不反映员工因经验或工作态度而引起的对企业贡献的差异。这种情况下采取的是职位薪酬体系。此外，对于企业中的一些特殊人员，企业根据他们所完成工作的技能或能力的高低来确定基本薪酬，即采用的是技能薪酬体系或能力薪酬体系。例如，在为科技人员确定基本薪酬时，企业往往根据员工所拥有的技能和教育经历而不是员工所承担的工作性质来决定基本薪酬。在国外，基本薪酬往往有小时工资、周薪、月薪和年薪的形式；在我国大多数企业中，提供给员工的基础薪酬往往以月薪为主，即每月按时向员工发放固定的基础工资。

基本薪酬有以下特点：①常规性，基本薪酬是劳动者在法定工作时间和正常条件下所完成的定额劳动的报酬。②固定性，员工的基本薪酬数额以企业所确定的基本薪酬等级标准为依据，等级标准在一定时期内相对稳定，员工的基本薪酬数额也相对固定。③基准性。所谓的基准性包括两层含义：其一，基本薪酬是其他薪酬形式的计算基准，其他薪酬形式的数额、比例及其变动均以基本薪酬为基准，基本薪酬有总体薪酬的平台支撑；其二，为保证员工的基本生活需要，政府对员工基本薪酬的下限作强

制性规定，实施最低工资保障制度。对于不能保证获得其他薪酬的员工，其基本薪酬的数额不能低于法定的最低工资标准，因此基本薪酬也被称为标准薪酬。基本薪酬通常由基础工资、工龄工资、职位工资、职能工资中的一种或几种构成。一般情况下，企业使用较多的基本薪酬是职位工资制、职能工资制和薪点工资制，或者上述几种工资制的组成部分加以组合成为复合工资制。

基本薪酬是员工从企业获得的较为稳定的经济报酬，这部分薪酬对员工来说是至关重要的，不但为员工提供了基本生活保障和稳定的收入来源，而且是可变薪酬确定的一个依据。基本薪酬是相对稳定的，但也会发生变化，其变动的依据主要取决于以下三个方面的因素：一是总体生活费用的变化或通货膨胀的程度；二是其他雇主支付给同类劳动者的基本薪酬的变化；三是员工本人所拥有的知识、经验、技能的变化而导致的员工绩效的变化。此外，企业所处的行业、地区及产品占有率等，都会对员工的基本薪酬水平产生影响。员工薪酬的一种变化方式是员工的基本薪酬等级发生变化（如职位升迁、技能提高等）；另一种变化方式是与员工绩效有关的加薪，即绩效工资，是对员工过去的工作行为和所取得成绩的认可，是在基本薪酬基础上的增加。例如，在年度绩效评估中被评为优秀的员工，会在下一年获得基本薪酬增加 8%～10%的待遇，而绩效达到要求的员工则可以在下一年获得 3%～5%的绩效加薪。

2）可变薪酬

可变薪酬（variable compensation），也被称为浮动薪酬或奖金，是薪酬体系中与绩效直接挂钩的部分。实行可变薪酬的目的是在薪酬与绩效之间建立起一种直接的关系，这种绩效既可以是员工个人的绩效，也可以是某一个业务单位、员工群体、团队，甚至整个企业的业绩。由于绩效和薪酬之间建立起了这种直接的关系，可变薪酬对员工有很强的激励作用，对企业绩效目标的实现也具有积极的作用，因此，也有人称之为激励薪酬（incentive compensation）。

可变薪酬有以下特点：①补充性。基本薪酬具有相对稳定和固定的特点，不能及时反映员工实际工作绩效和企业需要的变化，而可变薪酬可以作为其补充形式。②激励性。可变薪酬在企业目标的指导下，通过支付方式、支付标准、支付时间的变化，把员工利益和企业的发展联系在一起，进而起到激励员工实现企业目标的作用。

通常情况下，根据可变薪酬支付的时限，可以把可变薪酬分为短期和长期两种。短期可变薪酬一般建立在非常具体的绩效目标基础之上，其主要表现形式是奖金。奖金是企业对员工超额劳动或突出绩效以货币方式支付的奖励性报酬。长期可变薪酬的目的在于鼓励员工努力实现跨年度或多年度的绩效目标。事实上，许多企业的高层管理人员和一些核心的专业技术人员所获得的与企业长期目标（如投资收益、市场份额、净资产收益等）的实现挂钩的红利等，都属于长期变动薪酬的范畴。与短期奖励相比，长期奖励能够将员工的薪酬与企业长期目标的实现联系在一起，并且能够对一个企业的文化建设起到强大的支撑作用。

需要注意的是，可变薪酬和绩效工资（业绩工资）都与员工的绩效联系在一起，但是两者之间是有区别的：①二者影响绩效的方式不同，可变薪酬是在员工的理想工作绩

效出现之前的“诱导”，而绩效工资是对员工出现理想工作绩效之后的“奖励”。②绩效工资通常会转变为员工基础报酬的增加，因此对企业的人工成本具有长期的影响；而可变薪酬是一次性支付，对企业的人工成本没有长期影响，并且当员工业绩下降时，可变薪酬也会自动下降。

2. 间接薪酬

间接薪酬也被称为福利薪酬（benefits），是薪酬结构中不可或缺的组成部分。福利薪酬主要是指企业为员工提供的各种物质补偿和服务形式，包括法定福利和企业提供的各种补充福利。从支付形式上看，传统的员工福利以非货币的形式支付，但随着企业部分福利管理职能的社会化，一些福利也以货币形式支付，即货币化福利。

与基本薪酬与可变薪酬不同，员工福利不是以员工为企业工作的时间为计算单位。它一般包括非工作时间付薪、向员工个人及其家庭提供的服务（如儿童看护、家庭理财咨询、工作期间的餐饮服务等）、健康及医疗保健、人寿保险及法定养老金等。作为一种不同于基本薪酬的薪酬支付手段，福利有其独特的价值：第一，由于减少了以现金方式支付给员工的薪酬，并且很多国家对部分福利项目有免税的规定，企业可以通过这种方式达到适当避税的目的；第二，福利薪酬为员工将来的退休生活和一些可能发生的不测事件提供了保障（有些间接薪酬被员工看做“以后可以用的钱”）；第三，福利薪酬具有灵活多样的支付形式，如员工可以以较低的成本购买自己所需要的产品（如眼镜、健康保险、人寿保险等），满足员工多种工作和生活需要，具有直接薪酬不可比拟的功能。因此，近年来福利薪酬成本在国外许多企业中的上升速度是相当快的，如企业采取自助式的福利计划以帮助员工从福利薪酬中获取更大的价值。

1.1.4　薪酬的功能

薪酬代表了企业和员工之间的一种利益交换关系，是两者之间的主要联系纽带，对双方都有着不可替代的作用。员工通过付出自身的劳动获得期望的薪酬，企业通过支付薪酬获得希望得到的劳动成果。因此，对于薪酬的功能，应该从员工和企业两个方面去理解。

1. 薪酬对企业的功能

1）改善经营业绩

一方面，人和人的工作状态是任何企业经营战略成功的基石，也是企业达成优良经营绩效的保障；另一方面，不谈薪酬，我们就无法谈及人和人的工作状态。薪酬不仅决定了企业可以招聘的员工数量和质量，还决定了企业中人力资源的存量，同时，决定了现有员工受激励的状况，影响他们的工作效率、出勤率及对企业的归属感和承诺度，从而直接影响企业的生产能力和生产效率。薪酬实际上是企业向员工传递的一种特别强烈的信号，通过这种信号，企业可以让员工了解什么样的行为、态度及业绩是受鼓励的，是企业需要的，从而引导员工的工作行为和工作态度，以及最终的业绩向企业期望的方向发展。因此企业必须充分发挥和利用薪酬的调节作用，提高和改善其经营业绩。

2）有效配置资源

薪酬是企业合理配置劳动力，提高企业效率的杠杆。薪酬资源配置的功能体现在两个方面，即劳动力的数量配置和素质结构的配置。一方面，企业通过报酬机制，调节企业生产和经营环节的人力资源，实现企业内部各种内部资源的有效配置；另一方面，由于产品结构和技术结构的变化，企业对人力资源的素质要求不断提高，企业经常会出现劳动力素质（技能）结构方面的供求失衡的现象，如供不应求且素质较高的劳动者可以得到较高薪酬，而供过于求且素质较低的员工得到较低薪酬，就能引导员工学习企业所需要的知识和技能，提高自身的素质，从而使劳动力素质结构合理化。因此，薪酬可以从供求双方来调节劳动力的素质结构，实现供求相对平衡。

3）塑造和强化企业文化

薪酬会对企业员工的工作行为和态度产生很强的引导作用，因此，合理的、富有激励性的薪酬制度会有助于企业塑造良好的企业文化，或对已经存在的企业文化起到积极的强化作用。但是，如果企业的薪酬政策与企业文化价值观存在冲突，那么，它就会对企业文化和企业的价值观产生严重的消极影响，甚至会导致原有的企业文化土崩瓦解。例如，企业推行的是以个人绩效为基础的计件工资制，将在企业内起到强化个人主义的作用，使员工崇尚独立、注重彼此之间的相互竞争，合作精神就会较差，导致出现个人主义的文化；反之，如果薪酬的计算和发放主要以小组或团队为单位，则会强化员工的合作精神和团队意识，使整个企业更具有凝聚力，从而支持团队文化。事实上，许多企业的文化变革往往都伴随着薪酬制度和薪酬政策的变革，甚至以薪酬制度和薪酬政策的变革为先导。

4）支持企业变革

随着经济全球化的趋势愈演愈烈，变革已成为企业经营过程中的一种常态。为了适应这种状况，企业一方面要重新设计战略，再造流程，重建组织结构；另一方面，企业还需要变革企业文化，建设团队，更好地满足客户的需求，使企业变得更加灵活，对市场和客户的反应更为迅速。而这一切都离不开薪酬，因为薪酬可以通过作用于个人、工作团队和企业整体来创造出与变革相适应的内部和外部氛围，从而有效推动企业变革。首先，企业的薪酬制度和薪酬政策与重大组织变革之间存在着内在的联系。据统计，在企业流程再造的努力中，50%~70%的计划都未能达到预期的目标，其中的一个重要原因就是再造后的流程与企业的薪酬体系之间缺乏一致性。其次，作为一种强有力的激励工具和沟通手段，如果薪酬能够得到有效运用，它就能够起到沟通和强化新的价值观与行为并支持对结果负责的精神的作用，同时，它还直接成为激励员工去达成新的绩效目标的工具。这样，薪酬就会有利于强化员工对变革的接受和认可程度。从这个意义上说，薪酬更多的是对目前及将来的一种投资，而不仅仅是一种成本。

5）控制经营成本

由于企业所支付的薪酬水平高低会直接影响企业在劳动力市场上的竞争能力，因

此企业必须保持一种相对较高的薪酬水平，这对于企业吸引和保留员工来说无疑是有利的；但是，较高的薪酬水平又会对企业控制生产成本产生压力，从而影响企业在产品市场上的竞争力。一方面，企业为了吸引和保留企业经营过程中不可或缺的人力资源不得不付出一定的代价；另一方面，企业处于产品或服务市场上的竞争压力又不能不注意控制薪酬支出。事实上，虽然劳动力成本在不同行业与不同企业的经营成本中所占比重不同，但是对于任何企业来说，薪酬成本都是一项不容忽视的成本支出。通常情况下，薪酬总额在大多数企业的总成本中要占到 40%～90%。因此，有效地控制薪酬成本支出对大多数企业经营效率的提升具有重大意义。

2. 薪酬对员工的功能

1）经济保障功能

经济保障功能是薪酬的基本分配功能。劳动者在劳动过程中脑力和体力的消耗、劳动力的代际延续、抚养家庭子女等都要借助于薪酬的补偿来实现，劳动者只有得到有保障的、稳定的收入，才能安心工作，增加对企业的信任感和归属感。在市场经济条件下，薪酬收入是绝大多数劳动者的主要收入来源，对劳动者及其家庭生活所起到的保障作用是其他任何收入保障手段都无法替代的。当然，薪酬对员工的保障并不仅仅体现在其满足员工在吃、穿、用、住、行等方面的基本生存需要，还体现在要满足员工在娱乐、教育、自我开发等方面的发展需要。总之，员工薪酬水平的高低对员工及其家庭的生存状态和生活方式所产生的影响是很大的。

2）激励功能

从心理学角度看，薪酬是劳动者个人与企业之间的一种心理契约，这种契约通过员工对薪酬状况的感知而影响员工的工作行为、工作态度及工作效率，即产生激励作用。一般情况下，员工的需要是从低层次向高层次递进，当低层次需要得到满足之后，通常会产生更高层次的需要，并且员工的薪酬往往是多层次并存的。因此，企业必须注意同时满足员工的不同层次的薪酬需要。

从激励的角度看，员工的高层次薪酬需要得到满足的程度越高，则薪酬对员工的激励作用就越大；反之，如果员工的薪酬需要得不到满足，则很可能会出现消极怠工、工作效率低下、人际关系紧张、缺勤率和离职率上升、企业凝聚力和对企业的忠诚度下降等多种不良的后果。因此，必须设置科学、合理的薪酬制度和政策，消除员工的不满情绪。

3）信号功能

员工把薪酬系统看做企业对某种活动或行为的重要信号：①企业的分配政策显示学历高，工资就高，则会促使员工继续学习，提高学历。②企业报酬以服务时间长短为基础，则可以培养员工的忠诚度和在一定程度上降低离职率。③企业奖励给为企业带来收益的创新行为，则会鼓励员工的创新，营造创新文化氛围。此外，企业根据岗位的重要性不同而给予不同的报酬水平，表明企业重视不同岗位的价值等。任何一种报酬政策都会给员工提供信号，促使其向有利于自己的方向努力。

员工所获得的薪酬水平高低除了具有经济保障功能外，还具有信号功能，人们可以根据这种信号来判断特定员工的家庭、朋友、职业、受教育程度、生活状况，甚至宗教信仰及政治取向等。一个企业员工的薪酬水平高低往往也代表了员工在企业内部的地位和层次，成为识别员工个人价值的一种信号。因此，员工对这种信号的关注实际上反映了员工对自身在社会及企业内部的价值关注，从这方面来说，薪酬的社会信号功能也不容忽视。

1.2 薪酬管理概述

1.2.1 薪酬管理的概念与目标

1. 薪酬管理概念

薪酬对员工和企业的重要性决定了薪酬管理的重要性。所谓薪酬管理，是指一个企业针对所有员工所提供的服务来确定他们应当得到的报酬总额、报酬结构和报酬形式的过程。在这一过程中，企业必须就薪酬水平、薪酬体系、薪酬结构、薪酬形式及特殊员工群体的薪酬做出决策；同时，作为一种持续管理过程，企业还要不断制订薪酬计划，拟定薪酬预算，就薪酬关系问题与员工进行沟通，对薪酬系统本身的有效性做出评价并不断予以完善。

2. 薪酬管理目标

薪酬管理对于任何一个企业来说都是一个比较棘手的问题，这主要是因为企业的薪酬要想实现对员工的激励功能，达到实现企业目标的最终目的，必须保证薪酬管理体系的公平性、有效性和合法性。

（1）公平性。公平性是指员工对企业薪酬管理体系，以及管理过程的公平性、公正性的看法或感知，这种公平性涉及员工与企业外部劳动力市场薪酬状况、企业内部不同职位上的员工及类似岗位上的员工的薪酬水平之间的对比结果。

（2）有效性。有效性是指企业的薪酬管理系统能否以较少的投入最大限度地激发员工的工作积极性，从而帮助企业实现预定的经营目标。这种经营目标不仅包括利润率、销售额、股票价格上涨等方面的财务指标，还包括客户服务水平、产品或服务质量、团队建设、企业与员工的创新和学习能力等方面的定性指标的达成情况。

（3）合法性。合法性是指企业的薪酬管理体系和管理过程是否符合国家的相关法律规定，从国际通行情况来看，与薪酬管理有关的法律主要包括最低工资立法、同工同酬立法和反歧视立法等。

从以上分析可以看出，薪酬管理三个目标之间存在着紧密相连的关系。但是，需要注意的是，这三大薪酬目标之间有时存在一些内在的矛盾和冲突。例如，员工对薪酬公平性的一个重要判断依据是本人的薪酬水平与其他同类企业中同类人员的薪酬对比状况。在其他条件相同的情况下，本企业的薪酬水平越高，员工的公平感就会越强，但是，企业的薪酬水平如果过高，又会对企业形成成本压力，对企业的利润产生不利影响，从而在薪酬的公平性和有效性之间产生矛盾。此外，在薪酬管理的合法性和有效性之间有时也会产生类似的冲突，即企业在不守法的情况下会增加收益。例如，不遵守最低工资法的规定给员工支付最低工资，会降低企业的人工成本。管理的主要任务就是处理好各项管理事务之间的矛盾，寻求事务发展的平衡点。因此，企业必须在薪酬的公平性、有效性及合法性三大目标之间找到平衡，这也是薪酬管理的主要任务和目标。在薪酬管理的过程中，要综合考虑以上目标，灵活地制订出最有效的薪酬制度和薪酬方案，一方面为企业发展吸引优秀人才，另一方面为实现企业的经营目标奠定良好的基础。

?讨论与思考 1-1

应该如何分配货物？

主人将货物分成两份，平均分给驴和骡子去驮。驴看到自己驮的东西和骡子一样多，很气愤地说："给骡子吃的食物比我多一倍，却让我和他驮一样重的货物。"

走了一段路以后，主人看到驴支持不住了，就把他身上的货物移一部分到骡子背上；再走了一段路以后，驴更没精神了，主人又把货物移过去一部分，最后驴身上空无一物。这时骡子瞪着驴说："你现在还会认为我不该多吃一倍的食物吗？"

讨论与思考：你认为驴应该和骡子驮一样多的货物吗？若不是，请你帮它想想该怎么办，为什么？

1.2.2　薪酬管理的内容

1. 薪酬体系

薪酬体系决策的主要任务是确定企业的基本薪酬以何为基础。在目前情况下，国际上通行的薪酬体系有三种，即职位（或岗位）薪酬体系、技能薪酬体系和能力薪酬体系，其中职位薪酬体系的运用最为广泛。所谓职位薪酬体系、技能薪酬体系和能力薪酬体系，是指企业在确定员工的基本薪酬水平时所依据的分别是员工从事工作的自身价值、员工自身的技能水平与员工所具备的能力水平。职位薪酬体系是以工作和职位为基础的薪酬体系，而技能和能力薪酬体系则是以人为基础的薪酬体系。

2. 薪酬水平

薪酬水平是指企业中各职位、各部门及整个企业的平均薪酬水平，薪酬水平决定了

企业薪酬的外部竞争性。这里需要指出的是，在传统的薪酬水平概念中，我们更多地关注企业整体薪酬水平，而在当前全球经济一体化及竞争日趋激烈的市场环境中，人们开始越来越多地关注职位之间或者不同企业中同类工作之间的薪酬水平对比，而不是笼统的企业平均水平的对比。这是因为随着竞争的加剧，为了提升自身在产品市场和劳动力市场上的灵活性，企业对薪酬外部竞争性的考虑越来越多地超越了企业对薪酬内部一致性的考虑。

3. 薪酬结构

薪酬结构是指同一组织内部的不同职位所得到的薪酬之间的相互关系，它涉及的是薪酬的内部公平性的问题。在企业总体薪酬水平一定的情况下，员工对企业内部的薪酬结构极为关注，这是因为企业内部的薪酬结构实际上反映了企业对职位（技能或能力）重要性及职位（技能或能力）价值的看法。如果说企业的薪酬水平会对员工的吸引和保留产生重大影响，那么薪酬结构的合理与否往往会对员工的流动率和工作积极性产生重大影响。一般而言，企业往往通过正式或非正式的职位（技能或能力）评价来确定薪酬结构的公平性和合理性。

4. 薪酬形式

薪酬形式是指员工所得到的总薪酬的组成成分及各部分的比例关系。通常情况下，薪酬形式划分为直接薪酬和间接薪酬，前者主要是指直接以货币形式支付给员工并且与员工所提供的工作时间有关的薪酬，而后者则包括福利、有形服务等一些具有经济价值但是以非货币形式提供给员工的报酬。

5. 薪酬管理政策

薪酬管理政策主要涉及企业的薪酬成本与预算控制方式，企业的薪酬制度、薪酬水平是否保密的问题。薪酬管理政策必须确保员工对薪酬系统的公平性看法，以及薪酬系统有助于企业、员工个人目标的实现。薪酬管理的目的是让员工了解薪酬分配的原则和依据，使员工理解企业对什么样的行为和绩效感兴趣。因此，薪酬制度和薪酬水平是否保密还取决于是否能够化解员工的不满情绪及能否保证薪酬的激励功能的体现。

6. 薪酬系统的运行管理

薪酬体系设计完成后，在其运行过程中涉及对运行过程中出现问题的管理，包括薪酬的预算、成本控制、薪酬诊断与薪酬调整等问题。有效的运行管理可以更好地保证薪酬系统的实施效果。

1.2.3　薪酬管理的流程

企业薪酬管理系统能否正常运行和发挥正常功能，在一定程度上取决于企业薪酬管理的流程是否科学、有效（图 1-3）。一般来说，企业的薪酬管理立足于企业的经营战略和人力资源战略，以劳动力市场为依据，在充分考虑员工所承担的职位本身的价值及其任职资格条件要求的基础上，对团队和个人的绩效进行考核及评价，最终形成薪酬管理系统。薪酬管理系统必须达到对外具有竞争性、对内具有公平性、成本具有有效性及能够合理认可员工的贡献、遵守相关法律规定等有效性标准。

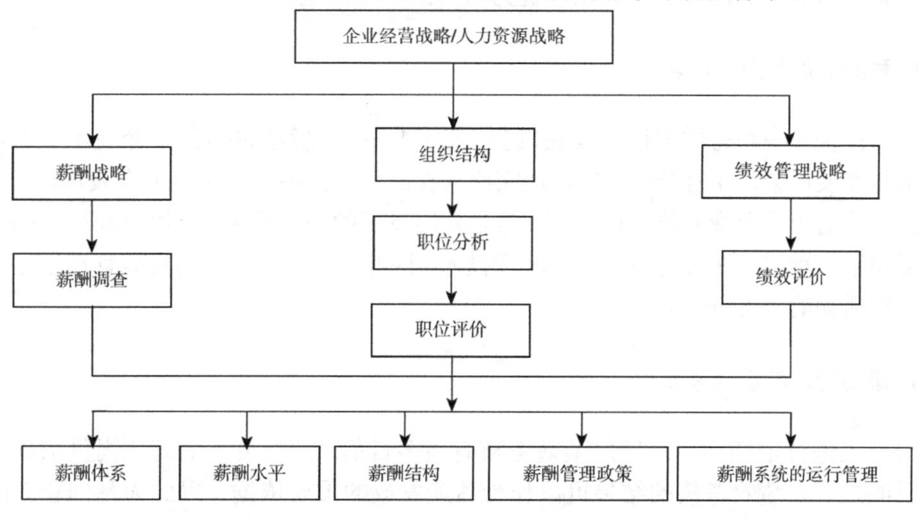

图 1-3　薪酬管理的流程

1.2.4　薪酬管理与其他人力资源管理内容的关系

薪酬管理是整个人力资源管理系统与企业运营和变革过程中的一个重要组成部分，与其他人力资源管理内容共同构成了企业使命、愿景及战略目标实现的重要基石。作为现代企业人力资源管理中的重要组成部分，薪酬管理与人力资源管理其他内容紧密相连，相互结合，从而推动组织高效运作。

1. 薪酬管理与工作分析

工作分析是人力资源管理的基础性职能。通过工作分析，对某特定工作的具体特征（包括工作活动的内容、工作职责、工作关系、聘用条件及工作环境等）做出明确的规定，并确定在此岗位上的员工所需要具备的一般要求、生理要求和心理要求(各种技能)。在工作分析的基础上进行职位评价，即对各个岗位的重要性进行评价，然后根据职位评价的结果与企业的薪酬制度和薪酬结构确定基本工资（岗位工资）。因此，工作分析是进行薪酬管理的基础。

2. 薪酬管理与员工招聘

科学合理、灵活多样的薪酬制度可以从不同角度满足优秀人才的优势需要，使企业在劳动力市场上更具有吸引力，能够招聘到符合企业需要的高素质员工。知名人力资源服务提供商前程无忧发布的《2014 高校毕业生就业状况》报告显示，在薪酬方面，毕业生的要求越来越高，其中“211”和“985”重点院校的毕业生中，52%的毕业生要求起薪在 6 000~8 000 元；38.8%的毕业生理想起薪在 2 000~4 000 元，另有将近一成的毕业生理想起薪在 10 000 元以上。可见，薪酬问题仍然是优秀人才关注的重要问题，一个具有竞争力的薪酬体系是企业招聘优秀人才的重要法宝。

3. 薪酬管理与员工培训

员工在企业中获得的培训与发展机会，属于非货币化薪酬的范畴。企业给员工合理的培训与发展机会，有利于员工更好地完成现在的工作并促进员工的职业发展。培训和发展机会的给予是企业对员工的投资，是企业给员工的一种回报，可以提高员工的工作满意度和组织承诺，进而提高员工的心理投入。因此，员工的培训与发展管理也是广义薪酬管理活动的一部分内容。

4. 薪酬管理与绩效考核

对员工进行定期和不定期的绩效考核有诸多目的，而为员工的薪酬提供依据是其重要目的之一。绩效考核的结果可以作为薪酬发放的重要依据，以此为基础建立的薪酬体系被称为以业绩为基础的薪酬体系。企业将绩效考核与薪酬管理紧密联系起来，根据员工的工作绩效给予差别化的薪酬，不仅有利于激励员工发挥出最大的潜能，提高员工个人、团体乃至企业总体的绩效，而且有利于发掘和挽留优秀人才。因此，越来越多的企业将员工、团队或部门业绩作为薪酬支付的重要依据。

5. 薪酬管理与胜任力模型

所谓胜任力，是指与特定组织中特定岗位上的人员工作业绩水平有因果关联的任职者的个体特征和行为。它能够将特定工作岗位上表现优秀的员工与表现一般的员工区分开来。建立在胜任能力模型基础上的薪酬体系，能够鼓励员工积极提高与实现高绩效有关的能力，打造一种积极的以能力为中心的高绩效组织。

6. 薪酬管理与员工关系管理

近年来，受全球经济复苏乏力影响，我国实体经济增速放缓，企业效益持续下滑，生产经营困难加剧，使企业内的劳动关系发生明显变化，劳动争议案件数量居高不下，拖欠工资等劳动者权益受损的现象在一些地方和企业中屡见不鲜。中国企业联合会发布

的《中国企业劳动关系状况报告》(2014年)中数据显示，2013年前三季度，全国各级劳动保障监察机构共办理拖欠工资等待遇案件17.4万件，为343万个劳动者追发工资等约188亿元，案件数量和涉及的金额分别比上年同期增长24.7%和54.6%；各地劳动人事争议调解仲裁机构受理涉及劳动报酬的争议案件16.5万件,涉及劳动者21.7万人，虽然比上年同期有所下降，但仍然处于高位。因此，做好薪酬管理，实现企业与员工的双赢，有利于构建和谐的员工关系。

关键概念

薪酬　报酬　薪金　薪水　工资　基本薪酬　可变薪酬　间接薪酬　薪酬管理

本章小结

薪酬与薪酬管理是人力资源管理的重要内容，随着企业人力资源管理理论的不断发展，对薪酬与薪酬管理的研究也在不断完善、细致、深入和多元化。本章重点阐述了薪酬的定义及薪酬的构成，介绍了薪酬的相关概念、薪酬的功能、薪酬的基本制度，并重点分析了薪酬管理的概念和原则、薪酬管理的内容与流程等内容。

复习思考题

1. 什么是薪酬？薪酬包括哪些内容？
2. 薪酬的功能体现在哪些方面？
3. 简述基本薪酬和可变薪酬之间的区别和联系。
4. 薪酬管理的内容。

案例分析

薪酬管理做加法还是减法？

某部门经理，如果完成设定的业绩指标，企业将给付年薪10万元。那么，这10万元怎么付？具体做法有两种：

A：加法。5万元年薪（固定工资）+绩效奖金（奖金按照业绩好坏而定，若完成业绩指标，则给付5万元绩效奖金）。

B：减法。10万元年薪（按100%完成业绩指标计算，薪酬各项总和为10万元）。根据B做法，员工的最终收入是小于等于10万元，若不能达到预期指标，则按比例扣除薪水，即在10万元基础上做减法。

分析：

减法比较适合企业中高层岗位的薪酬制定。对于足以影响公司业绩的中高层管理人员，其薪酬应该更多地和业绩挂钩，绩效工资中有50%~60%可以随着公司业绩的变化

而变化，这样有利于使用薪酬杠杆进行激励。随着级别的降低，浮动工资的比例可以逐渐减少，越是底层的员工，浮动工资比例可以越小，这样能减轻员工工作压力，让他们安心工作，减少离职率。

相对于加法，减法其实是耍了个小花招。它的关键点是，虽然对于相同的工作结果，两种计算方式中企业所付的薪酬是一样的，但它的效果截然不同。请分析一下为什么。

第 2 章
薪酬管理理论

引导案例

多省调整最低工资标准

2016 年，已有多个省市上调了最低工资标准，如上海、重庆、辽宁等。山东也于 6 月 1 日开始正式执行新的最低工资标准。据了解，该地区调整后的月最低工资标准为 1 710 元、1 550 元、1 390 元；而小时最低工资标准为 17.1 元、15.5 元、13.9 元。

需要注意的是，2016 年 3 月发布的“十三五”规划纲要中提出要“合理确定最低工资标准”。本轮最低工资标准的调整也将围绕“合理确定涨幅”这一新特点进行。

事实上，重庆、辽宁等地早已于 2016 年 1 月便开始调整其最低工资标准。其中，重庆第一档地区月最低工资标准由此前的 1 250 元提至 1 500 元；辽宁第一档地区月最低工资标准则由此前的 1 300 元提至 1 530 元。而上海也于 2016 年 4 月 1 日起将其月最低工资标准由此前的 2 020 元调至 2 190 元；小时最低工资标准则由 18 元调至 19 元。

在上调最低工资标准的问题上，中国劳动学会副会长苏海南在接受《中国产经新闻》记者采访时表示，按照 2004 年劳动保障部颁布的最低工资规定，应根据 6 个因素统筹考虑后予以调整，包括劳动者及其赡养人口的最低生活费用、物价指数变动、个人缴社保费用、职工平均工资、经济发展水平、就业率等。面对当前的经济新常态，苏海南还强调，“特别要注意把握好调整的幅度与频次。即调整的幅度一定不要偏高，要与当地的经济增长速度，特别是企业的劳动生产率的提高幅度和社会平均工资的增长等因素相适应，不能明显高于劳动生产率和经济增长速度”。

“只有将这些问题进行权衡，制定出来的最低工资标准，才能既促进企业发展，又能够使当地劳动者收入水平提高。”中投顾问股份有限公司研究总监郭凡礼在接受《中国产经新闻》记者采访时说道。

在郭凡礼看来，最低工资标准上调将会使低端劳动力成本上升，对劳动密集型产业会有一定的影响。苏海南也指出，鉴于经济下行的压力，一些地区很多企业的生产经营比较困难。因此，对于此类地区，还应将最低工资标准的调整频次放慢。

“上调最低工资标准，最重要的问题就是在企业和劳动者之间取得一个平衡点。”郭凡礼表示，这意味着新的最低工资标准，既能够不为企业带来较大的成本压力，不会使企业业绩增长受到较大影响，劳动者也可以不被通货膨胀、物价上涨等因素影响基本生活。所以政府在上调最低工资标准时，还是需要综合考虑当地的就业情况、劳动生产率等因素，谨慎调整上升幅度。

这也就是此前提到的“合理确定涨幅”。但不容忽视的是，尽管现在几乎所有地区的最低工资标准都在 1 000 元以上，却仍有个别例外，如广西，该地区的月最低工资标准为 830~1 200 元；黑龙江的月最低工资标准则为 850~1 160 元；而贵州的月最低工资标准为 850~1 030 元。

最低工资标准的制定目的在于更好地保障低收入劳动者及其家庭的基本生活。全国总工会数据显示，最低工资标准调整直接或间接影响的劳动者约占从业人员的 20%。由此可见，大多数的工作人员拿到的都应是高于最低标准的平均工资或者更多。

资料来源：吴琼. 多省调整最低工资标准. 中国产经新闻，2016-06-04

思考题：

1. 各省市为何调整最低工资标准？
2. 企业确定薪酬水平的依据有哪些？

2.1　生存工资理论

在现代工资理论发展史上，生存工资理论是首先形成的第一种工资理论，也有人把它称作糊口工资论或工资铁律（iron law of wages）。这种理论是由早期经济学家在18 世纪末 19 世纪初提出来的。最早的古典经济学家魁奈（F. Quesna，1694—1774 年）和杜尔阁（A. Turgot，1727—1781 年）等在他们的经济学著作中就已经对这种理论做了一定的论述。其后，古典学派的大师亚当・斯密（A. Smith，1723—1790 年）和大卫・李嘉图（D. Ricardo，1772—1823 年）等对生存工资理论做了更多的论述，为这个理论的确立奠定了基础。

2.1.1　生存工资理论的形成和发展

威廉・配第是英国古典政治经济学的创始人，其在经济理论方面的主要贡献是提出了商品的交换价值是由劳动决定的思想，并在这一思想的基础上阐述了分配理论。他提出工资是维持工人生活所必需的生活资料的价值，这是工资生存理论的最早开端。

法国古典经济学家、重农学派的代表人物杜尔阁是工资生存理论的奠基人，他的主要论点是在工业社会中，工人的工资必然处于维持生计的水平上。杜尔阁认为工人出卖他的劳动时的价格高低，不能完全由他本人决定，而是与购买其劳动的人双方协议的结果。由于有大量可以挑选的工人，当然购买者可以优先选用要价最低的工人。因此，在彼此竞争的条件下，工人们不得不降低价格。可见，杜尔阁已正确认识到资本主义社会，工人与工人之间的竞争，其结果必然使工人的工资只限于维持其生活所必需的生活资料的水平。

英国古典经济学家大卫・李嘉图在其工资生存理论中也提出了工资决定于维持工人及其家属的生计所需的生活资料的价值。李嘉图认为，工资是工人出卖劳动的报酬。劳动像其他商品一样有自然价格和市场价格。劳动的自然价格是使劳动者大体能够生活下去并不增不减地延续其后裔所必需的价格。换句话说，劳动的自然价格取决于劳动者维持其自身与其家庭所需的食物、必需品和享用品的价格。食物和必需品涨价，劳动的自然价格也上涨；相反，劳动的自然价格就下跌。劳动的市场价格则随劳动的供求不断变动，但一般总是倾向于自然价格。在李嘉图看来，劳动的自然价格虽然是劳动者维持其自身及其家庭所需的一定量食物、必需品和享用品的价格，但劳动的自然价格不是一成不变的，它将随不同国家、不同时期、不同的气候和风俗习惯而不同，因而，各国、各地区都会有自己的一般工资水平。所以，他说：“劳动的自然价格不能理解为绝对固定和恒常不变的，即使用食物和必需品的价值也是如此。它在同一国家的不同时期中是有变化的，在不同的国家差别就十分大。这一点基本上取决于人们的风俗习惯。”李嘉图关于这方面的考察说明了各国工资差异的原因和必然性。同时，他也注意到了工资的多少、差异还取决于社会改良和劳动生产力的状况。

2.1.2 生存工资理论的基本内容

生存工资理论的要点：从长远看，在工业化社会中，工人的工资等于其最低生活费用。这也就是说，工人的工资只能保持在维持其生存的水平上，使其勉强糊口。为什么工资会按这样一个规律运动呢？

如果由于某种原因，工资提高到维持生存的水平之上，换句话说，资本家付给工人的劳动价格高于劳动的自然价格，就会出现工人的生活资料增加的现象。而工人的生活资料增加，就会刺激工人人口的增长。这样一来，下一个周期的劳动力人数就会增加。西方资本主义经济是一种自由竞争型市场经济，劳动力是以商品形式在劳动力市场进行自由买卖的。劳动力供给增加，劳动力需求相对减少，就一定会导致工资下降。也就是说，被雇佣的工人人数多了，资本家就可以且必然压低工资。所以，从长期看，只要人们通过某种努力或由于某种其他原因，将工资上升到高于生存需要的水平之上时，潜在的劳动力人数就会由于工人获得生活资料的增加而增加。而劳动力增加的结果是在市场力量的作用下使工资下降，使工资又回到仅仅维持生存的水平上，回到劳动的自然价格上去。反之，如果资本家在某种形势下利用某种条件，把工资压到低于劳动的自然价格水平之下时，就会出现相反的情况，工人获得的必要生活资料就会减少。必要生活资料减少的直接后果，是使工人陷入饥饿、营养不良和疾病中，导致工人最基本的生活环境进一步恶化。由此，工人阶层的死亡率，特别是工人家庭的婴儿死亡率就会上升。这样，只要工资低于工人的生存需要，就必然导致劳动力供给直接或间接减少（即在下一个周期减少），而劳动力供给减少的结果，会导致劳动力市场上工资的上升。所以，不论影响工资水平的因素怎样变动，工资最终都会保持在维持工人生存的水平上。工人只能获得维持其生存的最低费用，以此保证劳动力以简单再生产的形式得到延续和补充。

2.1.3 最低工资制度的产生和发展

最低工资制度最早产生于 19 世纪末的新西兰、澳大利亚，其后英国、法国、美国等也结合本国实际，建立了各自的最低工资制度。最低工资的产生是由于在工人的斗争下，政府不得不采用法律措施，规定工人的工资不得低于某一限度。随着 20 世纪工人运动的高涨和社会经济的发展，资本主义国家很快普遍实行了最低工资制度。第二次世界大战以后，不少发展中国家也实行了最低工资制度。实践证明，发展中国家实行与本国经济发展水平相适应的最低工资制度有利于促进经济发展。苏联和东欧

各国，自 20 世纪五六十年代以来，也先后规定了本国的最低工资收入标准或工资浮动下限。到目前为止，世界上所有发达国家、绝大部分发展中国家都实行了最低工资制度或类似规定。

我国在 1993 年 11 月 24 日由劳动部颁布并实施了《企业最低工资规定》，尽管该规定仅适用于企业和在企业中领取报酬的劳动者，但最低工资标准的亮相，还是让更多的劳动者特别是非正规就业领域的劳动者对自己劳动的价值心中有数，在与用人单位协商报酬标准时有了起码的参照。2004 年 3 月 1 日，由劳动和社会保障部于 2003 年 12 月 30 日通过的《最低其工资规定》正式实施。新的规定删除了“企业”一词，将适用对象由“企业以及在企业中领取报酬的劳动者”扩大到“民办非企业单位、有雇工的个体工商户和与之形成劳动关系的劳动者，以及国家机关、事业单位、社会团体和与之建立劳动合同关系的劳动者”，从而适应了我国社会经济成分日益多元化的趋势。新的规定第八条指出：“最低工资标准的确定和调整方案，由省、自治区、直辖市人民政府劳动保障行政部门会同同级工会、企业联合会/企业家协会研究拟订，并将拟订的方案报送劳动保障部。”第十二条规定：“在劳动者提供正常劳动的情况下，用人单位应支付给劳动者的工资在剔除下列各项以后，不得低于当地最低工资标准。”

我国最低工资制度实施以来，其受益面不断扩大，我国 31 个省（自治区、直辖市，不包港澳台地区）都实施了最低工资标准。实行最低工资制度，对于保障职工的劳动权益和合法利益发挥了积极的作用，有利于防止和减少克扣工人工资现象的发生。最低工资标准的确定和调整，有利于发挥政府宏观调控的职能作用，也有利于构建和谐社会，维护社会稳定。

2.1.4　生存工资理论的评价

生存工资理论产生时，新兴的资本主义生产方式虽然已处于上升时期，但是毕竟还没有得到充分发展。生产力水平虽然已经取得了历史性的突破，但是从总体规模上看，还处于相当落后的状态，而工人阶级则完全处在一种软弱涣散的无组织状态下。在这样的社会条件下，工人阶级的生活状况极其困苦，这给了早期的经济学家以深刻印象。同时，当时学术界的一些其他理论，特别是由生存工资理论的主要倡导者李嘉图的一位名叫马尔萨斯（T. R. Malthus，1766—1834 年）的好朋友提出来的著名的人口理论，对人类的生存发展条件做了相当悲观的诊断（生活资料的增长永远赶不上人口的增长）。这也给了当时的经济学家巨大影响，使他们错误地把工资仅能维持生存看做自然规律。

生存工资理论作为工资理论史上第一个里程碑，尽管在一定程度上反映了历史的真实，并且为最低工资的确立提供了理论框架，也有学者认为这个理论仍适用于今天那些发展程度很低的前工业化国家。但是，总的看来这是一种粗糙的理论，不但没有能深刻揭示工资的本质，而且没有为工人生活条件的改善留下任何余地。同时，由于它不能对当时的全部现实做出全面解释，特别是不能解释工资超过生存需要的增长和提高，从而面临着严峻的挑战。例如，一般地说，当时资本主义国家的工人收入是处于这种勉强维持生存的状态，但是也有例外。相对比较发达的国家的工人生活要好一点，其工资水平是高于生存线的。斯密和李嘉图也都看到过这种现象。例如，李嘉图的故乡——英国的工人就是这样。英国工人的工资比别的国家的工人高很多。如果简单地运用生存工资理论，认为工资等同于生理意义上的生存需要，就很难解释这样的现象。李嘉图认为，有一些国家的工人工资高，是受历史习惯影响。这种解释实在是太勉强，难以成为说服人的理论。早期经济学家的这些理论上的缺陷使这个理论的完整性、严格性受到损害，同时，这种理论也不能解释同一个国家和地区中工人和工人之间的工资差别。所以这种理论到19世纪中期就为多数经济学家所抛弃。

2.2 工资基金理论

19世纪中期，随着生存工资理论的日趋没落，一种新的工资理论——工资基金理论（wages-fund theory）开始登上舞台，并在英国十分流行。

2.2.1 工资基金理论的形成和发展

工资基金理论的产生有其深刻的历史背景。19世纪中期的资本主义仍处在一个初期发展阶段，工业化的初期阶段最需要的是资本，是积累。工业化所必需的大量的资本积累，使工业化初期的社会经济活动都倾向于采取一种模式，即先积累、后消费，先生产、后生活。西方国家在其工业化初期是通过资本家的一种自发行动，通过资产者的个人行为来实践这一模式。这种模式的实质是剥夺工人的消费，剥夺工人的生活，是资本主义冷酷的原始积累的继续。

工资基金理论的思想可以追本溯源到古典经济学派，亚当·斯密、李嘉图等经常把社会资本看做一个固定量。李嘉图更是认为全部流动资本均垫支在工资上。他们的后继者断言工资基金是一个固定的量，是全部工人工资的总和。

詹姆斯·穆勒认为，工资决定于人口与资本的比例，“假设其他条件不变，如果资本与人口的比例不变，工资亦不变；如果资本对人口的比例加大，工资即上涨；如果人口对资本的比例加大，工资即下落”。工资基金表现为一个固定量、一个常数。工资的高低取决于工人人数的多寡。

西尼尔在他的《政治经济学大纲》一书中表述了与詹姆斯·穆勒大体相同的观点，他说，“我们的基本命题如下：各个劳动家庭在一年间所取得的商品数量和质量，必然取决于一年间直接或间接分派给劳动人民使用的商品的数量和质量对劳动家庭户数的比率，简要些说就是，必然取决于维持劳动者的基金限度对被维持的劳动者人数的比率”。这就是说，决定工人工资率的依然是劳动基金与劳动者人口的比率。

约翰·穆勒在其《政治经济学原理》中步其父詹姆斯·穆勒的后尘，认为工人的工资决定于劳动的供给与需求，工资基金代表对劳动的需求，工资的高低取决于劳动供给的多少，即取决于劳动人口与资本的比例。

2.2.2　工资基金理论的基本内容

工资基金理论的基本要点如下：

第一，工资不是由生存资料决定的，而是由资本决定的。工资是资本家全部资本的一部分，是资本家的资本用于补偿机器设备消耗、购买原材料等生产资料耗费后的剩余部分。资本的这一部分在一般情况下是固定不变的，这一部分构成了一个社会的工资基金（即劳动基金）。工资高低首先取决于工资基金的高低。

第二，在工资基金确定后，工人的工资水平就取决于工人人数的多少。也就是说，工资的总量确定了，如果工人人数多，每个工人的工资就少；反之，工人的人数少，每个工人的工资就高。工资实际上取决于工人和资本的比例。

工资基金理论强调，一个国家在一定时期内的资本总额是一个固定的量，其中用来支付工资的部分（即工资基金或劳动基金）也是一个固定的量。而工资是资本的函数，即 $W=F(c)$。约翰·穆勒认为，每年的产品收入中，必须先扣除了用于补偿和追加生产资料的资本和利润后，剩余部分才用于劳动者的工资。如果用于劳动者的部分多了，工资的增长影响了资本的增长，就必然影响生产的发展，从而使用于下一个生产周期的资本和工资减少。所以工资的增长决不能影响资本的增长。

显然，工资基金理论揭示了这样一种思想，即工人所能得到的工资总量是固定不变的，这个不变量构成了工资基金。这种情况意味着，工人为提高工资所做的任何努力都是没有意义的。因为工资基金已经确定不变，即使通过种种努力，如通过组织工会、组织罢工，把一部分工人的工资提高了，那就造成了另一部分没有参加工会、没有参加罢工的工人工资下降。按照约翰·穆勒的理论，国家制定最低工资法也没有意义。国家制定最低工资法保护了少数收入最低的工人，却损害了多数工资比较高的工人的利益，这就是工资基金理论的结论。

2.2.3　工资基金理论的评价

约翰·穆勒提出这种理论的原意虽然是要突破生存工资理论的局限，解决生存工资理论的弱点，特别是要解决工资增长得不到解释这样一个问题。但是，人们最终发现他的新理论和生存工资理论很接近、很相似，没有多少区别，仍然把工人的工资增长限制在一个界限内，限制在一个低消费的状态下。工资基金理论虽然指出工资可以不受生存资料的限制，但是工资增长要受到工资基金的限制。这种理论所承认的工资增长以不减少资本的增长为前提。所以，后来有人说工资基金理论是生存工资理论的翻版。

由于这个理论并没有解决生存工资理论面临的种种问题，所以这种理论提出来以后，就不断受到各界的批评和非议，特别是随着经济活动实践的发展，人们逐步认识到，工资不但可以从资本垫支中支付，而且可以从现实生产中支付。工资可能通过生产的增长而增长。当这一点被经济学界明确后，工资基金理论就不成立了。

在约翰·穆勒之后，一些经济学家，如西尼尔、沃克和陶西格对传统的工资理论做了一些调整和修改，他们特别指出了工资与劳动生产率有一定关系，劳动生产率是使工资可能突破生存资料和工资基金限制的主要力量。他们的学说虽然给了后人一定的启发，但是在相当一段时间内，西方没有出现一个成熟的新学说来填补工资基金理论失败后留下的空白。一直到 19 世纪末，西方经济学发生了一次重大变革，这种情形才开始变化。

2.3 边际生产力工资理论

边际生产力工资理论（marginal-productivity wage theory）是继工资基金理论之后出现的一个影响重大，至今依然发挥着重要作用的西方工资理论。边际生产力工资理论的基础是边际效用价值论（marginal-utility theory of value）。

2.3.1 边际生产力工资理论的主要内容

19 世纪 70 年代西方经济学开始出现边际主义思潮，宣告了西方经济学古典时期的终结和现代时期的到来。边际分析方法也逐渐进入工资理论的研究之中，克拉克的《财富的分配》一书的出版标志着边际生产力工资理论的最终确立。

1. 边际效用价值

19 世纪 70 年代，英国经济学家杰文斯、奥地利经济学家门格尔和法国经济学家瓦尔拉斯，通过各自独立的研究，几乎在同一时间发现了边际效用（the marginal-utility）现象。他们几乎同时提出了边际效用价值论，在西方近代经济学史上引发了一场著名的“边际革命”。至今，这个理论仍然是支撑西方经济学说的主要理论基石之一，其影响十分深远。

边际效用价值论是直接与古典经济学派的劳动价值论相对立的价值理论。按照边际效用价值论的观点，价值并不是商品的内在客观属性，而只是反映人的欲望（wants）和物品（goods）满足这种欲望的能力之间的关系。物品满足欲望的能力称作效用。

边际效用价值论认为，效用是价值的源泉，是形成价值的必要条件，但还不是充分条件。没有效用的东西必定没有价值，但是，有效用的东西不一定有价值。形成价值还要有一个前提，即物品的稀缺（scarcity）。效用加稀缺，才能构成价值。物品只有在满足人的欲望相对稀缺时，才能成为对人的福利不可缺少的条件，才能引起人的评价，才能成为价值。而衡量价值的尺度就是边际效用，边际（margin）就是边缘的意思，边际效用是指最后增加的那一个单位的物品（边缘上的那一个物品）所具有的效用。西方经济学认为，不同数量的某一种物品对消费者欲望的满足程度

是不同的。一般地说，人拥有的某种物品的数量越大，其最后一个单位物品的效用也就越小。这是因为，随着这种物品数量的增加（即稀缺的减少），人的欲望逐步被满足，这种物品对人的效用也就同时在逐步减少。如果某种物品可以无限供给，人对这种物品的欲望就可以递减到零（即欲望饱和）。于是该物品的边际效用价值也就会递减至完全消失。这就是边际效用递减规律。但是，现实生活中无限供给的物品（如空气等）是很少的，绝大多数物品的供给是有限的，因而人的欲望必定会在达到饱和前某一点中断。

2. 边际生产力

边际生产力（marginal productivity）这个术语是美国经济学家约翰·克拉克（John Bates Clark）于 19 世纪末首创的。按照克拉克的解释，最后追加的生产要素单位的生产率称为边际生产力或边际生产率。

如果使用两种生产要素生产出一定的产品，那么一种生产要素的数量不变，而继续追加另一种生产要素，每一追加的生产要素单位的生产率将会递减，这被称为边际生产力（率）递减规律。

边际收益产量（marginal revenue product）是指在其他生产要素投入不变的条件下，追加某一单位生产要素增加产量所带来的收益。以 MRP 表示边际收益产量，以 MPP 表示边际生产实物量，以 MR 表示边际收益，则

$$MRP=MPP\cdot MR$$

某一生产要素的边际收益产量就是该生产要素的边际生产力。在其他生产要素投入不变的条件下，边际收益产量也是递减的。

最后雇佣的那个工人所带来的产量称为劳动边际生产力或劳动边际收益产量。最后追加的那个单位资本所带来的产量称为资本边际生产力或资本边际收益产量。

生产要素供给者被认为是按照生产要素的边际生产力或边际收益产量而取得各自的报酬的。

3. 边际收益递减

克拉克运用边际分析方法，创立了所谓边际生产力工资理论。该理论认为，在充分竞争的静态环境里，生产中的两个决定性要素——劳动和资本，将依据自己对生产的实际贡献来公正地获得自己的收入。而每一个要素的实际贡献按照其投入量的多少不断变化着，并且表现出边际收益递减的规律性趋势。也就是说，在生产的两个要素中，如果其中一个要素不变，另一个要素的投入不断增加，那么，在达到一定生产规模后，该要素最后投入的那个单位量所带来的收益是不断减少的。例如，在一个企业中，如果资本的规模固定，而新的劳动力不断被投入，那么，每一个新投入的劳动力所创造的收益将是不断减少的。

为了更清楚地说明这个要点，我们试举一个例子：假设一个企业已有 10 个工人，每天创造 100 元收益（人均 10 元），在其资本规模不变的条件下，当这个企业录用第

11 名同样水平的工人时，就只能为企业增加 9 元收益；录用第 12 名同样水平的工人时，只能增加 8 元收益；录用第 13 名同样水平的工人时，只能增加 7 元收益……以此类推，我们可以把这些数据列表，如表 2-1 所示。

表 2-1　工人边际收益

工人序号	边际收益/元	总收益/元
……	……	100
第 11 人	9	109
第 12 人	8	117
第 13 人	7	124
第 14 人	6	130
第 15 人	5	135
第 16 人	4	139
第 17 人	3	142
……	……	……

从这些数据中，我们可以清楚看到，后来增加的工人的收益是递减的，这是因为在资本固定的情况下，劳动的边际生产力（即最后增加的劳动力的生产力）是递减的。这里还要注意的是，尽管新增劳动力的边际生产力在逐步减少，但企业的总收益仍在增加，因为毕竟每一个新增劳动力都为企业创造了财富，这就是著名的边际收益递减规律。

4. 边际生产力工资

根据边际生产力理论，可以直接推导出边际生产力工资理论。克拉克认为，各个要素的边际生产力，决定各个要素的收入，即资本的边际生产力决定利润率，劳动的边际生产力决定工资率。对此，克拉克称之为“分配的自然规律”。

根据边际生产力概念，工资取决于劳动边际生产力。这就是说，雇主雇用的最后那个工人所增加的产量等于付给该工人的工资。如果工人所增加的产量小于付给他的工资，雇主就不会雇用他；相反，如果工人所增加的产量大于付给他的工资，雇主就会增雇工人。只有在工人所增加的产量等于付给他的工资时，雇主才既不增雇也不减少工人。

现以某皮鞋厂的情况为例。如图 2-1 所示，纵轴 OY 表示实际产量（件数），横轴 OX 表示工人人数。AW' 为皮鞋工人的边际生产力曲线。当厂商雇用 3 个工人时，边际产量最大，雇工超过 3 人后，边际产量递减。如果雇 9 个工人，这时，最后一个工人（即第 9 个工人）的产量为两双皮鞋。如果雇用 10 个工人，这时，最后一个工人（即第 10 个工人）的产量为一双皮鞋。因此，雇 10 个工人时，付给工人的工资相当于一双皮鞋（OW）的价值，其余的工人都按一双皮鞋的价值付工资。在雇用 10 个工人时，全部产量为 $OAW'M$，付给工人的工资总额为 $OWW'M$，其余的 AWW' 用于分配给其他生产要素。如果社会上的工资水平为两双皮鞋的价值，那么雇主就只会雇 9 个工人，不会雇第 10 个工人；如果社会上的工资水平为半双皮鞋的价值，厂商就会雇第 11 个工人。

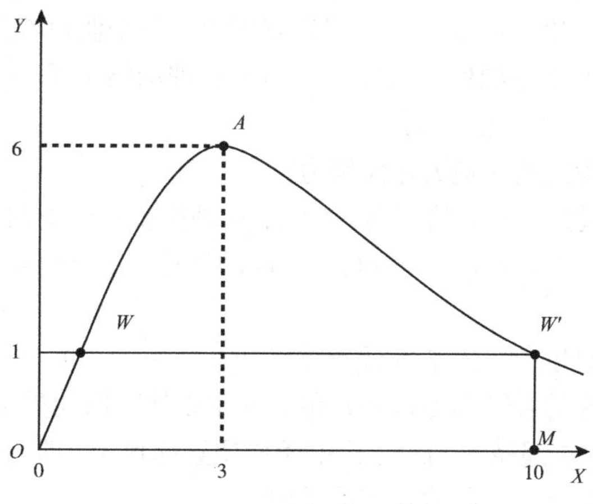

图 2-1　边际生产曲线

2.3.2　边际生产力工资理论的评价

边际生产力工资理论在工资理论的发展史上占有十分重要的地位，开创了工资理论研究的一个新时代。从此，工资研究从致力于总体工资问题的一般分析转到企业和厂商层次的微观分析上，建立起工资与生产率的本质联系。时至今日，工资等于边际劳动生产率的理论内核对企业薪酬管理实践也具有十分重要的参考意义。但是，边际生产力工资理论也存在着一系列的错误。例如，边际生产力工资理论赖以成立的三大理论基石——生产三要素理论、边际效用价值论、生产力递减规律就存在着一系列问题。

克拉克的工资理论本身暗含着一个矛盾。因为边际劳动生产力递减，而所有工人的工资都按最后一名工人的边际劳动生产力支付，这就出现了生产者剩余，即出现了剥削。克拉克也意识到这个问题，并做了否定的回答。他的理由如下：自由竞争条件下，工人的品质和能力具有同质性，彼此可相互替换；资本总是会自行调节以适应所使用的劳动数量。因此，边际产品量的变化来自生产组合中运用的资本数量的变化，余额是资本的产物而不是劳动的成果，剥削是不存在的。但是，克拉克的这种辩解在无意中摧毁了其边际生产力工资理论建立的基础之一——边际劳动生产力递减规律。

克拉克的工资理论不仅大力宣扬边际生产力原则，而且十分强调伦理原则，他并未意识到这两个原则有时是相互抵触的。如果肯定劳动的边际生产力决定工资，那么就不能再考虑别的决定因素，否则边际劳动生产力将失去唯一的决定作用；如果工资决定还得考虑伦理判断，且不谈伦理判断本身就是个伸缩幅度很大的规范，究竟它与边际生产力对工资决定各应起多大作用，也是个难以确定的问题。至少两者在逻辑上是难以协调的。

边际生产力工资理论阐释了就业、工资和生产率之间的关系。它提出了有效的方法来看待劳动力成本及对劳动力成本进行检查，以使企业在当今竞争激烈的全球市场

上保持优势。该理论建立在以下十个假设基础上。每个假设在运用于实践的时候也许需要修正和改动，但无论如何，边际生产力工资理论给出了一个起点，并且已被证明在理解劳动力成本方面是很有效的。

假设一：雇主为使利润最大化而努力。

现实：雇主希望获取最大的利润，然而，这种愿望往往受制于他们运转于其中的环境。这些因素，如产品市场的竞争程度、政府的调控，都能影响企业达到绝对的利润最大化。

假设二：雇主对生产诸因素进行最优组合。

现实：工会管理的合同和习俗通常限制雇主以技术取代员工。

假设三：边际收益递减法则对生产的不同要素起作用，即当更多的劳动力被投入固定的生产上时，在某点上边际收益产品下降。

现实：该假设假设雇主每次雇用单个工人，并且能够衡量每个增加的工人的边际产出。但是，事实上雇主是成批雇用员工的，并非一个个雇用，因此，雇主不可能衡量每个受雇的员工的边际产出。

假设四：因为每个员工是同样的（同质的），所以每个单位劳动的工资应该是边际成本等于边际收益时的值。

现实：每个员工从来都不会是同质的，见假设八。

假设五：员工对劳动力市场非常了解。

现实：该假设暗示，如果雇主企图支付的工资低于边际成本和边际收益相等的那一个值，那么员工会离开这个雇主转去另一个在适当水平上付酬的雇主。但显而易见，员工对劳动力市场并不十分了解。不过，如果一个雇主支付的工资低于工资标准太多，他能吸引到的劳动力的质量就会下降。

假设六：市场是完全竞争的，有许多劳动力的买家和卖家，所以劳动力自身和雇主都不能决定劳动力价格。

现实：在某些地区，该假设也许是正确的，但它并不是普遍适用的准则。

假设七：资本和劳动力都是被充分利用的。

现实：过去几十年的失业数据已证明劳动力远没有实现充分就业。就连充分就业的概念也引起了经济学家的争论。他们质疑，究竟什么样的失业水平才能使一个经济体被归类为不充分就业。

假设八：所有的员工都是同质的。

现实：显然，雇主不会雇用同质的员工，反之，他会雇用电脑编程员、机床操作员、数据录入员和接受工资差别的其他人员。

假设九：所有特定价格的产品或服务被全部售出，所以就不会产生成堆的待售品。

现实：全球各地的货仓证明情况并非如此。

假设十：工作的吸引力以每小时工资水平来衡量。

现实：事实上，工作的吸引力体现在很多方面，金钱只是其中的一个因素，其他因素还包括边缘福利、地理位置和工作本身的内在价值等。

2.4　供求平衡工资理论

边际生产力工资理论提出以后，一些经济学者指出，这一理论只从劳动力需求方面研究了工资的形成，没有反映劳动力供给方面对工资的作用和影响。因此，这个理论并不全面。而与此同时，英国著名经济学家马歇尔（1842—1924 年）在吸收和融合了边际效用价值论和边际生产力分配论等成果的基础上，提出的供求平衡工资理论（equilibrium price wages theory），从劳动力的供给和需求两方面阐明了工资水平的确定，这一理论成为西方工资理论的又一个新代表。

2.4.1　均衡价格理论

均衡价格理论是马歇尔经济学理论的核心，也是其薪酬理论的理论基础。它有两个特点：一是与古典学派不同，它没有价值理论，只有价格理论，以价格理论代替价值理论；二是均衡价格理论的形成，综合了边际效用论和生产费用论，以前者来说明需求变动的规律，以后者来说明供给变动的规律，供求双方说明价格形成。

如前所述，在微观经济学中，需求价格是指消费者对一定量商品所愿意支付的价格，供给价格是指生产者为提供一定量商品所愿意接受的价格。经济学家以此为根据，提出了均衡价格（equilibrium price）的概念。均衡价格是指一种商品的需求价格和供给价格相一致时的价格，也就是这种商品的市场需求曲线与市场供给曲线相交时的价格，如图 2-2 所示。

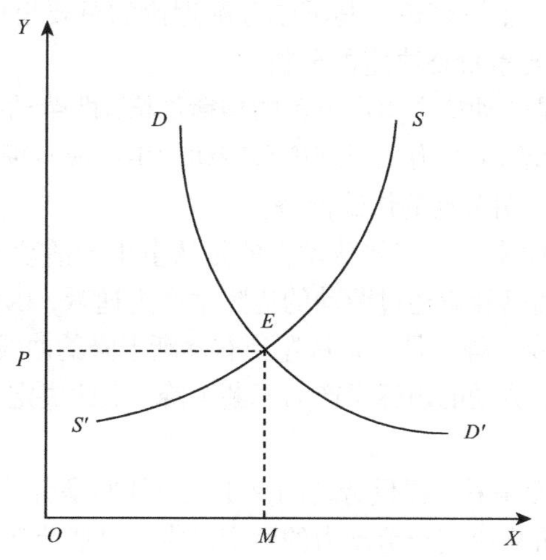

图 2-2　市场需求曲线

在图 2-2 中，DD' 是需求曲线，SS' 是供给曲线。纵轴 OY 表示价格，横轴 OX 表示数量，E 是均衡点。$EM=OP$，表示均衡价格；$PE=OM$，表示均衡数量。

均衡价格被认为是经过市场供求自发调节而形成的，可用表 2-2 来说明均衡价格的

形成。

表 2-2　均衡价格的形成

供给量	价格	需求量
6	7	0
5	6	1
4	5	2
3	4	3
2	3	4
1	2	5
0	1	6

从表 2-2 可以看出，当价格为 7 时，消费者认为价格太高了，所以需求量为 0；生产者则认为这个价格最合适，所以供给量为 6。当价格为 1 时，生产者认为价格太低了，所以供给量为 0；消费者则认为这个价格最合适，所以需求量为 6。由于供求不一致，所以价格连续波动不已。只有当价格为 4 时，均衡数量是 3，供给量和需求量才一致。

2.4.2　供求平衡工资理论的基本内容

为了使分配理论符合市场均衡体系的统一性，马歇尔以均衡价格理论为基础建立起分配理论。为此，他将各种生产要素（劳动、资本、土地和组织）都视为商品，而要素收入（工资、利息、地租和利润）都表现为这些商品的价格。作为价格，它们也都取决于市场供求这两方面的均衡力量，即取决于要素的边际产出与要素供给者的边际负效用之间的某种均等关系。马歇尔将分析均衡价格所采取的分析方法引入生产要素价格决定的分析中来。工资理论是马歇尔分配理论的重要组成部分之一，马歇尔循着上述方法展开对劳动要素价格决定的分析。

马歇尔认为，工资是劳动这个生产要素的均衡价格，即劳动的需求价格和供给价格相均衡的价格。他引入边际生产力工资理论和劳动的生产成本理论，用前者来说明劳动的需求价格，用后者来说明劳动的供给价格。

从对劳动的需求方面来看，需要劳动力的是从事生产活动的厂商企业，其是劳动（力）的买者。由于前面已经论述过劳动的边际生产力递减，因此，对劳动的需求曲线同劳动的边际生产力曲线一样，是一条从左到右逐渐下降的曲线（DD'），即随着企业雇用劳动力人数的增加，劳动的边际生产力不断下降，由此决定了资方愿意付出的工资额水平也下降（图 2-3）。

从对劳动的供给方面来看，提供劳动的是工人，他们是劳动（力）的卖者。他们提供的劳动（力）的供给价格决定于劳动力的生产成本，包括劳动者养活自己和家庭、接受教育、训练所需要的费用，以及劳动对劳动者的负效用。所谓负效用是指劳动引起人的不舒适和不愉快程度。西方经济学家认为，劳动对人有负效用，劳动的负效用要由金钱或闲暇来补偿。显然，劳动的供给曲线和劳动的需求曲线正好相反，即随着工资水平的提高，劳动者愿意提供的劳动不断增加。从图 2-3 看，呈现为一条从左到右上升的曲线（SS'）。

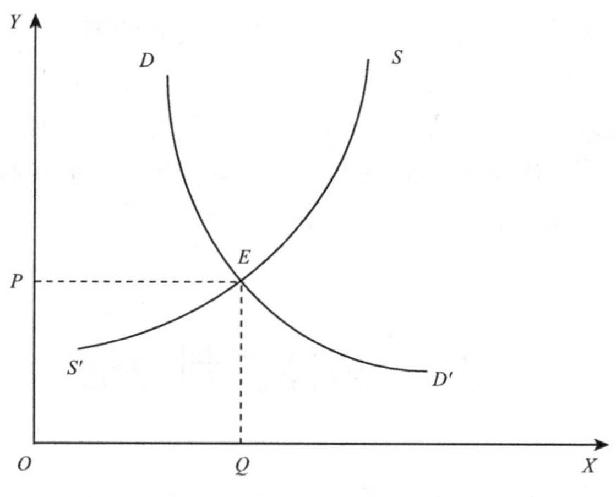

图 2-3　劳动供求曲线

图 2-3 中，以纵轴 *OY* 表示工资率，横轴 *OX* 表示雇用量。*DD′* 表示劳动力需求曲线，*SS′* 表示劳动力供给曲线，*E* 表示均衡点，*OP* 表示均衡工资率，*OQ* 表示均衡条件下的雇用量。

需求曲线和供给曲线都不能单独决定工资，工资取决于两者的均衡，也就是说，工资是由这两条曲线的交点，即由供需均衡点决定的。在这一点上，劳动的需求量和劳动的供给量（*OP*）相一致，劳动的需求价格和劳动的供给价格（*OQ*）也相一致。*OP* 是均衡条件下的企业雇用的劳动力人数，而 *OQ* 则是均衡条件下的工资率。这个工资率既反映了在这一数量点时劳动力的边际生产力（劳动的边际效用），又反映了劳动力的边际生产费用。如果某个时候市场价格偏离了这个工资率（劳动的均衡价格），那么，通过市场上供求关系的变动，最终仍会回到这个均衡点来。

2.4.3　供求平衡工资理论的评价

供求平衡工资理论对工资决定因素的考虑较为全面，较边际生产力工资理论大大前进了一步，奠定了现代西方工资理论的基础，也对西方就业理论产生了巨大影响。许多人认为，几乎就是微观就业理论，决定着企业范围内劳动力雇用的数量。西方很多经济学家认为，上述理论比较准确地说明了长期工资趋势。但是，在西方经济学界，对这个理论持批评态度的大有人在。许多著名的经济学家，如凯恩斯就是这种理论的主要批评者。凯恩斯认为，整个（宏观）经济对劳动力的需要，并不是各个（微观）企业对劳动力需要的简单总和。由于经济活动自身的多变性，工资总水平提高，就业率不一定下降；工资总水平下降，就业率也不一定提高。所以，对宏观工资水平分析，需要新的理论工具。

最值得人们注意的是，一些批评这个理论的学者认为，克拉克和马歇尔理论的前提已经动摇。克拉克和马歇尔理论的前提是自由的市场经济和市场当事人各方追逐最大利益的经济人式的动机。然而，由于第二次世界大战后西方现代经济的发展，自由的市场已经不复存在，任何市场，包括劳动力市场都受到种种因素的限制。与此同时，个别企业已经为企业集团所代替，企业集团现在关心的不是“最大”利润，而是公司的稳定和信誉，是“满意”的利润。就工人方面讲，也很难绝对肯定金钱是首要的唯一的吸引力，在很多时候，称心的工作本身可能成为主要的吸引力，其作用甚至超过金钱。特别是由于第二次世界大战后工会力量的强大，工会在政治和经济活动中发挥着不容忽视的作用。由此，西方又出现了一个新的工资理论——集体谈判理论。

2.5 集体谈判理论

边际生产力工资理论、供求平衡工资理论均以劳动力市场买卖双方的完全竞争为假设前提。随着劳动力市场双方组织力量的成长，这个前提受到挑战，工资分配越来越取决于市场上不同主体力量的对比、取决于市场交换均衡之外的争议和权利斗争。因而，以集体谈判为背景的工资理论逐渐成为理论研究的热点。

2.5.1 集体谈判理论的形成和发展

集体谈判理论的形成和发展与工会的成长及雇主团体的成长有着密切关系。工业革命初期，雇主有权决定劳工的工资及其工作条件，即使是基于自由契约原则，工资水平及其他劳动条件仍然无法摆脱由雇主片面决定的现象。个别劳工的力量，实不足以与在经济上占优势的雇主相抗衡，因此，整个古典经济学关于工资的分析都是在劳动力市场完全竞争的既定前提下进行，劳动的供求双方自由地进行讨价还价，没有或少数几个劳动的购买者或供给者能够影响劳动力市场上的价格，即工资由劳动力市场的供求决定。

从 18 世纪以来，包括亚当·斯密在内的一些早期经济学家，一直注意集体谈判在工资决定上的影响。韦伯（Beatrice Webb）于 1897 年出版的《工业民主》一书，将集体谈判同工资决定挂上钩。此后，如克拉克和庇古这样知名的经济学家对此也有过研究。但是由于当时工会的规模和影响都比较小，人们对之并没有给予更多的重视。

第二次世界大战前后，工会势力在美国等发达资本主义国家迅速增大，工会会员人数达到产业工人总数的 1/4 左右，再加上许多未参加工会的工人的收入实际上也受到工会活动的影响，因此，工会在工资决定中的作用引起了高度关注，集体谈判理论应运而生。由于工会的作用，完全竞争劳动力市场模型让位于非完全竞争劳动力市场模型，工资不再由劳动力市场上的供求关系确定，而是由工会组织代表劳动者和雇主通过集体谈判的方式确定。随着工业社会的发展，工会组织在许多行业出现，约有 1/4 的雇员，其工资率是通过劳资谈判确定的；甚至有更大比例的雇员，其工资率受到重要谈判结果的影响。据美国劳工统计局估计，美国 1966 年有劳资集体谈判的合同大约 116 000 份，这些合同中除了许多其他项目外，载有几乎达 1 900 万个工会会员及非会员工人的工资率条款。可见，双方的谈判活动直接决定工会会员的工资。

一些经济学家认为有必要探讨集体谈判理论，正确认识工会在谈判中的作用。这比边际生产力分析更能说明工资的决定问题。对集体谈判理论做出重要贡献的学者有英国经济学家多布（M. H. Dobb），美国经济学家邓洛普（J. T. Dunlop）、张伯伦（N. W. Chamberlain）、厄尔曼（L. Ulman）和里斯（A. Rees）等。

2.5.2 集体谈判理论的主要内容

总的来说，集体谈判理论的核心是，在一个短时期内，工资至少在一定程度上取决于劳动市场上雇主和劳动者之间的集体交涉“讲定条件”。

在工业化发展的初期，工资谈判是在企业主和劳动者个人之间个别进行的。由于工人无法遏制相互之间的竞争，因而无法抵抗工资下降的趋势。工人只能组织起来，通过工会代表自己的更高利益与雇主及雇主集团作斗争。与此同时，雇主通过资本积聚和集中，不断形成大型企业和企业集团，从而遏制了雇主之间的竞争。劳资双方的谈判采取了规模日益扩大的集团化方式。

1. “强制性比较”

“强制性比较”的含义是，工人通过参照其他可比较的工人的工资来判断自己的工资是否公平。例如，当城市的警察增加了薪金，救火队员则确信自己的薪金也应当同样提高。这样，当一类工人在谈判中赢得工资增长，随即变成另一类工人也必须争取得到的一种“强制性比较”。后一类工人总是与前一类工人比较，而不管其经济后果如何。代表工人的工会十分关心这种公平比较的作用，只要工会能够赢得工资的较大增长，即使牺牲少数会员的工作，也会继续得到多数人的支持。

2. “未确定范围”

英国著名经济学家庇古教授于 20 世纪初在其《福利经济学》一书中建立了一种短期工资决定模型，这一模型讨论了劳资双方赖以达成协议的工资范围的上下限。庇古曾长期担任剑桥大学的教授，其主要经济著作是 1920 年出版的《福利经济学》。其主要观点是：福利的大小取决于国民收入总量的多少和国民收入的分配情况；国民收入的总量越多，国民收入的分配越平均，社会福利就越大。

早在 20 世纪 20 年代和 30 年代早期，庇古就广泛地论述了通过集体谈判决定短期工资的过程。他认为，当工资率通过集体谈判决定，而不是通过劳动力市场的自由竞争决定时，工资率不再是由劳动供求决定的单一点，而是存在一个未确定范围。工会的最初工资要求（通常高于竞争工资率以上的某一点）决定这个范围的上限，工会认为上限以外的工资率会对其会员的就业产生不利影响；雇主最初愿意提供的工资（通常低于竞争工资率以下的某一点）决定这个范围的下限，认为低于此限度就难以保证生产所需的劳动供给。“未确定范围”的大小与雇主对劳工的需求弹性及劳工对工作的需求弹性均呈相反方向运动。

庇古设想工会和雇主双方代表各持自己的上下限来到谈判桌上。工会把上限看做工资率，估计超过上限会使就业受到影响；雇主把下限看做工资率，估计低于下限会雇不到维持生产必需的劳动力数量。“未确定范围”包括位于上下限之间的各种工资率，双方不可能在此范围以外达成任何工资协议。

范围的大小与雇主对劳工的需求弹性，以及在雇主既定的条件下雇工对工作的需求弹性，均呈反方向变动。

庇古认为，除了刚才描述的限度以外，双方在思想上还有另一个限度。工会代表把某一点作为工资率下限，达不到下限，工会方面宁愿罢工。这一点是工会的“坚持点”。同样，雇主也将某种最高工资率作为坚持点，否则，雇主方面宁愿关厂停工。双方“坚持点”的水平，在很大程度上取决于各方对罢工或关厂的代价与达成协定可能取得的好处所作的估量。

只要工会的“坚持点”在雇主的“坚持点”以下，或者雇主的“坚持点”在工会的“坚持点”以上，那么，可能的工资率的范围就在构成实际交涉范围的两点之间。但这种确定的工资率，是接近于工会的“坚持点”，还是接近于雇主的“坚持点”，大体上还要取决于双方的交涉力量大小与交涉技巧。如果与上面讨论的情况相反，工会的“坚持点”位于雇主的“坚持点”之上，则双方不存在实际交涉范围。

由于一方或双方坚持不改变原来的“坚持点”，谈判者最后认为只有罢工或关厂，或者两者同时发生。在罢工或关厂期间，一方或双方在某种程度上改变了各自的“坚持点”，则工资协议终于建立起来。在这种情况下，双方显示的谈判能力将是最后决定工资的因素。如果工会队伍在罢工期间团结一致，最后达成的工资协议可能会接近工会的“坚持点”。如果工会队伍在罢工中坚持不下来而愿意复工，最后工资协议会接近雇主的“坚持点”。如果双方出现了平局，工资接近两个“坚持点”的中点。

无疑有许多因素决定各方“坚持点”的高度时，任何一种因素都会影响一方的谈判能力，并会影响到这一方“坚持点”的位置。例如，经济繁荣时期劳动力市场供不应求时，有利于提高工会的谈判能力，从而提高它的“坚持点”，使“坚持点”向上移动；而当经济停滞，失业率日益上升时，则提高了雇主的谈判能力，使雇主降低“坚持点”，“坚持点”向下移动。

3. 谈判的焦点

美国著名经济学家萨缪尔森在其《经济学》中列举了八个集体交涉的论点和考虑因素。

（1）生活费用观点。如果生活费用增加，工会的经济学者将强调劳动者的生活标准，声称工资应当跟上生活费用指数的提高，如果可能，应当比生活费用指数提高得快些。但是，如果生活费用减少，资方便提出降低工资。

（2）支付工资的能力。如果有关的公司或行业的生意兴隆，那么，工会便强调支付工资的能力。然而，如果该行业的利润低微，资方将强调无力涨工资。

（3）工资应随生产力的变化而变动。如果劳动生产率有所上升，工会提出应确

保工会会员在提高每人工时生产产品的能力时，能直接分享到好处。如果劳动生产率下降，资方也将强调这一点。

（4）支付比较的工资率。如果同一地区或产业的其他厂商所支付的现有工资（也有的称现行工资或流行工资）高于该厂商所支付的工资，工会提出应支付比较的工资率。如果其他厂商的工资率低于该厂商的工资率，资方将强调这一点。

（5）高工资促进经济繁荣。工方将极力强调高工资作为促进购买力和经济繁荣的手段这一哲学原则；资方将强调工资使成本增长的方面。

（6）全国性的“关键性的集体协议”的影响。如果煤、钢、汽车等几个大行业经过全国性的“第四回合”或“第 n 回合”谈判，每小时工资增长率已经为“关键性的集体协议”所规定，那么，这在劳资双方的考虑中将占有很大的分量。

（7）维持货币工资的稳定增长，以改善生活。美国的劳方和资方都习惯于货币工资的稳定增长。因此，通用汽车公司和其他厂商在其与工会签订的工资协议中往往都有工资稳步增加的规定，即所谓的“改善生活条款”。这意味着，除了抵消生活费用上涨而调整工资外，每年还另外增加 3%~4%的工资。

（8）政府可以规定工资和价格指标。指标是否被重视，取决于协议双方的利益。这种指标的主要目的是使货币工资随着全国劳动生产率的提高而上升。这样，如果价格在高于平均劳动生产率的行业中下降，又在低于平均劳动生产率增长的行业中上升，那么，一般价格水平就可以保持稳定，而传统的工资——财产收入的份额也可以保持稳定。政府除了规定指标外，还可以采用直接控制工资和价格的办法。

在做谈判准备时，工会通常核对与谈判有关的各种因素。所包括的不但有其他地方 谈判的工资水平和增加数、生活费用、生产力资料，而且还有经济情报，如公司的财务报告书。美国劳工联合会–产业工会联合会（American Federation of Labor and Congress of Industrial Organization，AFL-CIO，简称劳联–产联），成为代表工人运动为工会收集和汇编一般经济资料的机构。

在谈判中，绝大多数谈判除了主要基于利润和财政地位的因素外，争论的问题通常是支付的意愿，而不是支付的能力。可是，高利润和高水平的业务活动有更容易解决工资问题的倾向。

集体谈判的具体过程极其复杂，以致在西方已经成为一个专门的学科。这门学科与政治学、社会学、心理学及法学有密切关系，而与经济学似乎关系不大。这使一些学者认为工会是政治性机构，而不是经济性机构。现实生活中工会在与资方进行谈判时很少考虑工资政策的经济性影响，从而进一步加深了人们的这种印象。工会在谈判中的主要方针是保证工会会员的收入公正合理，而公平的标准主要是与其他类似条件的工人进行比较。因此，“强制性攀比”成为通行的原则。这种攀比原则把一个个单独的劳资集体谈判联结成为一个相互依存的系统，使不同生产效率和经济状况的行业与企业的工人获得大体同等水平的工资。

4. 提高工资的方法

工会提高工资的办法通常有以下四种。

1）限制劳动供给

工会限制劳动供给的具体办法主要是通过对议会和政府的影响，以立法限制国外劳工移民的进入和外籍工人的雇用，限制童工和青少年工的雇用。以谈判协定限制企业对非工会成员的雇用。为了防止在提高工资的同时，出现资方减少雇用劳动力数量的做法，工会还对工人的劳动时间和劳动效率进行了限制，包括直接通过谈判减少工人的劳动时间、缩短作业工时、延长学徒工的学习期等；也包括通过限制工人的工作量，如限制工人砌砖数量、操作机床数量、油漆刷子的宽度（以降低油漆工作效率）等，以及要求安排无谓重复劳动（如印刷业的重复制版），或故意安排多余人员（如要求组织专职乐队）等，以保持劳动的供给量减少，而劳动力雇用人数不变。

2）提高标准工资率

工会提高工资的第二种办法是人为提高标准工资率。工会可以运用说服或强迫手段，促使雇主支付较高的工资，从而直接达到提高工资的目的，同时也间接地达到限制劳动力供给数量的目的。目前，提高工资率达到的效果与工会直接限制劳动供给的效果是一样的。工会现在已经较少地采用直接限制劳动供给的做法。

3）改善对劳动需求

工会提高工资的第三种办法是改善对劳动的需求。改善对劳动的需求之所以能够提高工资，是因为需求的提高使劳动（力）的市场价格上涨。西方劳动经济学家认为，由于向上移动需求曲线，提高了劳动的边际生产力，因此，一方面可以提高工资，另一方面可以提高就业，这是一个十分重要的方法。而提高劳动的边际生产力的主要手段如下：提高企业劳动生产率；帮助企业改善经营管理方法；帮助扩大广告宣传和维持高额垄断价格；鼓动政府提高关税，限制国外商品进口，扩大国内商品出口；等等。

西方经济学家常常告诫雇主，高工资对企业具有有利的冲击作用，因为高工资可以改善劳动者在生理和心理方面的不良状况，鼓舞劳动者的士气，从而提高企业劳动生产率；而低工资只会降低劳动者自身的质量和满意程度，致使雇主无法增加盈利。

4）消除买方垄断

工会还可以作为一种有组织的力量，用于抵消雇主在劳动市场上的垄断。在垄断地区，雇主或雇主集团很可能利用其是劳动力的唯一雇用者的地位，利用劳动市场的非竞争性，把实际工资压低到均衡点以下。

2.5.3 集体谈判理论的评价

西方经济学界对集体谈判理论有相当针锋相对的不同意见。一些笃信集体谈判理论的人认为，工资只决定于集体谈判。例如，美国劳动经济学家里斯就说过，“非人的市场力量”在工资决定中已不再起作用，取而代之的是“有意识的人的决定”。但是，另一些人则举出相反的例证，表明工资变动实质上与集体谈判无关，是市场力量

决定了工资。

其实，两种理论之间有一种内在的统一和相互补充。集体谈判理论是一种短期工资理论，而边际生产力工资理论则是一种长期工资理论，是迄今对决定长期工资水平的基本要素做出的最好的一种解释。虽然通过集体谈判确定的工资水平有时会高于或低于边际生产力水平（这种偏离的幅度受双方谈判势力的影响），但边际生产力是现实工资水平运动的中线。如果通过集体谈判确定的工资在短期内高于劳动边际生产力，那么，雇主就会力图恢复工资与边际生产力之间的平衡；如果短期内工资定得低于劳动边际生产力，劳方就会采取行动，力图恢复工资与边际生产力之间的平衡。

当前经济生活中很多重要的工资率确实是由集体谈判达成的。但是，经济因素仍然在后面起作用。尽管在某种程度上谈判力量似乎超过了经济力量，工会的胜利最终依然是短命的。因为较高的工资通常也带来较高的产品价格，从而降低了产品的市场需求；反过来又会减少雇主对劳动力的需求，使工资最终跟劳动的边际生产力恢复一致。因此，集体谈判理论和边际生产力工资理论并不矛盾。边际生产力工资理论决定了工资运动的长期趋势，而集体谈判理论则决定了短期货币工资水平。

2.6　效率工资理论

美国的诺贝尔经济学奖得主斯蒂格利茨于 1976 年在《牛津经济评论》杂志上发表了题为“效率工资假说、剩余劳动力和欠发达国家的收入分配”的文章，这是效率工资理论的开山之作。效率工资理论促使经济学更多地与社会学、心理学等直接研究人的学科相结合，从而把行为科学引入经济学研究的范畴。

2.6.1　效率工资理论的主要内容

效率工资理论（efficiency wage theory）所需要探究的是工资率水平与生产效率之间的关系，这是主流宏观经济学理论为解释工资刚性而提出的理论。

效率工资是指企业支付给员工比市场保留工资高得多的工资，促使员工努力工作的一种激励与薪酬制度。效率工资在企业吸引人才、提高员工工作积极性、增强员工对企业的忠诚度等方面均有重要意义。因此，采用效率工资制度有助于解决企业的监控困难问题。

首先，效率工资有利于减少劳动的流动性。工人离职的原因众多——接受其他企业更好的职位、改变职业，或者迁移到其他地方。企业向工人支付的工资越高，对工人的激励作用就越大，工人也就越有可能留在企业。企业通过支付高工资可以减少离职的频率，从而减少雇用和培训新工人的时间和费用。

其次，效率工资有利于企业吸引优秀人才。劳动力的平均素质取决于其向雇员所支付的工资。如果企业降低工资，最好的雇员就会到其他企业工作，而留在企业里的则是那些没有其他机会的低素质员工。

最后，效率工资有利于提高工人的努力程度。这种理论认为，企业不可能完全监督其雇员的努力程度，而且，雇员必定自我决定是否努力工作。雇员可以选择努力工作，也可以选择偷懒，但偷懒就有被发现而被解雇的风险。企业可以通过高工资减少工人因偷懒而被解雇的风险，通过提高工人的努力程度而提高工人效率。

2.6.2 效率工资理论的微观基础

效率工资理论的核心是厂商所支付的工资水平与雇员的工作效率密切相关。之所以会存在这种联系，新凯恩斯主义经济学家提供了四种不同的微观解释，以此来证明效率工资的必要性。

1. 怠工理论

在多数职位中，雇员或多或少都能自由支配自己的行动，因为雇佣合同难以严格限定雇员行为的各个方面。计件工资在许多情况下是不可行的，因为监督费用太高，或者计量标准难以确定。由此可知，支付超过市场出清水平的工资，对于厂商来说可能是提供激励的一种有效途径，以使雇员努力工作而不怠工。

在均衡经济状态下，如果所有厂商都支付同一水平的工资，而劳动力市场又是出清的，怠工可能就没有成本了，这将使雇员从怠工中得到快乐而不是威胁，怠工因此也就不可避免。为避免发生这种情况，理性厂商愿意提供高于出清水平的工资，使劳动力市场成为卖方市场；而当所有厂商都这样做时，就会使平均工资上涨，就业水平下降，劳动力市场供过于求，从而引起失业。这使怠工代价高昂，从而形成一种劳动纪律抑制怠工，高工资能使雇员自我约束而不怠工。由于存在效率工资，失业者也难以在低工资水平下找到工作。因此，在一个处于稳定状态的经济中，必须有包括失业在内的威胁机制。

2. 劳动力转换理论

厂商可能通过提供超过市场出清水平的工资，以减少劳动力更迭和转换。这种思想与怠工理论有着相同的理论基础。在高失业率水平下，由于效率工资，雇员更不愿意失去具有相对较高工资水平的职业。如果所有厂商是同一的，一种可能的均衡就是，伴随着非自愿失业，所有厂商支付的工资同时超过市场出清水平。这种理论，强调了更加复杂化的就业合同在消除非自愿失业中的作用。

3. 逆选择理论

逆选择理论（adverse selection theory）认为，工作表现依赖于能力，而雇员的能力又是不同的，如果能力与保留工资是正相关关系，支付高工资的厂商将吸引更多有能力的

求职者。斯蒂格利茨和魏兹对此有较多的论述。他们认为，每个厂商支付一种效率工资，可以把提供较少努力者拒之门外。如果申请者在现行工资下愿意少工作一些，厂商对其能力的评价就低一些，认为他是低能力者而将其拒之门外，这就是逆选择。

逆选择特性在产品市场上虽不太重要，但它是劳动力市场的一个重要方面。在信息不对称相当严重的劳动力市场，雇员的潜在特性与其保留工资密切相关。

4. 社会学模型

阿克洛夫于1982年首次用社会学模型来解释效率工资。他运用社会学中一些有趣的事实，论证每个雇员的努力取决于他所在团体的工作标准。在他的局部礼物交换模型中，厂商通过发给雇员少许超过他们最低要求的工资作为小礼物，成功地提高某群体的工作标准和平均努力程度，同时，雇员回报这少许礼物的努力，会超过雇主所期望的最低的生产率。

2.6.3　效率工资的运用

在实践中，企业运用效率工资，要注意以下几个方面才能起到良好的激励效果。

第一，要明确效率工资的基本出发点是解决对员工的激励与监督问题，消除员工的偷懒、欺骗行为，这是实施效率工资的首要目的。效率工资关注的是如何正确处理企业利润在企业发展与员工发展之间分配的比例问题。合理、公正地报偿为企业做出贡献的员工，实现有利于企业的发展，有利于员工从薪酬中获得经济上、心理上满足的双赢。

第二，实行效率工资是有条件的。实行效率工资，只有在员工希望与企业保持长期的雇佣关系时才是有效的；只有在存在结构性的内部劳动力市场的情况下，效率工资才有可能出现。从宏观经济环境讲，国民经济或产业经济应处于经济增长或繁荣时期；从微观经济环境讲，企业产品处于产品寿命的成长期阶段。

第三，要考虑企业和员工是否共同遵守互惠原则。从根本上看，效率工资之所以有效，是因为它在信息不完全、不对称的情况下，提供了一个可靠信号，帮助企业或员工做出甄别与选择。而这一信号的可靠性在于企业与员工之间仍有基本的信任，双方都会相信对方是重视声誉的。

第四，实施效率工资，应该根据企业的实际情况，结合效率工资实施的条件，注意与其他激励手段相互配合，设计出与企业相适用的激励组合。要“双管齐下”乃至“多管齐下”。

高工资对提高企业绩效已经不再是唯一手段。企业应采用其他激励手段，如股票期权激励与效率工资配合使用，使员工的利益与企业的发展紧密联系在一起，从而使员工有安全感和被尊重感等，再给员工一些机会与事业的激励，让员工有自我实现感，这样效率工资的实行才会更有效果。

第五，要主动促进劳动力市场的健康发展。在一定程度上，目前仍然存在的由非市场因素所导致的劳动力二元分割现象减弱了效率工资的筛选作用，破坏了劳动力市场的基本游戏规则，势必影响效率工资的激励作用。实际上，要提高效率工资的激励效用，重要的是要积极促进外部劳动力市场的健康发展。虽然，政府对于劳动力市场的完善有不可推卸的责任，但每一个企业作为劳动市场的主体之一，遵守市场游戏规则，尊重社会交换准则，是完善市场秩序的重要内容，也是提高自身效率工资等激励工具效用的手段之一。

关键概念

生存工资　工资基金　边际效用　供求关系　集体谈判　效率工资

本章小结

自 18 世纪以来，薪酬理论及其实践问题一直是经济学和管理学关注的重点。从工业革命中的工厂制度形成到网络经济对管理变革的全面渗透，薪酬理论经历了深化认识和不断完善的变迁历程。分析薪酬理论的演变轨迹，把握其内在的逻辑联系，无疑对我国企业薪酬管理实践具有重要的理论指导意义。本章重点围绕生存工资理论、工资基金理论、边际生产力工资理论、供求平衡工资理论、集体谈判理论和效率工资理论，对每种理论的产生背景、主要内容、实践意义和不足进行了阐述和分析。

复习思考题

1. 简述生存工资理论产生的历史条件。
2. 试述工资基金理论的主要内容。
3. 试比较分析边际生产力工资理论与供求平衡工资理论的区别和联系。
4. 简述集体谈判理论的产生背景和现实意义。
5. 论述效率工资理论的微观基础及应用。

案例分析

一场协商中的“交锋”

一张椭圆形会议桌，9 位企业代表、9 位职工代表、1 位主持人、1 位行业协会秘书长和 1 位记录员，21 个人围坐在浙江省台州市玉环县清港科技工业园区的一间会议室内。

“本次协商围绕职工最低工资标准、特殊工种的工价及职工租房补贴三项内容……”主持人开门见山。

2015 年 10 月 27 日 14 时，清港镇水暖阀门行业首次工资集体协商谈判正式开始。

“等职工走了，再调资就来不及了”

玉环水暖阀门已形成完整产业链，拥有成品和配件生产企业 1 100 多家，行业年产

值达 170 亿元以上，占国内行业同类产品总产值、外贸出口值和市场份额的比重 50% 以上。

水暖阀门行业工会联合会主席孙起斌首先代表职工发言：“这次协商涉及规模企业 56 家，职工 8 571 人。目前，职工每月最高工资 3 000 多元，最低 1 500 多元。我们要求最低工资调整为每月 1 850 元。今年物价上涨，职工生活成本激增，有的职工生活保障都成问题了。”

孙起斌话音刚落，浙江宏倍斯实业有限公司总经理梁如欧马上说：“高了！2014 年台州市最低工资标准为 1 470 元，而玉环水暖阀门行业的最低工资为 1 508 元，已符合标准。一下提到 1 850 元，增幅太大！”

一旁的苏尔达洁具副总经理侯朝平飞速算出了一笔账：“从 1 470 元到 1 850 元，涨幅达到 26%，是否太高、太快了？”

对这笔账，职工代表朱要武有自己的看法：今年蛋、禽、肉类涨幅达 30%，工人生活压力大。阀门行业最低工资多年维持不变；周边行业工资相对上涨，一有差距，大家的稳定性就差。

职工方的诉求，对面的行业代表们则表示难以接受。

志高洁具副总经理王师伟说了行业现状：“工人说的是事实，但企业也有困难。今年经济形势下行，企业订单明显下降，效益下滑，利润空间紧缩；再提高工资，企业会雪上加霜。企业真不行了，工人就要失业。”

朱要武反驳：“不涨，整个行业职工的积极性就会受到影响。涨是未雨绸缪，如果等职工走了，再想到调资，就来不及了。”

朱要武的话引起康意洁具职工代表金建兵的共鸣：“现在好多职工，包括技术工人已有去意，这个关节点上给职工些温暖，职工会更加全身心地投入工作，与企业共渡难关。我们可以让点步，1 800 元吧。”

金建兵的话触动了柏斯雅洁具的李雪峰：“将职工最低工资标准从每月 1 470 元，一下子跃到 1 850 元，涨幅近 26%，能否先涨 10%～12%，每月 1 650～1 700 元？”

“我们行业的工资水平明显比周边行业要低，技术工人出现流失，这对行业的发展影响非常大。我们坚持 1 800 元。”职工方并不让步。

谈判进入僵持。

企业方：“我们再商量一下。”

……

双方再次唇枪舌剑、你来我往。半小时后，以 1 750 元/月达成一致。

“老板们有诚意，职工不会不讲理”

职工代表林作满来自博民集团，他要求提高特殊工种的工价：“抛光 1/2 角阀阀体，一个工人每天做出 1 000 只，按照工序定价一个月能做到 2 150 元；锻造 1/2 角阀阀帽，一个工人每天做出 6 000 只，按照工序定价每月做到 1 950 元；1/2 球阀阀体，一个机加工每天做出 2 000 只，按照工序定价只能做到 1 850 元。熟练工人的计件工资低于其他行业，我们要求这 3 个工种工价上调 20%。”

“20%？”企业方代表侯朝平似乎被吓着了，他睁大着眼睛说：“太高了，10%还可考虑。”

企业方代表志高洁具的王师伟手指不停地在计算器上翻飞：“据我了解，1/2 角阀阀帽，每天能做出 7 000 只，1/2 角阀阀体，每天能做出 1 200 只；1/2 球阀阀体，每天正常做出 2 200 只，这么算起来工价涨幅何止 20%？”

职工代表林定根马上反驳：“王总，你这是按最快工人速度计算的，绝大部分普通工人达不到。”

侯朝平也算了笔账：按照工价涨 20%计算，一个职工年增 5 000～6 000 元；500 名员工的工厂，年增加 250 万～300 万元，企业承受不了。

众展暖通老总陈峰说：“这两年水暖行业市场不景气，企业生产形势确实不好。今年又涨了养老保险，增加工伤保险，企业的管理成本和人力成本都在增长，涨 20%真承受不了。”

林作满表示：“形势不好，不能将企业的困难加到员工身上！”

僵持之时，华龙巨水副总蔡永峰表示愿意适当调整。

这时，职工代表鑫帆铜业的林定根马上说：“我们也愿意让点步，17%。这样既提高职工积极性，有利于职工稳定，也提高了企业生产效率。企业好比是棵大树，职工背靠大树可乘凉，而这棵树的根就是职工呀。”

陈峰一个劲地摇头：“17%还是高。”

谈判进入了胶着状态。

这时，健龙卫浴董事长、清港镇水暖阀门行业协会会长蔡贤良打破了沉默：“这样吧，3 个特殊工种的工价涨 13%，按此标准粗算一下，抛光工能达到 2 400 多元了。”

职工方代表、水暖阀门行业工会副主席杨笃聪笑着说：“会长，13 这个数字不好听嘛！我们也让步，涨 15%吧。”

蔡贤良转而做起了职工的思想工作：“一下子增幅过大，不利于行业的发展。而且，工资不能单纯算 8 小时以内的，还要包括加班，其实远不止之前说的那些。今年行业不景气，先涨 13%。环境好了，我们可以再商量嘛！”

话音未落，9 位职工代表纷纷表示：“老板们有诚意，我们职工不会不讲理，同意 13%！”

“从无到有，迈出这一步确实难”

职工代表、欣涯洁具的卓旦喜抛出了第三个议题：租房补贴。“我们希望能给在外租房的职工每人每月 60 元的租房补贴。今年，当地的房租从 100～200 元一间，涨到了 250～500 元一间，很多职工吃不消。”

卓旦喜的议题，让康意洁具副总王于吃了一惊：没有租房补贴这个先例。

多数企业方代表都表示：“工资涨了 15%，工价涨了 13%，再来租房补贴，企业承受不了。”

蔡贤良会长提醒左右的企业方代表：“商量一下、考虑一下，从无到有，迈出这一步确实难。”

朱要武快言快语：“大部分职工都住在宿舍，租房的不是太多，算下来，60 元其实也不多。”

王于立马回击："这个不对的，在外面租房的以家庭为主，等于两个人都要补贴的，这个幅度还是太大了。每人每月 20 元，还勉强能接受。"

众晨暖通老总陈峰对职工方说："降一点吧，补贴就是补贴，它与解决是两码事！"

眼看着老板们已经松口，职工方说："20 元太少了，起不到作用的，再加点。"

一方要求降，一方坚持加，双方拉锯不下。

这时，侯朝平很干脆地表态："这样吧，30 元，不能再多了。"

"30 元，一天一元。"职工方嘀咕着。

蔡贤良会长："就 30 元吧，这是个开始。等明年企业形势好起来了，我们再商量。"

"同意！"最终，职工最低工资标准、特殊工种工价及职工租房补贴三项协商内容，在掌声中达成了共识。

思考题：

1. 就本案例而言，工资集体协商制度对员工有利吗？为什么？
2. 清港镇水暖阀门行业的工资集体协商为何能达成共识？
3. 据本案例，你对推动工资集体协商制度的发展有何建议？

第 3 章
薪酬管理制度

引导案例

这样的工资制度是否可行？

红旗水泥厂上个月的订单陡然增加了许多，但工厂的产量却无法配合。为解决这一难题，厂长周大富把他的心腹爱将罗文由研究室调至生产科，希望他能施展才华，增加该部门的产量。罗文到生产科后，经过几天的详细调查，发现厂里现在的工资制度是计时制，不论工人生产效率高低，一律以工作时间乘以每小时工资率来计算。这种做法无法激励工人增加产量。现有制度规定：每天工作 8 小时，每小时工资 2.4 元。在标准情况下，工人每日可得工资 19.2 元。罗文又翻阅生产记录，发现工人目前每天平均产量只有 92 件。如果按这样的产量计算，根本无法如期满足客户的需要。但如果要增加工人，又受机械设备的限制。罗文想来想去，最后认为只有采取奖励制度来鼓励工人充分利用现有机械设备来增加产量这一办法。

罗文决定采用 150%的奖励制度，他订的标准如下：

（1）标准工作时间为 8 小时。

（2）每小时工资为 2 元。

（3）标准产量为每小时 10 件，每天 80 件。

（4）奖金比率 150%。

（5）计算公式：

标准以下者：标准工时 × 小时工资率

标准以上者：标准工时 × 小时工资率+[（实际工时–标准工时）× 小时工资率]×150%

例如，甲、乙、丙三人在标准工时下，其产量各不相同，其工资计算如下：

甲每日产量 72 件，低于标准，依奖励制度可得工资 16 元（按原有工资制每日可得 19.2 元）。

乙每日产量 92 件，工作量与原来相等，但高于现在的标准，可得工资为 8×2+[（92/10–80/10）×2] ×150%=19.6（元）（略高于原有工资）。

丙每日产量 120 件，高于标准，可得工资为 8×2+[（120/10–80/10）×2]×150%=28（元）。

新的工资制度颁布后，工人们听说厂里将每小时工资减少了 0.4 元，使每个月工资减少了 96 元，感到非常气愤，有一些工人消极怠工并扬言要上街游行。

周厂长知道了这件事后大为紧张。他责备罗文为何不先经批准，就轻易修改制度，把事情弄得一团糟。罗文争辩道："工人以前每天平均产出 92 件，若要维持以前的收入，这很容易办到。而且我订的奖金率为 150%，只要多生产，保证赚得比以前多，谁知他们不知好歹要怠工。"

周厂长语重心长地对罗文说："大部分工人的教育程度并不高，根本不会费神去计算他的工资得失。要是工资忽高忽低，他们会怀疑厂里是否在其中动了手脚。而且工资计算的方法改变后，工厂还得多增加一位职员来管理工资，在厂里资金周转不甚灵活的时候，还要增加人工成本，实在是不明智。我认为订单增加不是长久现象。过

一阵子，订单可能恢复到以前的水平。到时候没有较多的工作给工人做，再奖励就闹笑话了。”

罗文仍坚持自己的观点：“本来厂里生产科所采用的工资制度就不合理，使懒惰工人所得工资和勤快者一样多，其结果是勤快工人觉得生产再多也没有好处，何必拼命？这次所采取的工资制度，赏罚分明，相信不但可以达到增产的目的，而且还可以将生产科彻底整顿。至于那些怠工的工人大都是低于工作标准的，正好可以趁此机会予以剔除。何况生产科的工作也不太复杂，新进人员只要受过半个月的训练就可以参加生产。所以……”

周厂长对于这件事感到非常困惑。他了解罗文的个性，有才干、好胜、肯努力，不过脾气暴躁。以前，在厂里有很多人怨恨他，只因为自己很赏识他，大家都忍气让他。眼看到了交货日期，偏偏又出了这个问题。

资料来源：张岩松，李健. 人力资源管理案例精选精析.北京：中国社会科学出版社，2005：173-175

思考题：

1. 你认为罗文的工资制度是否可行，为什么？
2. 如果你是周厂长，如何应对工人的消极怠工现象？

3.1 薪酬制度概述

3.1.1 薪酬制度含义

薪酬制度也称工资制度，是指企业用于规定薪酬的分配方式、划分薪酬标准的基本准则，是企业内部薪酬分配的基础，是确定和调整企业各类人员薪酬关系的依据。它包括确定不同员工的薪酬构成项目及各薪酬项目所占的比例，还包括薪酬的支付方式，即确定薪酬计算的基础，是按照劳动时间，还是按照生产量或销售量。

3.1.2 薪酬制度发展演变

工资制度的演变经历了漫长的过程，它是随着企业组织的形成和发展及管理水平的不断提高而发生变化的，在企业发展过程中一直充当支持和服务企业发展的角色。工资制度要随着生产设备、工艺过程、劳动组织、劳动条件的变化适时进行调整和改革，其演变过程经历了以下几个阶段。

1. 平均化工资制度的产生

16 世纪中叶至 18 世纪中叶，产生了工场手工业，即许多从事同一个或同一类工作

（如造纸、铸字或制针）的手工业者，同时在同一个工场里为同一个资本家所雇佣。这是最简单形式的协作。每个这样的手工业者（可能带一两个帮工）都需要独立制造出一个完整的商品，并顺序地完成制造这一商品所需要的各种操作。虽然此时工人有了固定的岗位，有了较为明确的分工，但由于缺乏对产出的计量，作为一种补偿性策略，资本家为工人提供平均化的工资报酬。

2. 差异化工资制度的产生

18 世纪中叶，工业革命的标志——蒸汽机的产生，导致机械力迅速取代了人力，工厂取代了工场手工业。在欧洲兴起了工厂制度，这一时期企业规模逐步扩大，生产力水平低下，工厂需要大量的劳动力，于是大量的农村人口涌入城市，雇佣关系随之产生。这一阶段，企业雇佣的人员越来越多，资本家要选出一些不直接参与劳动的“监工”，强迫和监督工人的劳动。为了提高监工的积极性，资本家就会在平均工资的基础上，给予其相对较多的工资，这样就出现了工资的差异化。

3. 等级工资制度的产生

19 世纪末，资本主义自由竞争向垄断过渡，企业规模不断扩大，员工人数不断增加，生产和技术也变得越来越复杂，在这种情况下，员工有了较为明确的分工，初步有了脑力劳动和体力劳动的区别，企业需要正规化的管理，实行劳动技能的专业化和标准化，强调对工人的工作分配与岗位安排的科学性，形成了管理职能专门化，根据劳动的复杂程度，区别出员工的等级，确立工资的支付制度，级别越高，工资就越多，形成了等级工资制度。

4. 多样化工资制度的产生

20 世纪以来，企业经营环境发生了巨大的变化，各种不确定因素增加，企业管理不仅要考虑自身的因素，还要强调外部环境因素的影响。因此，企业为适应变革的需要，由关注内部的等级转变为关注外部的顾客，薪酬也随之产生了变化，开始关注企业的成功领域，为支持企业的成功领域提供服务和支撑，薪酬目标增多，形式多样，支付项目不断增加。

第一，薪酬要致力于改变员工的目光——薪酬观念由关注内部等级转变为关注外部顾客。因为顾客是企业将所有投资转化为产出的体现者，没有了他们，企业就无法生存。

第二，薪酬要关注企业的关键成功领域，它可能是企业成功的核心竞争能力、核心员工群体等，这样才能支撑企业的经营发展。

第三，薪酬支付项目增加，过去有基本工资、绩效工资、奖励工资，现在有长期激励计划——股票、期权、利益共享等。短、中、长期支付形式多样，以满足企业留人和发展的需要。

第四，薪酬目标增多。薪酬一方面要能吸引所需要的员工进入企业，另一方面是提供一种公正的价值分配机制使员工持续为公司服务，还必须让员工受到激励以产生企业所希望的业绩。

在这种情况下，企业管理者对薪酬的认识也发生了很大的变化。企业过去将薪酬仅仅看做成本支付，现在更多地将薪酬视为企业对人力资源的投资行为。企业管理者需要考虑如何有效利用这种投资，即对企业有限的资源进行有效的利用，使其投放在最有效的领域，发挥最有效的作用。企业要思考决策投资多少，投资在哪些地方，怎样组合投资，对什么进行投资，谁会是投资的受益者，受益者之间的差别如何，投资的回报如何，这些都使薪酬决策和管理不再是薪酬经理的事，而是企业必须要进行深入思考的问题。

3.1.3 薪酬制度的分类

1. 岗位工资制

岗位工资是指以岗位劳动责任、劳动强度、劳动条件等评价要素确定的岗位系数为支付工资报酬的根据，工资以岗位为转移，岗位成为发放工资的唯一或主要标准的一种工资制度。

岗位工资的特点是对岗不对人，它有多种形式，如岗位薪点工资制、岗位等级工资制等。无论哪一种岗位工资制，岗位工资的比重都应占到整个工资收入的 60%以上。实行岗位工资，要进行科学的岗位分类和岗位劳动测评，岗位工资标准和工资差距的确定，要在岗位测评的基础上，引进市场机制，参照劳动力市场中的劳动力价格加以合理确定。

2. 能力工资制

能力工资制是按照员工自身所具备的工作能力来确定工资等级，并按照确定的等级工资标准计付劳动报酬的一种制度。这种制度适用于技术复杂程度较高、员工劳动差别较大、分工较粗和工作物等级不固定的工种。其主要作用是区分不同工作之间和相同工作内部的劳动差别和工资差别。

能力工资制的特点是员工的薪酬主要根据其所具备的工作能力和发展潜力来确定。能力不同，技术等级不同，则工资也不同。员工可以通过学习和培训获得技能提高，那么工资将相应提高，如职能工资、能力资格工资及技术等级工资制等均属于能力工资制。

3. 绩效工资制

绩效工资主要是根据员工的工作成绩而支付的工资，工资支付的主要依据是工作成绩和劳动绩效，是典型的以成果论英雄，以实际的最终劳动成果确定员工薪酬的工

资制度。

绩效工资制的特点：员工的薪酬主要根据其近期的工作绩效加以确定，薪酬水平随员工的工作绩效不同而发生变化。处于同一岗位、职务或技能等级的员工，并不一定能得到相同数额的劳动报酬，如计件工资、销售提成工资、效益工资、佣金制等就属于绩效工资。

4. 组合工资制

组合工资制是将薪酬分解为几个部分，每个组成部分分别依据不同的因素，如绩效、技术和培训水平、职务、岗位、年龄和工龄等，来确定薪酬的等级。

组合工资制的特点：它能够将员工在各个方面的情况都与其要获得的薪酬相对应，员工在某一因素上较其他员工的优势，会通过其薪酬反映出来，从而强化激励作用。例如，岗位技能工资制、岗位薪点工资制、岗位效益工资制及目前我国公务员实行的职级工资制等都属于组合工资制。

3.2　基本薪酬制度

3.2.1　计时工资制

1. 计时工资制的含义

计时工资制是根据员工的工作时间来计量薪酬的工资制度。员工的工资收入是用员工的工作时间乘以他的工资标准得出来的。计算公式为

$$计时工资=工作标准\times 实际工作时间$$

2. 计时工资制的形式

按照计量的时间单位不同，通常用的计时工资有以下几种具体形式。

（1）年薪制。年薪制就是按年计发工资的制度。它一般根据经营成果来确定收入的高低。

（2）月工资制。月工资制就是按月计发工资的制度。它不论大月、小月一律按工资标准计发工资。

（3）周工资制。周工资制就是按周计发工资的制度。它与月工资制不同，工资计量的天数是确定的。

（4）日工资制。日工资制就是根据员工的日工资标准和实际工作日数来计发工资。

（5）小时工资制。小时工资制就是根据员工的小时工资标准和实际工作小时数来计付工资。

小时工资标准=日工资标准/8

小时工资适合于非全日制工作或要按小时计付工资的工作。

目前我国实行的小时工资制一般是以月工资率为基础的，西方发达国家一般是以周工资率或小时工资率为基础。

3. 计时工资制的特点

计时工资制的特点体现在以下几个方面。

（1）计算工资的基础是按照一定质量（达到某种劳动等级标准）劳动的持续时间支付工资，工资数额取决于职工的工资等级标准的高低和劳动时间的长短。因此，这一特点决定了计时工资制在其实行中表现出两点鼓励作用：一是鼓励员工提高业务技术水平，以提高工资等级标准；二是能够鼓励员工提高出勤率，尽量增加劳动时间。

（2）由于以时间为单位计量劳动报酬，计时工资制就体现出简便易行、适应性强、适用范围广的特点。

（3）计时工资制主要要求员工注重提高工作的质量，而对工作的数量要求并不严格。

（4）计时工资制容易被员工普遍接受，员工的收入较为稳定，风险较少。因此，实行计时工资制可以减缓工作压力，有利于员工的身心健康。

计件工资制也有明显的局限性：一是计时工资制侧重以劳动的外延量计算工资，至于劳动的内含量及劳动的强度则不能准确反映。二是对劳动者本人来说，计时工资制难以准确反映其实际提供的劳动数量与质量，工资与劳动量之间往往不对等。三是就同等级的各个劳动者来说，付出劳动量有多有少，劳动质量也有高低之别，而计时工资不能反映这种差别，容易出现干多干少、干好干坏一个样的现象。因此，实行计时工资制对激励劳动者的积极性不利。此外，计算产品的直接人工成本也不如计件工资制容易。

4. 计时工资制的适用范围

计时工资制是目前我国普遍采用的一种工资制度，它适用于实习员工的工资、管理人员的职务工资、生产操作人员的岗位技能工资、专业技术人员的专业技术职务工资、艺术专业职务工资等。

3.2.2 计件工资制

1. 计件工资制的含义

计件工资制是根据员工生产合格产品的数量或完成的工作量，以劳动定额为标准，通过事先规定的计件单价计算出劳动报酬的一种薪酬形式。员工计件工资的多少，取决

于员工完成合格产品的数量或工作量，也取决于计件单价的高低。计件单价是员工每完成一件合格产品或工作能得到的薪酬。其计算公式为

工资数额=计件单价×合格产品数量（工作量）

2. 计件工资制的形式

（1）直接无限计件工资制。直接无限计件工资是按照员工单位时间内所生产的合格品的数量和统一的计件单价计算劳动报酬的计件工资形式。员工完成的合格产品，不论数量的多少，均用同一个计件单价计算。这种工资形式只有在企业的经营管理，尤其是定额管理比较科学合理的条件下实行，效果才较好。

（2）间接计件工资制。间接计件工资是依据员工所服务的直接计件工人的劳动成果计算工资的一种工资形式。它适用于某些辅助工种。条件是本工种的生产成果无法直接计量，而工作的好坏又与主要生产工人的产量、质量有直接的联系和影响。因此，可根据其所服务的主要生产工人的生产（工作）成果计算工资。

（3）累进计件工资制。累进计件工资是员工完成产量定额部分按一般的计件单价计算，超过定额部分按更高的、累计的计件单价计算的工资形式。这种工资形式与生产任务结合密切，对员工物质鼓励作用较大，适用于劳动强度大、劳动条件差、增产特别困难，但又迫切需要增产的企业或工种。

（4）超额计件工资制。超额计件工资制是在劳动定额内，按计时发给标准工资，超额部分在原单价的基础上累进单价计发计件工资的工资形式。这种工资形式一方面保证了员工的基本收入，另一方面又对完成任务好的员工给予了有效的奖励，减轻了一定的工作压力。

（5）集体计件工资制。集体计件工资是按作业班组共同完成生产任务量的多少计算计件工资，然后在作业班组内将工资合理分配到个人的工资形式。它适用于机器设备和工艺过程要求员工集体完成某种产品或某项工程，而又不能直接计算个人的产品数量和质量，或者虽然可以统计计算个人的产品数量和质量，但生产过程要求在上下工序之间或班次之间密切协作，生产方能顺利进行的连续性生产岗位等情况。实行集体计件工资的范围需要根据企业的生产技术条件、生产组织和劳动组织、管理水平及基础工作等情况来决定。

3. 计件工资制的特点

计件工资制的特点体现在以下几个方面。

（1）计件工资制能够从劳动成果上准确反映出劳动者实际付出的劳动量，并按体现劳动量的劳动成果计酬，不仅激励性强，也较为公平。

（2）与计时工资制相比，它反映了不同等级的员工，由于所生产合格产品的数量、质量不同，所得到的工资收入也就有所不同，从而促进劳动者关心自己的劳动成果，激发员工的工作积极性，促进劳动生产率的提高。

（3）由于产量与工资直接相联，所以能够促进工人经常改进工作方法，提高技术

水平和劳动熟练程度，提高工时利用率，增加产品数量。

（4）易于计算单位产品直接人工成本，并可减少管理人员及其工资支出。

（5）促进企业改善管理制度，提高管理水平。

计件工资制也有局限性：一是实行计件工资制，容易出现片面追求产品数量、忽视产品质量、消耗定额和不注意爱护机器设备等问题，如只求质量保持合格品的下限，在消耗定额内还有节约的潜力不去挖掘，超出其负荷进行掠夺性的生产等。二是因管理或技术改造而使生产效率增加时，提高定额会遇到阻力。若不提高定额，会增加产品成本；若提高定额，会引起员工的不满。三是在企业以利润最大化为目标时，容易导致对计件工资制的滥用，使其成为延长劳动时间和降低工资的手段。四是因追求收入使员工工作过度紧张，有碍健康。五是计件工资制本身不能反映物价的变化。在物价上涨时期，若没有其他措施进行补偿，尽管劳动生产率没有提高，也必须调整计件单价。

4. 计件工资制与计时工资制的区别

计件工资是从计时工资转化而来的，由于计件工资的计件单价是根据计时工资标准计算的，因此计时工资和计件工资在本质上没有区别。它们之间的不同表现在以下几方面。

（1）计算原理不同。计时工资的计算原理是将员工的出勤率或视同出勤天数和规定的计时工资标准或计时工资比例相乘，计算员工工资。计件工资的计算原理是用员工已完成的，经检验合格或视同合格的工作量，乘以事先确定的计件单价来计算员工的工资。

（2）计量的依据不同。计时工资是以一定质量的劳动的延续时间为计量工资的依据，计件工资是以一定时间内劳动所凝结成的产品数量为计量工资的依据。

（3）计量方式不同。计时工资是在劳动开始前就决定了的，计件工资是在劳动完成后才确定的。

（4）作用不同。计件工资能够更准确地反映劳动者实际付出的劳动量，反映同等级劳动者之间及劳动者本人不同时期的劳动差别。

5. 计件工资制的适用范围

计件工资制的实行是有条件要求的，具体条件如下：员工的生产成果能够直接统计计算；企业生产任务饱满，原材料供应和产品销售比较正常，能源供应有保证，产品属于批量生产而不是单件小批量生产；企业的管理水平较高，生产的原始记录比较完备，有较健全的工艺规程、技术操作规程、统计计量制度、产品检查验收制度和经济核算制度等；有合理的生产组织和劳动组织；企业有科学的劳动定额管理制度。

3.2.3　岗位技能工资制

1. 岗位技能工资制的含义

岗位技能工资制是根据按劳分配的原则，以劳动强度、劳动责任、劳动技能、劳动条件等基本要素的岗位评价为基础，以岗位和技能工资为主的企业基本薪酬制度。从性质上讲，岗位技能工资制是一种把劳动者的收入与企业经济效益挂钩的企业内部分配制度，是我国国有企业工资制度改革中推行的一种工资形式，主要是为了改变原有的、以行政机制制定企业雇员收入的计划经济模式，建立一种与市场经济接轨的、与现代企业制度配套的企业雇员劳动报酬分配制度。

2. 岗位技能工资制的特点

岗位技能工资制的特点体现在以下几个方面。

（1）岗位技能工资的高低，以岗位为基础确定，体现了不同岗位劳动的价值，又基本保证了同工同酬的实现。

（2）在同一工资等级中，通过给不同知识、不同资历和经验、不同技能或能力的员工规定不同的工资级别，体现了对人力资本的承认、补偿和回报，目的是建立一种激励员工主动进行人力资本投资，进而提高业务技术素质的新的机制。

（3）岗位技能工资制从结构上把岗位劳动评价与雇员个人的劳动绩效评价区分开，即分为基本工资和辅助工资。

3. 岗位技能工资制的内容

1）建立岗位评价体系

岗位评价是将各类岗位、职务对职工的要求和影响归纳为劳动技能、劳动责任、劳动强度、劳动条件四个基本要素，通过测试和评定不同岗位的基本劳动要素，科学评价不同岗位的规范劳动差别，并以此作为确定工资标准的主要依据。四大要素进行分解、细化以后就成为便于具体测评的若干子要素，即岗位评价指标。

2）设置工资单元

岗位技能工资属于基本工资制度，通常由技能工资和岗位工资两个单元组成。在实际推行时，有时以辅助工资制度作为补充。

（1）技能工资。技能工资主要与劳动技能要素相对应，确定依据是岗位、职务对劳动技能的要求和雇员个人所具备的劳动技能水平。技术工人、管理人员和专业技术人员的技能工资都可分为初、中、高三大工资类别，每类又可分为不同的档次和等级。

（2）岗位工资。岗位工资与劳动责任、劳动强度、劳动条件三要素相对应，它的确定是依据三项劳动要素评价的总分数，划分几类岗位工资的标准，并设置相应档次，一般采取一岗多薪的方式，视劳动要素的不同，同一岗位的工资有所差别。

我国大多数企业在进行岗位技能工资制度改革中，只设置技能和岗位两个工资单

元，主要便于与四个劳动要素相对应，有利于满足特殊岗位对劳动者质量和数量的客观要求及操作简单。

（3）辅助工资制度。岗位技能工资是一种基本工资制度，在推行中，还要以辅助工资制度作为补充，主要包括年工资单元、效益工资单元和特种工资单元。

4. 岗位技能工资制的适用范围

岗位技能工资制具有较强的适应性，适用于专业化程度较高、分工较细、工种技术较单一、工作对象和工作物等级比较固定的产业或企业。

3.2.4 岗位等级工资制

1. 岗位等级工资制的含义

岗位等级工资制是按照员工在工作中岗位的重要程度确定工资等级和工资标准的一种工资制度，也就是将工作岗位按重要程度划类归级，然后进行排序，最后确定工资等级的制度。

岗位等级工资制是根据工作职务或岗位对任职人员在知识、技能和体力等方面的要求及劳动环境因素来确定员工的工作报酬的制度。员工工资与岗位和职务要求挂钩，不考虑超出岗位要求之外的个人能力。

2. 岗位等级工资制的特点

岗位等级工资制的特点体现在以下几个方面。

（1）按照员工的工作岗位的等级规定工资等级和标准。岗位工资等级按照各工作岗位的技术复杂程度、劳动强度、劳动条件、责任大小等因素确定，不按照员工的技术能力规定工资标准。员工在哪个岗位工作，就执行哪个岗位的工资标准，见表 3-1、表 3-2。在这种情况下，同一岗位上的员工，尽管工作能力与资历有所差别，执行的都是同一工资标准，即所谓的以岗定薪。

表 3-1 某钢铁公司一岗一薪工资标准表

岗位	工资标准/元	参考工种	管理人员	专业技术人员
九	758		公司经理、书记	
八	718		副总、公司党委常委	正高
七	672		厂长、书记	副高
六	638	爆破工、采掘工	副厂长、副书记	内部高级
五	590	炼钢工、钻孔机司机	副科长、车间副主任	中级
四	545	筑炉工、架子工	科员	内部中级
三	510	皮带工、热区检修工	办事员	助理
二	468	取制样工、废钢工		
一	428	变配电工、锻工		

表 3-2　某钢铁公司一岗数薪工资标准表

岗位	工资标准						参考工种
三	1	2	3	4	5	6	炼钢工、钻孔机司机、爆破工、采掘工
	520 元	540 元	565 元	590 元	610 元	640 元	
二	1	2	3	4	5	6	蒸馏工、磨矿工、筑炉工、架子工
	430 元	450 元	475 元	495 元	530 元	560 元	
一	1	2	3	4	5	6	取制样工、废钢工、皮带工、热区检修工
	400 元	420 元	445 元	460	475 元	500 元	

（2）员工要提高工资等级，只能到高一等级岗位工作。岗位工资制不存在升级问题，员工只有变动工作岗位，即只有到高一等级的岗位上去，才能提高工资的等级。但这不等于说，员工不变动岗位，就不能提高工资标准，在企业经济效益提高或社会经济水平发展及物价上涨过快等情况发生时，可以通过提高岗位工资标准来提高工资。

（3）员工要上岗工作必须达到岗位既定的要求。虽然岗位工资制不制定技术标准，但各工作岗位有明确的职责范围、技术要求和操作规程，员工只有达到岗位的要求才能上岗工作。

3. 岗位等级工资制的形式与适用范围

岗位等级工资有两种形式，一种是一岗一薪，另一种是一岗数薪。一岗一薪是指一个岗位只有一个工资标准，凡在同一岗位上工作的员工都执行同一工资标准，岗位工资由低到高顺序排列，组成一个统一的岗位工资体系，它反映的只是不同岗位之间的劳动差别和工资差别，不能反映岗位内部的劳动差别和工资差别。它较适用于专业化、自动化程度较高，流水线作业、工种技术比较单一、工作物等级比较固定的工种。

一岗数薪是指在一个工作岗位内设置几个工资标准，以反映岗位内部不同员工之间的劳动差别。由于企业岗位较多，从管理成本看，不可能有多少个岗位就设多少个岗位工资标准，只能将相近岗位进行归并归级，这就形成了同一岗位级别内也存在劳动差别的问题。它较适用于岗位划分较粗，同时岗位内部技术有差别的岗位和工种。

3.2.5　岗位薪点工资制

1. 岗位薪点工资制的含义

岗位薪点工资是指通过采用解剖学中合理的点因素分析法，按员工岗位的岗位因素（岗位责任、岗位技能、工作强度、工作条件）测定出每个岗位的点数，然后将其与员工的劳动报酬相联系的制度。岗位的点数通过一系列量化考核指标来确定，点值与企业和部门效益挂钩。

2. 岗位薪点工资制的特点

岗位薪点工资制的特点体现在以下几个方面。

（1）通过薪点数的确定，充分体现岗位价值，突出关键岗位和重要岗位的作用。

（2）调整和确定薪点值，有助于提高企业的应变能力，根据宏观环境的变化对全体员工的固定工资及时做出相应的调整。

（3）效益薪点值的确定，有助于使员工的利益与企业的利益紧密结合起来，有效地激励员工的工作积极性。

（4）通过结算工资总额的核定，企业可以有效地预测和控制人工成本的支出，并在企业内部单位建立有效的公平竞争杠杆和激励导向作用。

（5）通过建立岗位薪点工资制，可以进一步完善企业的基础管理工作，树立"一岗一薪、岗变薪变""岗位价值""系统工程"观念，改善企业的内部管理流程，以便更好地支持企业战略目标的实现。

3. 岗位薪点工资制的主要内容

岗位薪点工资制坚持"以岗位为主确定薪点数、以绩效考核增减薪点数、以企业经济效益好坏核定工资总额、以结算工资总额确定薪点值"为原则，其主要内容有以下几点。

1）岗位薪点工资制的构成

岗位薪点工资制由基本薪点工资、辅助薪点工资和保障工资三大部分构成。基本薪点工资包括岗位薪点工资、技能薪点工资和学历薪点工资。辅助薪点工资包括工龄薪点工资和效益薪点工资。

2）基本薪点工资和辅助薪点工资由薪点值和薪点数共同确定

基本薪点工资=（岗位薪点数+技能薪点数+学历薪点数）×固定薪点值

辅助薪点工资=工龄薪点数×工龄薪点值+基本薪点数×效益薪点值×员工的个人考核贡献系数

员工的个人考核贡献系数参照年终绩效考核管理办法执行。

3）薪点值的确定

薪点值=结算工资总额/（基本薪点数×2）

结算工资总额由企业根据战略需要、同行业的市场价位和企业经济效益情况制定相应的计算管理办法，可成为企业各种工资制度之间的一个重要纽带。薪点值取决于企业的结算工资总额，而结算工资总额取决于企业的核定工资总额大小。

薪点值分为固定薪点值和效益薪点值。固定薪点值的大小依据企业的经济实力、企业过去的历史工资和企业的战略需要等因素相对固定和调整。

浮动薪点值=薪点值−固定薪点值

4）薪点数的确定

薪点数的确定，可根据企业战略需要和现实需要，经测算和预估后由企业统一确

定。其中岗位薪点数的确定，可根据等差递减法加大岗位之间的薪点数的差距，体现关键岗位和重要岗位的作用，从而真正树立岗位价值的重要作用。

以表 3-3 为例，假设目前广东省最低工资为 650 元，一岗员工的最低点数为 45 点，650 元除以 45 点等于 14，故倍数设定为 14 倍，最高岗位十一岗员工的薪点值为 14×720= 10 080（元）。将表 3-3 的薪点数换算成薪点值，则得出岗位薪点值表（表 3-4）。年度薪酬也可依据物价波动幅度或企业经营状况调整倍数。例如，年度物价上涨年增率为 5%，企业经营获利有进步，企业若考虑年度调薪 8%，故三岗二级的薪点值就为 105×14×1.08= 1 587.6，比原来上涨 117.6 元。

表 3-3　岗位薪点数

岗位	点值上下限	一级	二级	三级	四级	五级
十一	626 ~ 720	626 ~ 644	645 ~ 663	664 ~ 682	683 ~ 701	702 ~ 720
十	526 ~ 625	526 ~ 545	546 ~ 565	566 ~ 585	586 ~ 605	606 ~ 625
九	426 ~ 525	426 ~ 445	446 ~ 465	466 ~ 485	486 ~ 505	506 ~ 525
八	346 ~ 425	346 ~ 360	361 ~ 375	376 ~ 390	391 ~ 410	411 ~ 425
七	271 ~ 345	271 ~ 285	286 ~ 300	301 ~ 315	316 ~ 330	331 ~ 345
六	221 ~ 270	221 ~ 230	231 ~ 240	241 ~ 250	251 ~ 260	261 ~ 270
五	171 ~ 220	171 ~ 180	181 ~ 190	191 ~ 200	201 ~ 210	211 ~ 220
四	121 ~ 170	121 ~ 130	131 ~ 140	141 ~ 150	151 ~ 160	161 ~ 170
三	96 ~ 120	96 ~ 100	101 ~ 105	106 ~ 110	111 ~ 115	116 ~ 120
二	71 ~ 95	71 ~ 75	76 ~ 80	81 ~ 85	86 ~ 90	91 ~ 95
一	45 ~ 70	45 ~ 50	51 ~ 55	56 ~ 60	61 ~ 65	66 ~ 70

表 3-4　岗位薪点值表

岗位	点值上下限	薪点值上下限/元
十一	626 ~ 720	8 764 ~ 10 080
十	526 ~ 625	7 364 ~ 8 750
九	426 ~ 525	5 964 ~ 7 350
八	346 ~ 425	4 844 ~ 5 950
七	271 ~ 345	3 794 ~ 4 830
六	221 ~ 270	3 094 ~ 3 780
五	171 ~ 220	2 394 ~ 3 080
四	121 ~ 170	1 694 ~ 2 380
三	96 ~ 120	1 344 ~ 1 680
二	71 ~ 95	994 ~ 1 330
一	45 ~ 70	650 ~ 980

4. 岗位薪点工资制的适用范围

岗位薪点工资制是我国企业在工资制度改革实践中创造的一种工资模式，它的内涵和基本操作过程类似于岗位工资，因此岗位薪点工资制较适合岗位比较固定、岗位劳动以重复性劳动为主的岗位工种。

3.2.6 技术等级工资制

1. 技术等级工资制的含义

技术等级工资制是工人工资等级制度的一种形式，即按照工人所达到的技术等级标准确定工资等级，并按照确定的等级工资标准计付劳动报酬的一种制度。其主要作用是区分技术工种之间和工种内部的劳动差别和工资差别。

2. 技术等级工资制的特点

技术等级工资制的特点体现在以下几个方面。

（1）技术等级工资制确定了技术工种的工人技术等级规范，通过明确工人在工作中的“应知”“应会”“工作实例”（应会做的典型工作项目），来确定工人的技术等级，区别工资级差。

（2）技术等级工资制是一种能力工资制度，通过实行技术等级工资制，能够引导企业工人钻研技术，提高个人的技术水平。

（3）技术等级工资制只是根据技术等级确定工资级差，而没有把工人的工作绩效与工资直接联系起来，容易造成工人在工作过程中同工不同酬的现象，造成分配不合理。

3. 技术等级工资制的内容

技术等级工资由技术等级标准、工资标准及工资等级表三个基本要素组成，通过对三个组成要素的分析和量化，给具有不同技术水平或从事不同工作的工人规定适当的工资等级。

1）技术等级标准

技术等级标准包括三项内容，即专业知识、工作技能和工作实例，在我国简称为“应知”、“应会”和“工作实例”。

（1）“应知”是指雇员为了完成某一等级的工作所应具备的专业理论知识，如工艺过程、材料性能、机器结构和性能等。

（2）“应会”是指雇员为胜任某一等级工作所应具备的技术能力和工作经验，如设备操作、维修和识图等。

（3）“工作实例”是指根据“应知”和“应会”的要求，列出不同技术等级所掌握的典型工作项目或操作实例，对雇员进行培训和考核。

技术等级标准有国家标准，部门、行业标准和企业标准等几个级别。国家标准侧重于通用技术工种标准的制定，是指导性的；部门、行业标准主要是为了在本行业和部门中统一标准；企业标准是根据本企业内部的需要制定的。等级标准的制定需要遵循一定的程序。

2）工资标准

工资标准也称为工资率，就是按照单位时间（时、日、周、月）规定的工资额，表示了某一等级在单位时间内的货币工资水平。我国企业工人的工资大部分是按月规定的，企业可根据需要，将月工资标准换算成日或小时工资标准。

技术等级工资标准的确定需要四个步骤：①根据劳动的复杂程度、繁重程度、精确程度等因素确定和划分等级。②对工作物进行分析比较，纳入相应的等级。③规定技术等级标准，即确定最高等级和最低等级工资的倍数及各工资等级之间的工资级差。④确定各等级的工资标准和制定技能工资等级表。表 3-5 是一个根据八级标准模拟的技术等级工资表，采用等比级差的工资标准确定，假定一级工资标准为 100 元，其他各级计算公式如下：

$$W_n=W_1\times C_n$$

或

某一等级工资标准=最低等级标准×等级系数

表 3-5　技术等级工资表

工资等级	一	二	三	四	五	六	七	八
等级系数	1.000	1.181	1.395	1.647	1.945	2.297	2.713	3.204
级差/%	—	18.1	18.1	18.1	18.1	18.1	18.1	18.1
工资标准	100	118	140	165	195	230	271	320

3）工资等级表

工资等级表是指规定工资等级数目和各等级之间工资差别的总览表。它表示的是不同质量的劳动或工作之间工资标准的比例关系，反映不同等级劳动报酬的变化规律，是确定各等级工资标准数额的依据。它由工资等级数目、级差及工资等级线组成。

工资等级数目是指工资有多少个等级，工资等级是员工技术水平和员工技术熟练程度的标志，其数目是根据生产技术的复杂程度、工作强度和员工技术熟练程度的差异规定的。

级差是指各工资等级之间的差别，具体是指相邻两个等级的工资标准相差的幅度。级差有两种表示方法：一种是用绝对金额表示；另一种是用工资等级系数表示。知道最低等级的工资标准和某一等级的工资等级系数，就可以通过系数换算出某一等级的工资标准。

工资等级线是用来规定各工种（岗位）的起点等级和最高等级的界限，起点等级线是熟练工、学徒工转正定级后的最低工资。最高等级线是该工种在一般情况下不能突破的上限。凡技术复杂程度高、责任大及掌握技术所需要的理论知识水平较高的工种，等级的起点就高，反之亦然，如图 3-1 所示。

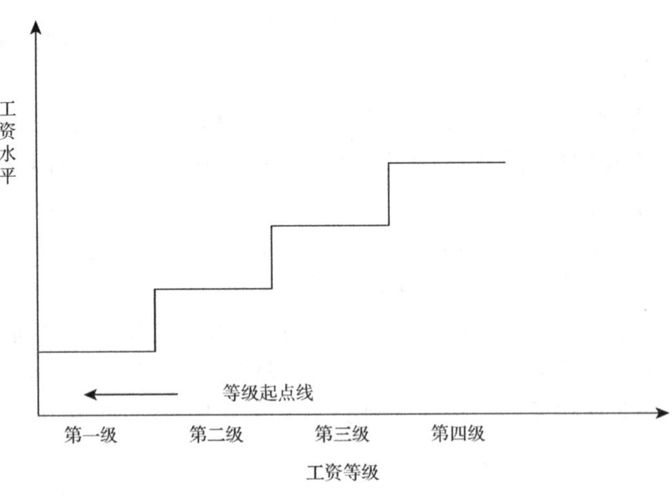

图 3-1 工资等级线

执行技术等级工资制的雇员，按照技术等级标准进行考核和评定技术工资等级，依据级别领取相应的标准工资，也可以定期根据技术水平，进行考核和晋升工资等级。

4. 技术等级工资制的适用范围

技术等级工资制是一种主要根据技术复杂程度、劳动熟练程度划分等级和规定相应的工资标准，然后根据工人所能达到的技术水平评定技术（工资）等级和标准工资的一种等级工资制度。适用于技术复杂程度高、工人劳动熟练程度差别大、分工粗和工作物不稳定的工作和岗位。

3.2.7 职务等级工资制

1. 职务等级工资制的含义

职务等级工资制是机关和企事业单位的行政管理人员、专业技术人员实行的一种工资等级制度（以下简称职务工资制），它主要是根据不同的职务规定不同的工资标准。

2. 职务等级工资制的特点

职务工资制的特点主要体现在以下几个方面。

（1）职务工资制是按职务规定工资标准，同一职务可分为若干等级，每一等级规定一个工资标准，以反映同一职务不同人员间的劳动差别。

（2）实行职务工资制时，各职务工资标准均有上、下限，只要职务不变，其工资标准只能在该职务规定的限度内调整，达到职务最高标准时不再增加，只有改变职务后才能改变工资标准。

（3）职务工资制是以职定薪，担任哪一职务，就拿哪一职务的工资，担任同一职务的职员，不管其能力有何差别，均按同一标准领取工资。

（4）职务工资制对各职务规定有明确的职责条例和业务标准，有利于加强职员的工作责任心和进取心。

3. 职务等级工资制度的内容

职务工资制由职务名称表、职务工资体系表、业务标准和职责条例四部分构成。

（1）职务名称表。在职能分工的基础上，由国家主管部门按各个职能工作的内容制定出统一的职务序列，根据职务序列制定出职务名称表。有了职务序列和职务名称表，对同一职能的职员可按同一标准支付工资。

（2）职务工资体系表，由职务工资结构明细、工资标准及工资等级线组成。

企业划分工资类别可根据生产规模、生产类型、工艺特点和技术复杂程度等因素确定。根据实际需要划分工资等级数目和工资等级线。确定工资标准时，应合理安排最低工资与最高工资的比例关系，并根据工资等级系数确定各等级的工资标准。

（3）业务标准是各个职务的业务规范，由“应知”和“业务要求”组成。“应知”即从事某项职务所应掌握的专业实际知识、“业务要求”是指从事某种职务所应具备的文化程度和专业水平。

（4）职责条例规定了各个职务的工资内容、权利、责任和义务。其具体内容应反映各职务的工作性质、职责范围及完成工作任务的标准等。

某集团高级经理工资体系明细如表 3-6 所示；某集团高级经理工资体系职能等级评定参考标准如表 3-7 所示。

表 3-6　某集团高级经理工资体系明细

职务工资标准表					工资结构明细表			
名称	适用职务	职等	职级	工资额/元	基本/元	福利/元	岗位/元	效益/元
高级经理 A 级	董事长 总裁 副总裁 董事 监事 大区经理	Ⅵ	8	10 000	300	200	5 500	4 000
			7	9 000	300	200	5 000	3 500
			6	8 000	300	200	4 300	3 200
			5	7 000	300	200	3 700	2 800
			4	6 000	300	200	3 100	2 400
			3	5 500	300	200	2 800	2 200
			2	5 000	300	200	2 500	2 000
			1	4 200	300	200	2 000	1 700
高级经理 B 级	高级总监 总裁助理 子公司： 总经理 副总经理	Ⅴ	6	5 000	300	200	2 400	2 100
			5	4 200	300	200	2 000	1 700
			4	3 500	300	200	1 600	1 400
			3	3 000	300	200	1 300	1 200
			2	2 500	300	200	1 000	1 000
			1	2 100	300	200	700	900
实习级			试用	1 800	平均 G=60%			H=40%

表 3-7　某集团高级经理工资体系职能等级评定参考标准

名称	职能	职等	职级	等级标准
高级经理A级	决策与监管	Ⅵ	8 7 6 5	1. 参与全公司经营方针的规划和重大投资决策的筹划与方案制订 2. 具有高度的专业学问及非常广泛的常识和经历 3. 负责一个部门或几个部门的全面工作，或担任高度专业化业务的管理人员 4. 担任重大经营项目或工程的指挥及监督的人员
			4 3 2 1	1. 担任复杂并且重要的工作，参与多个部门经营方针的规划 2. 负责一个或几个部门的全面工作，或担任高度专业化业务的管理人员 3. 具有高度的专业学问及广泛的常识与经验 4. 担任大的经营项目指挥或监督的人员 5. 被认为与上述有同等程度的工作能力者
高级经理B级	参与决策	Ⅴ	6 5 4	1. 担任复杂并且重要的工作，参与高层次的规划、立项、审核等工作，能独立解决困难的问题 2. 负责一个部门的全面工作，包括经营方针的规划 3. 具有高度的专业学问和相应的经历 4. 有三年以上大型企业和外资企业高层管理经历
			3 2 1	1. 担任比较重要的业务工作，参与高层次的规划、立项、审核等工作 2. 担任较大和较重要项目的评估、监督、指挥的人员 3. 具有高度的专业学问和相应的经历及高级职称 4. 被认为与上述有同等程度的工作能力者
实习级			试用	没有相应的经历和经验但被认为有同等能力者

4. 职务等级工资制的适用范围

职务工资制是根据每个职务的重要性、责任大小、技术复杂程度等因素，按照职务评价高低，规定统一的薪酬标准。一般来说，职务工资制主要适用于政府机关、企业事业单位的行政管理人员和技术人员。

3.2.8　提成工资制

1. 提成工资制的含义

提成工资制又称拆账工资制或分成工资制，是指对员工个人（或小集体）按照固定的比例对其所创纯收入（或毛收入）拆账分成支付劳动报酬的一种工资制度。也就是企业实际销售收入减去成本开支和应缴纳的各种税费以后，剩余部分在企业和员工之间按不同比例分成。它有创值提成、除本分成、保本开支、见利分成等形式。

2. 提成工资制的特点

提成工资制的特点体现在以下几个方面。

（1）提成工资制严格按照经济责任制的完成情况进行分配，员工的收入与工作业绩有效结合，贯彻了按劳分配的原则，拉开档次，打破平均主义。

（2）实行提成工资制的员工工资可以直接计算得出，降低了薪酬管理的成本，突

出了薪酬的透明度，有效地激发员工的工作积极性。

（3）实行提成工资制的员工的工资收入缺乏稳定性，易受到经济环境和其他外部因素的影响而出现大幅度波动。

3. 提成工资制的内容

提成工资制的内容主要是确定适当的提成指标、提成方式及提成比例。

（1）确定适当的提成指标，也就是事先要确定员工应完成工作任务的数量和质量。

（2）确定适当的提成方式，主要有全额提成和超额提成两种形式。全额提成，即员工全部工资都随营业额或销售额浮动，而不再有基本工资；超额提成，即保留基本工资并相应规定需要完成的营业额，超额完成的部分再按一定的比例提取工资。从实行提成工资的层次上分，有个人提成和集体提成。若实行集体提成工资制，则还需要解决集体内部的按劳分配问题。

（3）确定适当的提成比例，有固定提成比例和分档累进或累退的提成率两种比例方式。

4. 提成工资制的适用范围

提成工资制一般适用于劳动成果能够以价值量直接考核到个人，且一些劳动成果难以事先定量化和不易确定计件单价的工作，如一些服务性与辅助性的工作、市场营销工作等。

3.2.9　承包工资制

1. 承包工资制的含义

承包工资制是指通过承包合同把某项生产、经营（或作业）任务的完成时间、产品质量要求、经济技术指标及完成合同后规定支付的工资数额一起承包给职工个人或班组集体，然后依据合同履行情况支付工资而不管其用工多少的一种工资制度。

2. 承包工资制的特点

实行这种工资制度，劳动成果与报酬之间联系的直观性强，能更好地激励职工提高劳动效率。但是实行承包工资制容易引起片面追求工作效率而降低工作质量的问题。

3. 承包工资制的适用范围

承包工资制适用于建筑、煤炭、地质勘探等行业，也适用于生产经营中那些限时限刻要拿到成果或有所突破的薄弱环节或攻关任务。

3.2.10 年功工资制

1. 年功工资制的含义

所谓年功工资制，即根据职工的学历和工龄长短确定其工资水平的做法，工龄越长，工资也越高，职务晋升的可能性也越大。如果学历、能力和贡献不相上下，工龄就是决定职务晋升的重要根据。这里所说的工龄，均指在同一公司或企业内连续工作的年数，而在不同公司工作的工龄一般不能连续计算。

2. 年功工资制的特点

年功工资制增强了企业对职工的吸引力，比较有效地防止了熟练工人和技术骨干被别的企业聘走。但是年功工资制的实行会使企业中出现论资排辈的现象，使年轻有为的优秀员工得不到重用和提拔。

3. 年功工资制的适用范围

年功工资制适用于劳动力不足、人才紧缺且员工的替代性较小的行业和企业。

3.2.11 结构工资制

1. 结构工资制的含义

结构工资制又称分解工资制或组合工资制，是指基于工资的不同功能划分为若干相对独立的工资单元，各单元又规定不同的结构系数，组成有质的区分和量的比例关系的工资结构。图 3-2 为某企业员工结构工资体系。

2. 结构工资制的优缺点

1）结构工资制的优点

第一，工资结构反映劳动差别的诸要素，即与劳动结构相对应，紧密联系成因果关系，劳动结构有几个部分，工资结构就有几个相对应的部分，并随前者变动而变动。

第二，结构工资制各个组成部分各有各的职能，并分别计酬，可从劳动的不同侧面和角度反映劳动者的贡献大小，发挥工资的各种职能作用，具有比较灵活的调节功能。

第三，有利于实行工资的分级管理，从而克服“一刀切”的弊病，为改革工资分配制度开辟道路。

第四，能够适应各行各业的特点。

2）结构工资制的缺点

第一，合理确定和保持各工资单元比重的难度较大。

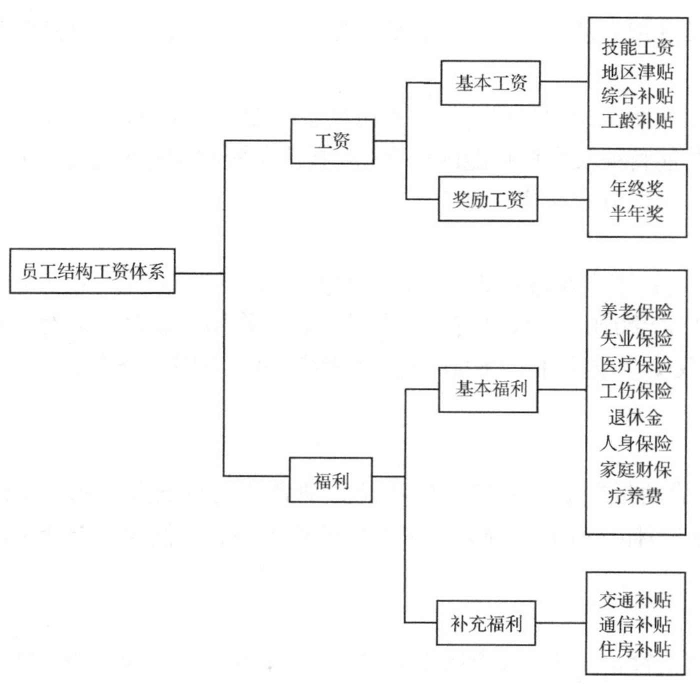

图 3-2　某企业员工结构工资体系

资料来源：刘军胜. 薪酬管理实务手册. 北京：机械工业出版社，2002：73

第二，由于工资单元多且各自独立运行，工资管理工作比较复杂。

3. 结构工资制的内容

企业结构工资制的内容和构成，应根据不同情况做不同的具体规定。其组成部分可以按劳动结构的划分或多或少，各个组成部分的比例，可以依据生产和分配的需要或大或小，没有固定的格式。一般包括六个部分，即基础工资、岗位（职务）工资、技能工资、效益工资、浮动工资和年功工资。

1）基础工资

基础工资，即保障职工基本生活需要的工资。设置这一工资单元的目的是保证维持劳动力的简单再生产。基础工资主要按绝对额或系数两种办法确定和发放。绝对额办法，主要是考虑职工基本生活费用及占总工资水平的比重，统一规定同一数额的基础工资；系数办法，主要是考虑职工现行工资关系和占总工资水平的比重，按大体统一的参考工资标准规定职工本人标准工资的一定百分比确定基础工资。

2）岗位（职务）工资

岗位（职务）工资是结构工资制的主要组成部分，发挥着激励职工努力提高技术、业务水平，尽力尽责完成本人所在岗位（职务）工作的作用。岗位（职务）工资有两种具体形式：一种是采取岗位（职务）等级工资的形式，岗（职）内分级，一岗（职）几薪，各岗位（职务）工资上下交叉；另一种是采取一岗（一职）一薪的形式。岗位（职务）工资标准一般按行政管理人员、专业技术人员、技术工人、非技术工人分别列表。

3）技能工资

技能工资是以员工个人所掌握的知识、技术和所具备的能力为基础而支付的工资。技能工资评定的依据是技能特征及掌握技能的程度。在技能工资制中，确定员工工资水平时很少考虑资历因素，员工升职加薪的机会也相对较多。

4）效益工资

效益工资是根据企业的经济效益及职工实际完成的劳动的数量和质量支付给职工的工资。效益工资发挥着激励职工努力实干，多做贡献的作用。效益工资没有固定的工资标准，它一般采取奖金或计件工资的形式，全额浮动，对职工个人上不封顶、下不保底。

5）浮动工资

浮动工资是劳动者劳动报酬随企业经营好坏及劳动者劳动贡献大小而上下浮动的一种工资形式。它形式多样，有利于调动职工群众的积极性，促使职工群众关心集体事业。

6）年功工资

一般来说，增加年功工资，不仅要考虑职工工龄的增长，还应考虑职工的实际劳动贡献和企业经济效益。以更好地发挥这一工资单元的作用。

结构工资各个组成部分具有内在的联系，互相依存，互相制约，形成一个有机的统一体。

3.2.12 股权制

1. 股权制的含义

股权制就是企业对企业经营者实施股票所有权计划。所谓股票所有权计划，实际上是指企业以股票为媒介所实施的一种长期绩效奖励计划。通过持有股票或股票期权成为企业股东，将经营者的个人利益与企业利益联系在一起，以激发经营者通过提升企业长期价值来增加自己的财富。传统的股权制主要针对企业经营者或中高层管理人员，目前有向企业普通员工扩展的趋势。

2. 实施股权制的意义

（1）股权制使经营者成为企业股东，使所有权和经营权在一定程度上得到融合，从而在一定程度上缓解代理问题，有利于减少委托人的监督支出和剩余损失，从而减少代理成本。

（2）股权制有利于减少经营者的短期化行为，提高企业长期利益。由于股权收益可能远高于年薪，经营者更注重长期目标，从而有效减少经营者的短期行为和虚增短期利润的行为。

（3）股权制能够吸引和留住优秀人才，减少人才的损失。在 20 世纪 90 年代，股权制给企业经营者和员工带来了丰厚的收益，因而股权也成为当时最能吸引人才的激励模式。股权制的实施同时伴有股票持有期或期权等待期的约束条件，如果提前离去，持股者可能会失去全部股权收益，因而大大增加了经营者和优秀员工的退出成本，有利于留住人才。

（4）股权制有利于减少企业的运营成本。对于一些小公司或成立不久的公司来说，运营资金一般是很紧张的，如果支付给经营者高额的工资，将使企业运营更加困难。而股权制在给付时一般不需要付现，在吸引优秀人才加盟的同时，也将缓解公司运营资金的压力，降低企业的运营成本。

（5）股权制因使经营者成为股东，有利于鼓励经营者担负必要的风险。股权制让经营者分享企业收益的同时刺激其从事风险投资，避免出现经营者宁愿少出差错而不愿冒险投资，阻碍企业的持续发展的现象。这样，也有利于提高经营者的经营决策水平和抵制腐败行为的自觉性。

3. 实施股权制的条件

实施股权制虽然有很多优点，但并不是任何企业在任何情况下都适合采用股权制，对经营者实施股权制必须要考虑以下几点问题。

（1）企业必须有充分的自主权，实现政企分开。只有企业经营真正以利润最大化为目标，以最大限度提高企业效率为理念，股权制才能够对企业经营者产生激励作用。

（2）企业要实行规范化的公司化运作。按照现代企业制度，建立合理的决策机构、执行机构和监督机构的制衡机制，实现企业决策的科学化、规范化。

（3）要有健全和完善的高级管理人才市场。独立、完善的高级管理人才市场能够将竞争机制引入企业的经营者选拔中，从而不断提高经营人才的素质和水平。

（4）要有规范、成熟的证券市场。上市公司的业绩需要在证券市场的股价中加以反映。高效、规范的证券市场能够充分反映经营者的业绩和企业的发展。

（5）企业要引入经营者约束机制。除了考虑建立对经营者的激励机制，还要引入经营者的约束机制，以尽可能避免潜在决策风险的发生。

（6）要有完善的政策、法律、法规体系。经营者的股票来源、股票期权的操作规范等，需要有关的政策、法规的规定和指导。对弄虚作假、虚报业绩等经济犯罪行为，要有较大的法律惩罚力度。

4. 股权制的模式

股权制的模式通常包括现股、期股、期权三种模式。

（1）现股。通过公司奖励或参照股权当时的市场价值向受益人出售的方式，受益人直接获得股权，同时规定受益人在一定时间内必须持有股票，不得出售。现股计划风险大，需要及时投入资金，不能享受贴息。激励作用不大，但它具有表决权。

（2）期股。公司或经理人约定在将来某一时期内以一定价格购买一定数量的股权，购买价格一般参照股权的当时价格确定，同时对经理人在购股后再出售股票的期限做出规定。由于是远期支付，期股计划的受益人享受贴息，但不具有表决权。它的风险小于现股计划，但由于到期无论公司的股权是升值还是贬值，它都必须行权，因此它仍是有风险的。其最大的亏损是持股成本，而现股的最大亏损是持股成本加上利息。

（3）期权。公司和经理人约定在将来某一时期内以一定的价格购买一定数量的股权，购买价格一般参照股权的当前价格确定，经理人到期可以行使或放弃这个权利，同时对经理人购股后再出售股票的期限做出规定。它与期股的最大差别就在于当公司的股权贬值时，受益人可以放弃购买股权的权利。因此，对受益人来说没有风险。期权计划也是远期支付，也享受贴息，但没有表决权。

不同股权模式的权利义务是不同的。三种类型一般都能使受益人获得股权的增值收益权，其中包括分红收益、股权本身的增值。但在持有风险、股票表决权、资金即期投入和享受贴息方面都有所不同，具体如表 3-8 所示。

表 3-8　不同股权类型的权利和义务比较

股权类型	增值收益权	持有风险	股票表决权	资金即期投入	享受贴息
现股					×
期股			×	×	
期权		×	×	×	

现股和期股都是预先购买股权或确定股权购买协议奖励方式。当股权贬值时，持股人需要承担相应的损失。因此，员工持有现股或签订期股购买协议时，实际上是承担了风险。而在期权激励中，当股权贬值时，员工可以放弃期权，从而避免承担股权贬值的风险。在现股计划中，由于股权已经发生了实际的转移，因此持有股权的员工一般都具有与股票相对应的表决权。而在期股和期权计划中，在股权尚未发生转移时，员工一般不具有与股权相对应的表决权。在现股计划中，不管是奖励授予还是购买，员工实际上都是在即期投入了资金（在奖励性授予的情况下，实际上也是以员工应得奖金的一部分购买了股权）。而期股和期权计划中，员工在远期支付购买股权的资金，但购买价格参照即期价格确定，同时从即期起就享受股权的增值收益权，因此，实际上相当于员工获得了购股资金的贴息优惠。

3.2.13　协议工资制

1. 协议工资制的概念

协议工资制又被称为谈判工资制，主要是由用人单位与受聘人员按照有关政策规定和人才市场价格，依据工作的复杂程度就受聘人员工资收入水平当面谈判协商确定，并用合同的形式予以确认，其工资额的高低取决于劳务市场的供求状况和企业的经营状况。协议工资只有当企业和员工双方就工资额达成一致时，工资关系才能建立，企业和员工都必须对工资收入严格保密，不得向其他人泄露。

2. 协议工资制的优缺点

1）协议工资制的优点

第一，实行协议工资制，能够维护用人单位和受聘人员的合法权益，建立双方和谐稳定的聘用关系。

第二，实行协议工资制，能够打破学历、资历限制，让技术、管理、劳动等要素按贡献参与分配。

第三，实行协议工资制，有利于减少员工之间工资上的攀比现象，减少彼此之间的矛盾，形成融洽的人际关系。

第四，协议工资制是由企业和员工共同协商的结果，工资水平双方都可以接受，一般都比较满意，有利于调动员工的工作积极性。

2）协议工资制的缺点

第一，协议工资制与劳资双方的谈判能力、人际关系等有关，弹性较大，容易出现同工不同酬现象。

第二，在国有企业实行协议工资制，由于体制、仲裁机构和监督机构不健全，容易出现以权谋私、营私舞弊的现象，产生亲者工资高、疏者工资低等不合理现象。

3. 集体协议工资制

集体谈判理论认为，与其说工资取决于其他因素，不如说工资取决于劳动力市场上劳资双方的力量对比。在工业化发展的初期，工资谈判是在企业主和劳动者个人之间个别进行的。由于工人无法遏制相互之间的竞争，因而无法抵抗工资下降的趋势。工人只能组织起来，通过工会代表自己的更高利益与雇主和雇主集团作斗争。与此同时，雇主方面通过资本积聚和集中，不断形成大型企业和企业集团，从而遏制了雇主之间的竞争。劳资双方的谈判采取了规模日益扩大的集团化方式。

集体谈判的主要特点是工会有效地遏制了工人之间的竞争，使自己成为劳动供给的垄断者，并力图使劳动市场成为卖方垄断市场。

关键概念

薪酬制度　绩效工资制　岗位工资制　能力工资制　计件工资　计时工资　技术等级工资　岗位技能工资　结构工资　协议工资　薪点工资　年薪制　股权制

本章小结

企业薪酬制度是关于企业劳动定额、标准报酬的制度，它是企业内部多种分配的基础，是确定和调整企业内部各类人员工资关系的主要依据，也是企业制订薪酬计划的重要参考。不同的企业根据企业自身的特点和发展阶段，为实现企业经营战略目标、激发员工的工作积极性，针对不同的人员创造和实行了多种薪酬制度。本章重点探讨了基本薪酬制度的形式，如计时工资制、计件工资制、岗位技能工资制、岗位等级工资制、岗位薪点工资制、技术等级工资制、职务等级工资制、提成工资制、承包工资制、年功工资制及结构工资制；同时也探讨了一些新型的工资制度，如股权制、协议工资制等工资制度的含义、特点和适用范围等。

复习思考题

1. 什么是薪酬制度？薪酬制度包括哪些类型？
2. 基本薪酬制度通常有哪些类型？不同的薪酬制度应该适合哪些岗位？
3. 在实施新型的薪酬制度时，应该考虑哪些条件和制约因素？
4. 请你说说薪酬制度的发展历程。

案例分析

小秦为何被竞争对手挖走了？

小秦是一家中日合资企业的销售员。作为日语专业大学毕业生的他，在大学就是一个很有自信和抱负的学生，他梦想着能在事业上有所成就。

小秦一开始对销售员的职业挺满意，因为这家公司与别的公司不同，给销售员的是固定工资而不是销售佣金，并且固定工资也挺高。尤其是对刚毕业的他来说，拿的佣金肯定比别人少得多。

随着小秦对销售业务的熟悉，他与零售商们建立了融洽的关系，销售额渐渐上升了。到了第三年，他估算自己应该进入公司销售员的前 20 名之列了。又过了一年，根据小秦与同事们的接触，他估计自己当属销售员中的冠军了。不过公司的政策是不公布个人的销售额，也不鼓励相互比较，所以他还不能很有把握地说他一定能够坐上第一把交椅。

2014 年 9 月初，小秦就完成了比前年高 25%的销售定额。10 月中旬，日方销售经理召集他去汇报工作。听完他用日语做的汇报后，经理对他格外客气，祝贺他取得的好成绩。

但临走的时候，经理对他说："咱们公司要再有几个像你一样棒的销售明星就好了！"小秦想说些什么，却又匆匆走了。

2015 年，公司把他的定额又提高了 25%。虽然达到目标的难度加大了，但根据自己的经验，他预计自己的定额到 10 月中旬准能完成。但令他苦恼的是，一贯的固定

工资使他的热情已经大减。因为他听说本市另有两家也是中外合资的化妆品制造企业，都搞销售竞赛和奖励活动。其中一家是总经理亲自请最佳销售冠军到大酒店美餐，而且这家公司内部还发行公司通讯小报，让人人知道个人的销售排名，表扬每季和年度最佳销售员。

想到自己公司的这套做法，小秦就特别生气。在刚来公司时，他干得不怎么样，较高的固定工资的确不错，但如今的他渴望的是销售佣金。

最近小秦去销售经理那里谈了自己的想法，建议给他实行佣金制。不料销售经理回绝了他，因为在日本的母公司一贯如此，这是本公司的企业文化决定的。

不久，小秦被一家竞争对手挖走了。

思考题：

你认为小秦被挖走的主要原因是什么？企业应如何解决此类问题？

第 4 章
薪酬体系设计

引导案例

渤海钻探的薪酬体系

中国石油集团渤海钻探工程有限公司（以下简称渤海钻探）立足于薪酬分配的公平性、创新性和竞争性，坚持效率优先、注重公平、合法合规的分配原则，着力推行多劳多得、多增多得、多交多得的分配理念，深入实践岗位管理、绩效管理和薪酬管理的有机结合，按照基本收入保障要素、经营收入要素、利润要素、业绩贡献要素、政策调控激励要素、单位自控激励要素六项工资激励保障功能定位，将工资总额划分为六个工资总额单元，构建了效率与公平统一的薪酬分配体系。

1. 基本工资

基本工资占工资总额的40%左右，包括岗位（技）工资、岗位性津贴、累计贡献性津贴、地区性津贴和工作保障性津贴。渤海钻探根据基本工资制度规定的工资项目、标准和所属各分公司员工总量核定，在年初下达到各分公司。

2. 经营收入工资

经营收入工资用于激励各分公司创收，占工资总额的15%左右，包括月度经营收入工资、年度经营收入工资和年度经营收入增量工资三部分。由渤海钻探分别按月度、年度，与经营收入完成率及实际经营收入增量挂钩考核、控制分配，多收多得、多增多得。

3. 创效奖励工资

创效奖励工资用于激励各分公司创效，占工资总额的12%左右。由渤海钻探集中管理，并按照《经营责任制实施办法》与分公司上缴超额利润挂钩，实施年度考核后分配，多交多得。

4. 总经理奖励工资

总经理奖励工资用于奖励在公司生产经营管理工作中成绩优异的集体或个人，占工资总额的 3%左右。由渤海钻探集中管理，并按照《总经理奖励基金使用办法》政策规定，由公司主要领导审批发放。

5. 重点激励工资

用于对中层领导人员、技术技能骨干和基层队管理人员进行重点奖励，占工资总额的10%左右。其包括中层领导人员绩效考核工资、技术技能津贴、基层队管理人员津贴和政策监控激励工资。其中，技术技能津贴和基层队管理人员津贴，由公司根据各分公司员工岗位分布情况和统一政策、标准核定，在年初下达到各单位；中层领导人员绩效考核工资由公司集中管理，并按照公司《中层领导人员绩效考核办法》进行年度考核兑现；政策监控激励工资由公司集中管理，并依据各分公司一线与二线人员年平均收入比例按年进行分配，鼓励工资分配向一线人员倾斜，提高一线人员整体收入水平。

6. 自控奖金

采用单位系数和岗位系数相结合的方法，核定各分公司自控奖金，作为调动各分公司主动性、积极性，强化安全生产和内部激励的专项工资，占工资总额的

20%左右。由公司根据各分公司员工岗位分布情况和统一政策、标准核定，在年初下达到各分公司。

资料来源：秦永和，周宝华. 效率与公平统一的薪酬体系. 企业管理，2014，(3)：94-97

思考题：

1. 渤海钻探的薪酬体系有什么特点？
2. 渤海钻探的薪酬体系实现了效率与公平的统一吗？为什么？

4.1 职位薪酬体系设计

4.1.1 职位薪酬体系的内涵和特点

所谓职位薪酬体系（job-based pay），是指组织根据每个职位的相对价值确定薪酬等级，通过市场薪酬水平调查确定每个等级的薪酬幅度的一种报酬制度。这种薪酬体系是以职位或工作为基础，根据职位或工作的性质及其对组织的价值决定某种职位或工作的薪资水平。它的理论依据是职位价值在一定程度上等同于任职者的价值，职位价值越大，任职者的价值越大，薪酬水平越高。这种薪酬体系优点非常明显，同时也存在一定的不足。但由于这种薪酬体系比较直观、简单易行，而且适用的范围也比较广，对我国的许多企业和大部分工作岗位比较实用。尤其比较适合组织内部工作内容和工作方式比较稳定的职位，如职能人员和一般操作人员等。

4.1.2 职位薪酬体系的操作流程

实施职位薪酬体系时首先要进行职位分析，界定各职位的工作职责和任职资格要求；然后进行职位评价，确定各个职位相对的价值大小；继而进行薪酬调查，结合调查结果和职位评价，建立薪酬曲线；最后根据薪酬曲线确定薪酬（图 4-1）。

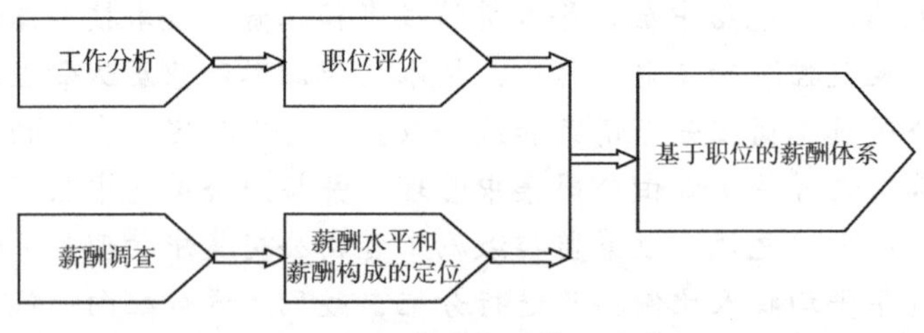

图 4-1 基于职位的薪酬体系设计

1. 工作分析

1）工作分析的含义

工作分析（job analysis）或称职位分析，是指对与职位相关的整体信息和关键信息进行系统整理和准确描述的过程，并以一种格式把这种信息描述出来，从而使其他人能了解这种工作的过程。组织通过工作分析可以得到职位描述和职位规范的有关内容。

职位描述（job description）是对经过职位分析所得到的关于某一特定工作的职责与任务的一种书面记录。它所阐明的是一种工作或某个职位的职责范围及其内容。

职位规范（job specification）是对适合从事该工作的人的特征所进行的描述。职位规范又被称为任职资格，它主要阐明适合从事某一工作或岗位的人所应当具备的受教育程度、技术水平、工作经验和身体状况等条件。

2）工作分析的方法

工作分析方法种类繁多，大致可分为两类：一类是以工作为中心的方法，包括功能分析、管理职务描述问卷、海氏面谈法及任务清单法等。另一类是以人为中心的方法，包括职务分析问卷、体能分析、关键事件技术、扩展事件法及规则工作分析等。

可根据方法的量化程度将其分为定性方法和定量方法。前者包括工作实践法、直接观察法、面谈法、问卷法、典型事例法、工作日志法等。这些方法各有优缺点，应根据实际情况有选择地综合使用这些方法。

3）职位说明书的编写

根据职位分析可以得到职位说明书，它通常分为工作描述和工作规范两个组成部分。职位说明书的构成主要包括以下几个方面的要素：①职位标识，包括职位名称、任职者、上级职位名称、下级职位名称等。②职位目的或概要，简要说明设置这一职位的原因，以及设置这一职位的目的。③主要应负责任，职位所要承担的每一项工作责任的内容及要达到的目的。④关键业绩衡量标准，应当用哪些指标及标准来衡量每一项工作责任的完成情况。⑤工作范围，本职位对财务数据、预算及人员等的影响范围如何。⑥工作联系，职位的工作报告对象、监督对象、合作对象、外部交往等。⑦工作环境和工作条件，工作的时间、地点、噪音、危险等。⑧任职资格要求，具备何种知识、技能、能力、经验条件才能够承担这一职位的工作。⑨其他相关信息，该职位所面临的主要挑战、所要做出的重要决策或规划等。

阅读材料 4-1

职位说明书范例

职位名称	所属部门	直接领导	定员人数	辖员范围/人数	分析日期	分析人	审核人
电源监控部经理	销售公司	销售公司总经理	1 人	电源监控部	2003.12.11	××	××

工作目的：使本部门各项工作有效运转、为公司做好服务

工作职责：

1. 负责部门整体规划及建设
2. 负责部门人力资源建设
3. 负责部门人员工作的分配及安排

4. 负责公司代理产品及监控项目安装、维护的安排与落实

5. 负责工程方案、预算的审查与管理

6. 负责工程质量监督、检查

7. 负责部门人员的培训、考核工作

8. 负责部门监督并执行公司的各项规章制度

协助性工作：

协助销售公司总经理做好本部门与公司各部门的协调工作

其他工作：

完成领导安排的工作

任职资格：

1. 教育：本科以上学历，具备 IT 行业方面的知识和××工程师证书

2. 经历：具有 3 年以上相关工经验

3. 技能：熟悉国内先进的电源、空调、避雷、监控等项目的安装与维护

4. 能力：具备一定的组织协调沟通管理能力，运用正式或非正式的方法，指导、辅导和培养下属。在复杂的环境中能处理好和客户的关系

5. 权限：负责本部门的用人权及部门报销票据的初审权

管理状态：

受销售公司总经理直接领导，直接领导本部门人员开展工作

担任人声明：

签名：　　年　　月　　日

资料来源：王凌峰. 薪酬设计与管理策略. 北京：中国时代经济出版社，2005：75

2. 职位评价

职位评价是指借助一定的方法，确定企业内部各职位相对价值大小的过程。常用的职位评价的方法有排序法、归类法、要素计点法、要素比较法和海氏职位评价系统等。

1）排序法

排序法是最简单的一种职位评价方法，这种方法通常依据工作困难程度或工作重要程度这样的总体评价要素，比较各个岗位的相对价值，然后按价值高低顺序依次进行排序。这种方法要求评估人员对所要排列的职位非常熟悉。具体操作时，一般可采用直接排序法、交替排序法和配对比较法。

直接排序法，即根据对职位的总体判断，按照重要性或对企业贡献度的高低顺序将职位依次进行排列。交替排序法与直接排序法类似，只是排列职位时的顺序有所不同。需要先从待评职位中找出最高价值和最低价值的职位，然后在剩余职位中找出价值最高和价值最低的职位，如此循环，直到把所有的职位都排列完毕为止。配对比较法是将待评职位进行两两比较，以最终比较的结果对职位做出排序，如表 4-1 所示。

表 4-1　配对比较法举例

项目	A	B	C	D	E	总计
A	0	+	+	+	—	2
B	—	0	+	+	—	0
C	—	—	0	+	—	–2

续表

项目	A	B	C	D	E	总计
D	—	—	—	0	—	–4
E	+	+	+	+	0	4

排序法相对比较简单，但是由于报酬要素少，并且是整体性评价，因此只能比较出各个岗位相对价值的高低，无法客观评价岗位价值的实际大小和每个不同岗位的价值差异数值。

2）归类法

归类法是根据工作内容、职责权限、任职资格等显著特征要素将职位分成不同的类别，每一类职位又可以根据其他特征差异进行价值排序。归类法常用于政府部门、事业单位，它的优点是标准简单、操作容易，但仍然具有很强的主观性。在薪酬体系中，同等级的薪酬可能对应不同类别职位的不同等级，不易管理。

其操作要点如下：①进行职位分析，理解职位的主要工作职责、工作环境、劳动强度及其对任职者的资格要求等内容。②进行职位分类。一般是先分大类，然后在大类下再细分小类。③制定分等的标准。常见的做法是先选择报酬因素，然后制定同报酬因素的数量或基准有关的等级说明书。④将所有职位归类划等。这一步的主要工作就是把需要评估的职位填入对应的表格中。

3）要素计点法

要素计点法又称点数法，主要有三个基本特点：一是有薪酬要素；二是要素的等级可以量化；三是权重反映各要素相对的重要性。其操作要点是首先进行职位分析，以理解职位的主要工作职责、工作环境、劳动强度及其对任职者的资格要求等内容。然后确定薪酬要素，并对其进行分解，按照其在工作中重要性的大小分为不同的等级，继而确定各个薪酬因素的权重和同质因素不同等级的点数，最后计算出该工作的总点数。

4）要素比较法

要素比较法是一种运用比较广泛的职位评价方法。在操作过程中，首先进行职位分析，以理解职位的主要工作职责、工作环境、劳动强度及其对任职者的资格要求等内容。然后选择职位评价的关键因素和基准工作，根据关键因素对基准工作进行排序，继而再参照市场薪酬水平，为基准工作的不同关键因素确定薪酬额，不同关键因素薪酬额相加就是基准工作的职位薪酬。其他工作的薪酬水平则通过与基准工作的关键因素的比较来计算。关键职位的比较要素如表 4-2 所示。

表 4-2　关键职位的比较要素　　单位：元/小时

职位名称	现行工资率	技术知识	工作复杂性	工作责任
A	22.00	7.80	5.50	8.70
B	16.50	6.60	4.95	4.95
C	13.00	5.85	4.55	2.60

5）海氏职位评价系统

海氏职位评价系统又称指导图表–形状构成法或海氏三要素评估法（图 4-2），是由美国薪酬专家爱德华・N. 海（Edward N. Hay）和戴尔・珀维斯（Dale Purves）于 1951 年研发出来的职位评价方法。它有效地解决了不同职能部门的不同职务之间相对价值的相互比较和量化的难题，被业界广泛接受。

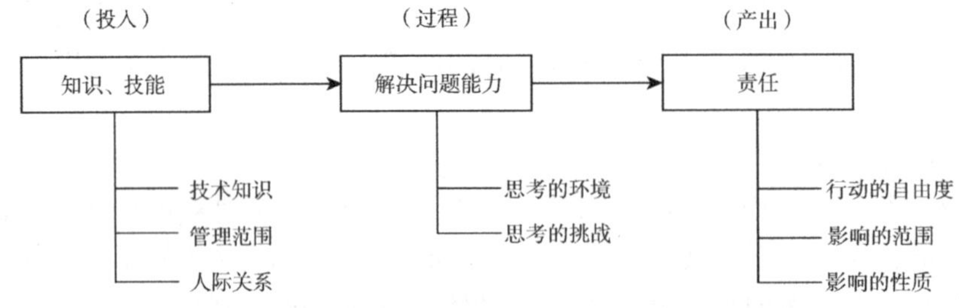

图 4-2　海氏评估三要素的关系

海氏职位评价系统是将付酬因素进一步抽象为普遍适用性的三大要素，即知识、技能等综合素质要素、解决问题能力要素和责任要素，相应设计了单套标尺性评价量表，最后将所得分值加以综合，计算出各个工作职位的相对价值。

3. 薪酬调查

1）薪酬调查的概念

市场薪酬调查是指通过收集、分析市场薪酬信息和员工关于薪酬分配的意见、建议，以确定或调整企业的整体薪酬水平、薪酬结构、各具体职位的薪酬水平的过程。

现在薪酬市场调查业已成为企业薪酬战略实施的有效工具，通过调查企业更加明确薪酬的发展趋势，不断调整和优化薪酬结构和水平，以提高企业薪酬的竞争力和员工的满意度。对一个组织来说，薪酬调查一般有两种做法：一种是自行组织；另一种是把自己的需求提交给外部专门的薪酬调查公司，委托他们代为完成。

2）薪酬调查的阶段

其基本步骤如下：

第一步，根据需要审查已有的薪酬调查数据，确定调查的必要性、实施方式及明确薪酬调查的目的。

第二步，界定相关劳动力市场，明确作为调查对象的目标企业及数量。相关劳动力市场主要包括以下几类企业：①与本企业竞争从事相同职业或具有同样技术员工的企业；②与本企业在同一地域范围内的企业，不同地区物价差别大，实际工资不同；③与本企业竞争同类产品或服务的企业；④与本企业薪酬结构相同的企业；⑤与本企业规模相同的企业；⑥在本行业中做得最好的企业，这种企业往往在薪酬方面也做得较好，值得借鉴。

第三步，选择准备调查的职位。一般来说薪酬调查仅包括基准职位。基准职位：①职位内容是众所周知、相对稳定的，并且得到从事该职位雇员的广泛认可；②能胜任该职位的人的市场供求相对稳定，且不受最近变化的影响；③这些职位能代表当前所研究的完整的职位结构；④这些职位上有相当数量的劳动力被雇用。

第四步，确定要调查的内容。调查内容取决于调查目的和调查中所包括的职位。一般来说，薪酬调查需要搜集其基本资料（如公司名称、历史背景、人数、公司结构等）和核心数据（如基准职位描述、基准职位的实际工资等）两类资料。

第五步，设计薪酬调查问卷并实施调查。

4. 薪酬水平和薪酬构成的定位

薪酬水平，是指组织整体平均薪酬水平，包括各部门、各职位薪酬在市场薪酬中的位置。薪酬水平决策会对组织的总费用产生重大影响，在其他条件相同的情况下，薪酬水平越高，劳动力成本就越高。影响公司薪酬策略选择的因素有多种，其中公司战略、人员的素质要求、薪酬在公司总成本中所占的比重、公司的支付能力是决定薪酬水平的关键因素。企业的发展阶段、人才稀缺度、招聘难度、公司的市场品牌、综合实力及企业文化也是其重要影响因素。

薪酬构成，是指在薪酬中，基本工资、奖金（含长期激励和短期激励）及福利（这里主要指非法定福利）所占的比重。在决定企业的薪酬构成过程中，主要考虑的因素有以下几点：

（1）激励性。基本工资、奖金和福利的激励功能不一样，奖金最强，基本工资次之，福利最弱。所以单从这个角度讲，企业应尽可能地增加奖金的分量，降低福利的比重。

（2）灵活性。薪酬是有刚性的，一旦涨上去，要降下来比较困难。与刚性相对应的是灵活性，薪酬的刚性越大，企业在薪酬管理中的灵活性就越小。基本工资的刚性最强，福利次之，奖金最弱。

（3）附加成本。在国内，养老保险、医疗保险、失业保险等都是以工资（包括基本工资和各种形式的奖金）为计提基数的。所以对单位而言，工资和奖金是有附加成本的；对员工来说，工资需要交个人所得税，福利无论对员工还是企业，都比较实惠。

（4）工作性质。员工的工作性质不同，其薪酬构成也应当有所差别。例如，销售人员和研发人员相比，其奖金所占的比重就应当更大。

在确定薪酬结构的过程中，始终要坚持的指导思想是在薪酬预算总量一定的前提下，尽可能地提高薪酬激励功能。

4.2　能力薪酬体系设计

4.2.1　能力的基本内涵

能力或者译为胜任能力、才干或素质，是达成某种特定绩效或是表现出某种有利于绩效达成的行为的能力。它是20世纪70年代由著名的组织行为研究学者David McCleland针对组织在人员的招聘和甄选中采用的能力测验、性向测验等手段所存在的缺陷而提出的。能力薪酬则是依据达成这种特定绩效的能力而支付的薪酬，这里的能力具备以下几点特征。

（1）它是技能、知识、能力、行为特征及其他个人特征的总称，能力的载体是人或组织成员。

（2）依附于特定的组织，具有组织的专属性特征，即一种能力在一个组织中的高价值未必在另一个组织中同样体现出来。

（3）能够准确地衡量和区分员工的绩效水平。

在人力资源管理中，人的性格、动机、态度等个性特征作为胜任能力的一部分，1993年提出的冰山模型证明了这点：知识、技能属于表层的能力特征，很容易发现；价值观、态度（如客户满意），自我形象（如自信），个性品质（如灵活性），内驱力、社会动机（如成就导向）等，则属于深层的能力特征，很难发现，但深层特征是决定人们的行为及表现的关键因素（图4-3）。

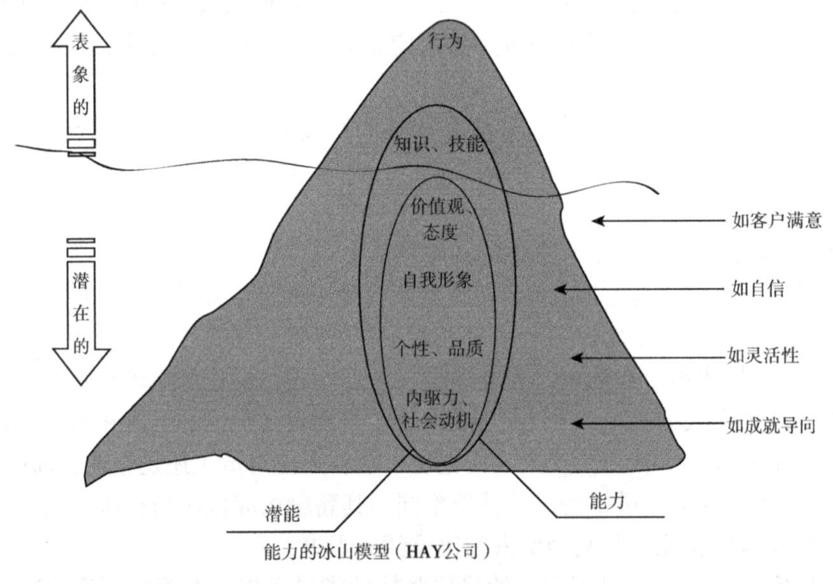

图4-3 素质冰山模型

不同的组织或同一组织的不同岗位，甚至同一岗位在不同时间，其所需的能力是不尽相同的。哈默尔和普拉哈拉德认为核心能力是技能和技术的集合，它使组织能为客户带来特别的、与众不同的利益，在此基础上斯内尔提出了核心能力的判断标准：①有价值（valuable）；②很独特（unique）；③可扩展（extendable）；④能学习（learning）。

斯内尔认为，核心能力可分为知识（knowledge）、流程（processes）、关系（relationships）和技术（technologies）四类。

4.2.2　能力的衡量

能力具有难以衡量性，需要确定对其衡量的基础，通常有两种思路来衡量员工的能力。其一，将组织所需的每一项能力视为一个独立的技能部件，对每个技能部件设置技能等级及与之所对应的衡量标准，然后再根据这些标准来衡量员工的能力。其二，将组织所需的能力细化到职位族中，为每个职位开发出与其对应的任职资格。然后再根据任职资格的要求来衡量员工所具备的能力。

下面简单介绍任职资格体系的开发思路。

1. 任职资格体系标准体系的开发原则

（1）基于战略。在开发任职资格标准时必须高度关注战略，使任职资格中的工作能力不但能满足目前企业运转所需，而且还能和企业战略高度吻合，满足将来的战略所需。

（2）源于工作。任职资格标准的分类分级、角色定义和标准开发都要源于实际工作，要进行深入的工作分析，不能仅从技能本身进行推理。

（3）结果导向。达标、认证的素材应尽可能取自日常工作，尽量减少为获得资格而额外增加工作，更要避免员工为认证、达标而将精力偏离工作。

（4）牵引导向。能够有效指导员工的日常工作和自学，促进员工不断学习和提高。

2. 任职资格体系开发的具体步骤

任职资格体系开发的具体步骤如图 4-4 所示。

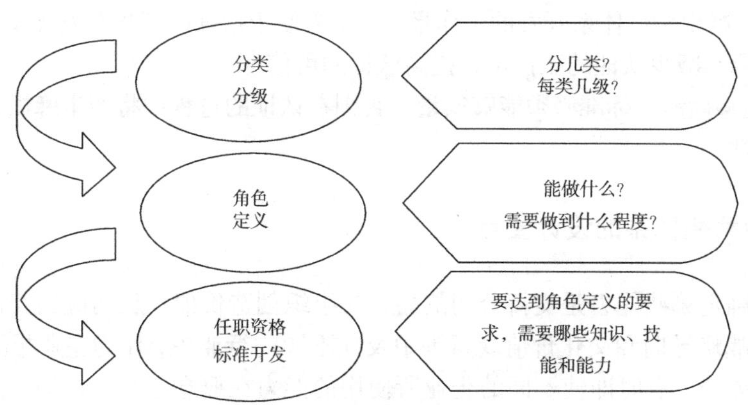

图 4-4　任职资格体系开发的具体步骤

1）分类分级

任职资格从横纵两个维度明确了职务对任职者的资格要求。横的维度通过分类、分专业实现，同一专业涵盖职务的 KSA（知识、技能、能力）具有较多的共性。纵的维度通过分级实现，不同等级对任职者的资格要求有明显区别。级数由两个因素决定，一是要能拉开档次，使同一级内员工的工作能力相差不致太大；二是要易于构筑体系，易于管理。分类分级方案示意如表 4-3 所示。

表 4-3 分类分级方案示意

大类	小类	级数	大类	小类	级数
研发类	软件研发 系统研发 集成电路设计	五级	市场类	客户经理 技术支持 客户服务	五级

2）角色定义

角色定义规定了公司对各级各类任职者“能做什么、需要做到什么程度”的期望，它是任职资格标准体系的核心。角色定义的基本原则如下。

第一，充分考虑行业和竞争对手的情况，以引导公司不断缩小与竞争对手在人力资源管理能力方面的差距。

第二，基于现实又不能拘泥于现实。即要根据专业对员工资格的实际要求和员工的具体情况进行设置，不能脱离现实。同时又要具有一定的前瞻性和挑战性，能引导员工朝公司期望的方向不断努力。

第三，晋升制度要考虑人才成长的自然规律，并根据级别的不同而有所区别。

第四，在同一线内不同级别的晋升制度要基本合理，不同线间的晋升制度要基本平衡。

3）任职资格标准开发

标准的开发要解决的问题是：要达到在角色定义中“能做到什么，需要做到什么程度”的要求，任职者应当具备哪些 KSA？需要有哪些专业经历？标准开发的指导原则如下。

（1）单元模块化。KSA 的标准应尽可能模块化，这样做有三个目的：一是提高标准的通用性，减少标准体系开发的工作量；二是为便于培训的课程开发和实施；三是能充分利用资源，减少认证的工作量，提高认证的可信度。

（2）能够衡量。标准必须能够衡量，否则在认证的过程中将产生麻烦，影响任职资格的权威性。

4.2.3 能力薪酬体系的设计要点

第一，确定哪些能力是支持公司战略，为组织创造价值，从而应当获得报酬。因为在不同的战略导向和文化价值观氛围中及在不同的行业中，作为企业报酬对象的能力组合存在差异。有时即使不同的企业所使用的能力在概念上是一样的，但是同样的能力在不同的组织中可能有不同的行为表现。

研究表明，最为常用的 20 种核心能力如下：成就导向、质量意识、主动性、人际理解力、客户服务导向、影响力、组织知觉性、网络建立、指导性、团队与合作、开发他人、团队领导力、技术专家、信息搜寻、分析性思考、观念性思考、自我控制、自信、经营导向、灵活性。某公司财务部门的核心能力见表 4-4。

表 4-4　某公司财务部门的核心能力

a. 公司所有部门的核心能力		
能力描述—满足客户需求的能力： 能够满足购买企业产品和服务的外部客户以及需要企业其他部门提供帮助的内部客户的需求		
能力等级		
等级 1 解决客户的问题	等级 2 理解客户的业务	等级 3 评估客户的需求并向客户提出建议
b. 财务部门高级管理人员的核心能力		
能力 1 会计能力 等级 1		等级 2
能够管理预算和收支项目，能够分析所有竞争对手的财务报告		能够进行公司业绩的财务分析，能够制定成本控制和成本缩减计划
…	…	

资料来源：Overton B. Core competencies in executive pay. Executive Compensation：A Service，1999，25（4）：1-8

第二，确定这些能力可以由哪些品质、特性和行为组合表现出来，即具备何种品质、特性及行为的员工最可能是绩效优秀者。

第三，检验这些能力是否真的使员工的绩效与众不同，只有那些真正有特色的能力和行为才被包括在内。

第四，评价员工能力，将能力与薪酬结合起来。

某企业财务部门高级经理薪酬的确定见表 4-5。

表 4-5　某企业财务部门高级经理薪酬的确定

任职资格：
能力 1 评定为等级 1，能力 2 评定为等级 2，能力 3 和能力 4 均评定为等级 1，能力 5 不作要求
薪酬范围：（按绩效考核确定具体数值）
最低值 100 000 美元
最高值 150 000 美元
年终奖：基本薪酬的 35%

资料来源：Overton B. Core competencies in executive pay. Executive Compensation：A Service，1999，25（4）：1-8

4.2.4　基于能力的薪酬体系的优缺点

1. 优点

（1）减少企业推进组织变革和流程重组的阻力，提高企业的灵活性和适应性。

（2）鼓励员工对自身的发展负责，使员工对自己的工作生涯有更多的控制力。

（3）能使员工承担更多、更广泛的责任，而不仅是职位说明书中涉及的责任。

（4）容易向员工阐述薪酬与能力、职位之间的关系，使员工有动力去提高其能力。

2. 缺点

基于能力的薪酬体系通常需要周期性更新能力评估体系，重新鉴定员工的技能。在

能力淘汰呈现加速度趋势的今天，无疑会大大增加企业管理工作的难度，增加企业的人工成本，如工资成本、培训成本的上升等。

4.3 绩效薪酬体系设计

4.3.1 绩效薪酬的基本内涵

绩效薪酬（pay for performance）有广义和狭义之分。通常认为与绩效相关的薪酬即为绩效薪酬，它是由一系列与绩效相关的报酬形式组成的。所谓绩效是指员工通过努力达成的对企业有价值的结果，以及他们在工作过程中所表现出来的符合企业的文化和价值观，同时有利于企业战略目标实现的行为。与固定薪酬相比，它属于薪酬中的可变部分或浮动部分，因此也可称为浮动薪酬或可变薪酬。

个人的知识、技能和能力，即 KSA 是员工绩效的“原材料”，它们需要将员工的具体行为转化为成果形式的、可观察的绩效，如图 4-5 所示。

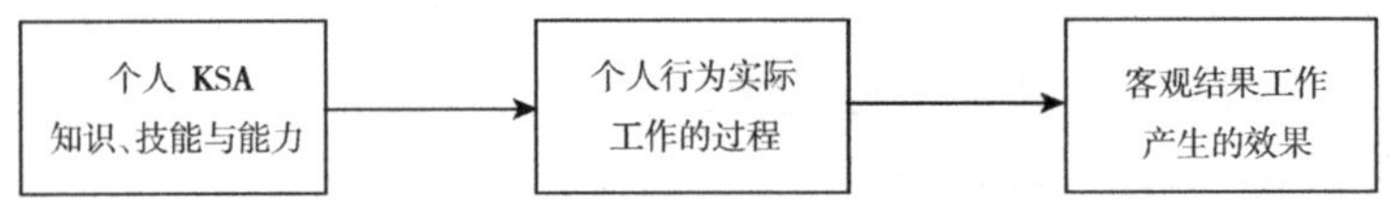

图 4-5 员工个人绩效的产生机理

出于不同的需要，对绩效薪酬类别的划分不尽相同，如按照绩效评估的方法，可以将绩效薪酬分为个人特征薪酬、成就薪酬、激励薪酬、特殊绩效薪酬等。其中激励薪酬（incentive pay）是指根据绩效评价结果支付的，旨在激励员工绩效的组合薪酬形式，具有规范性、系统性和全面性等特征。鉴于绩效评价结果包括个人绩效、群体绩效和公司绩效三个层次，也可以将激励薪酬分为个人激励薪酬、群体激励薪酬和公司激励薪酬。

4.3.2 绩效薪酬设计的几个要点

第一，绩效评价方法的有效性。对于企业而言，不同工作的绩效表现形式是不一样的，因此需要采用最适合的绩效评价方法，这决定了不同工作最适合的绩效形式的产生。只有在健全的绩效评价体系下，绩效薪酬管理才能有效地实施。

第二，绩效发生的时间性。绩效的时间性说明了绩效的长期和短期选择。不同时期的绩效应当有不同的薪酬形式与之结合。在设计绩效薪酬时，必须充分考虑长期与短期的绩效激励特征。

第三，绩效评价的层次性。绩效评价的层次性，即员工的薪酬支付是以个人绩效、团队绩效还是以公司绩效为基础。在设计员工绩效薪酬时，需要综合反映个人、团队和

公司的绩效，并通过三者的比例分配体现不同员工群体的特征。

第四，组织的选择性。绩效薪酬并非适合所有的组织、处于所有发展阶段的组织或所有的员工群体。

4.3.3　绩效薪酬的优缺点

1. 绩效薪酬的优点

（1）有利于组织通过灵活调整员工的工作行为以达成组织的重要目标，从而避免员工的行为脱离组织的战略主线而形成本位主义倾向。

（2）减轻了组织在固定成本开支方面的压力，有利于组织根据自身的经营状况灵活调整自己的支付水平，而不至于因为成本的压力而陷入困境。

（3）有利于组织整体绩效水平的改善。国际期权市场协会对企业采用绩效薪酬的原因调查结果如下：提高生产率、加强团队建设、保持薪酬灵活性、改善产品质量、提高员工的参与度、改善客户服务质量、提高利润、降低薪酬成本、提高鼓动回报率、提高员工的主动性等，这些原因也可被认为是绩效薪酬的优点所在。

2. 绩效薪酬的缺点

绩效薪酬在使用中也有其不可避免的缺点，主要体现在以下几方面：①在绩效标准不公正的情况下，绩效薪酬可能流于形式；②可能导致员工之间或员工群体之间的竞争，而这种竞争可能不利于组织的整体利益；③在其设计和执行过程中可能增加管理层和员工之间产生摩擦的机会；④绩效薪酬对组织的人力资源管理非常敏感，如果没有相关的管理支持，其效果很难发挥。

薪酬方案的比较见表 4-6。

表 4-6　薪酬方案比较表

方案优劣分析	属职薪酬（职务工资）	属人薪酬（能力工资）	属能薪酬（绩效工资）
特色	不执行该职务，则不支薪（职务已标准化者较适用）	衡量工龄、学历、经验、资历、能力给付薪水	只要能力够，不执行该职务，亦给付该职位的工资
优点	◆具同工同酬（不同工不同酬） ◆较具客观性（与工作相配合） ◆具某种程度保障	◆鼓励员工提升能力 ◆提高企业灵活性 ◆促进企业变革	◆激励真正有业绩的员工 ◆具有加薪的弹性（只要绩效好） ◆较具开放、专技导向
缺点	◆职级需先设定，较复杂 ◆易僵化 ◆以升等升级为加薪依据（缺乏激励性）	◆增加管理成本 ◆能力评定较不易明确	◆过度竞争，较不尊重经验（倾向于个人主义） ◆薪资不易管理

阅读材料 4-2

绩效和薪酬的关联度难定

YG 公司是一家多元化集团公司，员工非常稳定和忠诚，不少员工在企业服务已超

过了十年的时间，员工的薪资水平在所在市也较高。总体上讲，员工对薪酬是比较满意的。但YG公司有个奇怪的现象，即员工不关心自己的奖金。在该公司，员工的奖金是与绩效相联系的。在公司最初将考核成绩与奖金挂钩时，大家还担心因自己的绩效不好而影响自己的收入。但后来大家发现，绩效成绩的好坏对奖金并无多少影响，那些被评为A级的员工所拿到的奖金比B级员工才多20元，B级比C级员工才多40元，而且为照顾情绪和考虑平衡，部门经理将大多数员工都评为B级，A级和C级的员工很少，有些部门甚至一个都没有，渐渐地员工们对奖金分配完全失去了兴趣。

之所以会造成员工对自己的绩效和奖金漠不关心的状况，最关键的问题是YG公司没有真正处理好企业为绩效支付的薪酬在员工总薪酬中的比例问题，从而员工的薪酬与其绩效之间的关联度也没有达到一个合适的数值。

资料来源：张岳. 让每一份薪酬都创造价值. 北京：中国经济出版社，2005：51

4.3.4 个人激励薪酬计划的设计

1. 个人激励计划的概念

个人激励计划（individual incentive plan）又称个人奖励计划，是指针对员工个人工作绩效提供奖励的一种报酬计划。它的主要特征有以下几方面。

（1）它是对员工个人客观的、可衡量的业绩进行的薪酬激励，只要员工通过个人努力提高了工作成果，就会相应得到物质回报。

（2）它以效率为基准。个人激励计划的工作绩效直接体现在员工个人的工作效率上，即在单位投入下所提高的产出，因此个人激励计划通常也被称为效率薪酬（efficiency compensation），而且这种效率往往是可直接衡量的结果性指标。

（3）它具有事前的激励特征。个人激励计划一般通过将绩效与事前制定的绩效标准相比较，以确定其奖励额度，它更具有个人目标的导向功能。

2. 个人激励计划的种类

（1）直接计件工资计划。首先确定一定时间内（如1小时）应当生产出的标准产出数量，然后以单位产出数量确定单位时间工资率，最后根据实际产出水平算出实际应得薪酬。这是应用最为广泛的一种个人激励计划。

（2）标准工时计划。首先确定正常技术水平的工人完成某种工作任务所需要的时间，然后再确定完成这种工作任务的标准工资率。即使一个人因技术熟练以少于标准时间的时间完成了工作，他依然可获得标准工资率。

（3）差额计件工资计划。其主要内容是使用两种不同的计件工资率，一种适用于一些产量低或等于预定标准的员工的，而另一种则适用于产量高于预定标准的那些员工。传统的差额计件按工资计划分为泰勒计件工资计划和梅里克计件工资计划两种。

（4）与标准工时相联系的可变计件工资计划。这类计件工资计划主要有海尔塞计件工资计划、罗曼计件工资计划和甘特计件工资计划（表4-7）等几种类型。其中

甘特计件工资计划的做法如下：在确定标准工时，有意将它定在工人需要付出较大的努力才能达到的水平上。不能在标准时间内完成工作的人将会得到一个有保证的工资率，但对于能在标准时间内或者是少于标准工时的时间内完成工作的员工，计件工资率则定在标准工资率的 120%这一较高水平上。因此，一旦达到或超过标准工时的要求，员工的收入增长会比产量的增长要快。

表 4-7　个人激励计划的分类

项目		工资率的确定方法	
		单位时间的产量	单位产量的时耗
产量与工资的关系	工资为常量的产量水平函数	直接计件工资	标准工时工资
	工资为变量的产量水平函数	泰勒计件工资 梅里克计件工资	海尔塞计件工资 罗曼计件工资 甘特计件工资

资料来源：米尔科维奇 J T，纽曼 J M. 薪酬管理. 第六版.董克用，等译. 北京：中国人民大学出版社，2002：278

3. 个人激励计划的设计

1）建立产出标准

在计件工资中，产出标准是标准单位产量；计时工资中，产出标准是标准工时，二者之间可实现互相转换。企业通常会测定标准工时，然后确定标准工时内的产量。产出标准的确定步骤如下。

第一，确定测定的对象，企业通常有两种方法来确定：一种方法是确定所有员工的产出标准，如工作时间，然后取平均数；另一种方法是确定一位具有普通能力、受过完整训练的员工多次完成一项工作的平均时间。

第二，进行时间动作研究，即分析完成一项工作的各种不同方法，并在各种方法中找出最有效的动作；然后对该有效动作进行分析测试，完成测试研究。测试的时间，最好选择在上班后的 1~2 小时之后，待生产稳定后进行。测试观察的次数要根据生产类型、作业性质（机动、手动、机手并动）和工序延续时间长短来确定。

2）建立薪酬标准

在产出标准确定之后，建立相应的薪酬标准。薪酬标准的确定需要考虑：产出标准之下的工资支付——保底工资额；标准产出上的工资支付——平均工资额；产出标准之上的工资支付——激励等级，这三个方面共同构成了薪酬标准。

其中，平均工资额就是标准产出量上的工资额；保底工资额必须小于或等于平均工资额；激励等级就是确定当超过标准单位产量或小于标准单位产量时耗完成任务时，员工薪酬的增加方式。

3）计划执行与监控

主要针对以下个人激励薪酬的缺陷而设计。

第一，个人激励薪酬对产品数量的一味追求必然会对产品质量造成影响，即员工“重数量，轻质量”的倾向。企业通常的做法是设立一个产品质量标准，只有达到标准的员工才能按照规定的计划支付薪酬。

第二，标准量设计得越科学，越容易受到生产技术的发展与设备更新的影响。企业必须随着变化而不断修正产出标准，同时还要防范产出标准的修正可能会遭到员工的抵制。

4.3.5 群体激励薪酬计划的设计

1. 群体激励计划的概念

群体激励计划（group incentive plan）是指主要通过物质报酬等手段来激励员工创造集体绩效，而不是激励他们的个人绩效。当把激励的对象从员工个体转移到协同工作的员工群体时，激励薪酬的重心就由个体激励转向群体激励。

群体激励计划源于团队工作，团队的优势主要体现在对外能快速反应客户与市场的需求；对内能够凝聚智慧，实现团队成员的信息交流与知识、经验共享，充分发挥群体的创造性，积极寻求问题解决方案。

2. 群体激励计划的类别

群体激励计划通常可以划分为利润分享计划、收益分享计划、成功分享计划及团队奖励计划等几种类型。

1）利润分享计划

利润分享计划（proft sharing pan）是指根据对某种企业绩效指标（通常是指利润这样的财务指标）的衡量结果来向员工支付报酬的一种薪酬奖励模式。根据这一计划，所有或某些特定群体的员工按照一个事先设计好的公式，分享所创造利润的某一百分比，员工根据企业整体业绩获得年终奖或者股票，或者是以现金的形式或延期支付的形式得到红利。

传统的利润分享计划中，企业中的所有员工都按照一个事先设计好的公式，立即分享所创造出的利润的某一百分比。其特点是员工可以按照企业的利润立即拿到现金奖励而不需要等到退休时再领取。而现代的利润分享计划则将利润分享与退休计划联系起来，即企业将利润分享基数用于某一养老金计划，经营好时持续注入，经营状况不好时则停止注入。利润分享的范围也由原来的整个企业降低到承担利润和损失责任的下级经营单位。

利润分享计划的实施，除了使员工获得额外的物质利益外，还有以下潜在优势。

第一，利润分享所支付的报酬不进入个人的基本工资和固定人工成本支出，这样有利于避免企业在困难时期的财务危机或因此而采取的解雇措施。

第二，有助于密切员工报酬与企业效益之间的联系。

第三，有助于降低企业成本，增加就业计划和改善企业的劳资关系。

第四，鼓励员工像所有者一样去思考问题，有利于形成一种更为开阔的企业愿景与文化。

利润分享计划的明显缺陷是：它与员工之间的利益纽带较长，支付期限长，对一般员工的激励效益低，蓝领工人的努力程度与公司效益之间几乎没有任何必然的联系；普通员工与高层管理者从企业分享的利润的差距也会很大。

阅读材料 4-3

沃尔玛的利润分享计划

全球最大零售商之一的沃尔玛公司创始人山姆认为：如果你与员工共享利润，员工自然会善待顾客，而顾客越多，公司的利润自然就越多。

山姆在其自传中写到，由于过于担心自己的负债状况和急于让公司扩展，1970 年最初的利润分享计划只针对经理人员，不包括所有员工。但 1972 年则对公司大部分员工全面实施了利润分享计划。

这种基于现金的利润风险制度与股票期权制度的结合对员工的激励效果影响显著。一位在沃尔玛工作了 20 年的货车司机 1972 年进公司时参加了公司的新员工培训，当时山姆对他们说如果他们在公司持续工作 20 年以上，他们将能领到 10 万美元以上的利润分红。这位司机当时不相信，但 20 年后，由于 20 年里沃尔玛公司股票在股市上的不断增长，使得他从沃尔玛公司利润分享计划中得到的远不是 10 万美元，而是 70.7 万美元。

资料来源：王凌峰. 薪酬设计与管理策略. 北京：中国时代经济出版社，2005：125

2）收益分享计划

收益分享计划（gain sharing plan）也称增益分享计划，是企业提供的一种与员工分享因生产率提高、成本节约和质量提高而带来收益的绩效奖励模式。通常情况是员工按照事先设计好的收益分享公式，根据本人所属工作单位或群体的总体绩效改善状况获得奖金。这是在 20 世纪 90 年代逐渐开始流行的浮动薪酬计划。

收益分享计划主要有两方面功能：一是有利于增强员工的团队意识和集体意识；二是在一定程度上抑制了员工之间的恶性竞争。它的有效实施必须有企业经营者、员工素质、企业文化等各方面的支持。一般而言，收益分享计划更适合于具备以下条件的企业：①规模小的部门和单位，小团队或工作组的形式较好。②企业的财务状况良好，没有大的资本投资计划；产品市场的需求旺盛，产品具有相对的稳定性。③企业生产的季节性波动不强，员工能够控制产品和服务成本。④企业中不盛行加班加点，生产部门管理人员的能力强。⑤员工的工龄较长，可以得到高层领导的支持。

收益分享计划中需要处理好几个关键决策：①收益衡量与角色定位问题。企业不仅能够衡量出收益，而且需要确定员工在达成这些收益方面所扮演的角色。生产率的改善有多少是员工行为改变的结果，有多少是由于引进新技术所产生的结果。②支付频率问题。收益分享的频率随组织而异，取决于企业的经营周期或收益产生的周期。一般以能够有效衡量绩效的最短周期为基础。③支付方式问题。在实际支付时，或者是所有员工人均一份，或者是以基本薪酬为依据支付，或者是根据实际工作小时数按统一单价支付，但通常很少根据个人的绩效确定员工个人所应当分享的收益金额。

④设计要求问题。一般而言，不应设计得过于繁琐，否则员工会看不到或不理解绩效和目标达成之间的关系，导致收益分享计划的激励作用减半。⑤沟通问题。收益分享计划的参与者需要随时了解在目标达成方面的进展情况，以及自己需要如何做出行为调整才能更有利于最终目标的实现。⑥确保财务收益问题。收益分享计划尽管不以组织整体的利润单位收益为确定的基础，但它最终必须有利于企业财务目标的实现，否则对企业是不利的。

3）成功分享计划

成功分享计划又称为目标分享计划，它是指将综合绩效指标作为经营目标，在当年超过经营目标的情况下对企业全体员工所进行的奖励计划。成功分享计划的关键在于为每个经营单位确定一整套公平的目标，这种目标要求经营单位通过努力去超越它们自己在上一绩效周期（通常是一年）内所达成的某些绩效目标。

成功分享计划的设计：①资金来源。其资金来源是该计划所创造的价值，而不是企业额外支付的成本。由于该计划所创造的价值可能需要几年的时间才能体现出来，因此企业可将未来收益的净现值算做资金来源，也有企业每年将一部分利润存入成功分享基金，并根据综合绩效指标与上一年度的对比结果计算出员工当年的分享比例。②分享形式。主要有两种，一种是作为基本薪酬的市场政策线的调整；另一种是作为奖金在年末发给员工。前一种方式主要考虑企业薪酬的市场定位，若综合绩效较高，那么市场政策线的上移幅度也较大；后一种方式类似于年终奖，但年终奖是成就奖金，支付的基础是员工行为绩效的相对评价结果，而成功分享则属于成果绩效。③分享对象。其分享对象是群体员工，因为综合绩效的创造有赖于全体员工共同努力的结果。但是成功分享计划最有效的实施对象是管理人员，因为有时很难通过单纯的利润指标评估管理人员的绩效，通过综合指标的测量能够较为科学地体现其为企业做出的贡献。

4）团队奖励计划

团队奖励计划（team-based incentives）是一种基于群体绩效激励的奖励薪酬项目，规定只有当团队成员完成团队目标后，才能获得事先确定的奖励。

团队奖励计划是适用于更小的工作群体的一种群体奖励计划。许多组织未做好在整个组织中推行可变薪酬计划时，会首先在一些特定的职业群体、项目小组或团队中试行团队奖励计划。员工所获得的奖金是以小群体的业绩而非整个部门、事业部或工厂、公司的绩效为确定依据的。最常见的情况是围绕财务指标，如在预算之内完成计划制定，但是它对于支持非财务指标，如生产率、质量、时效性及客户满意度等也同样有效。这些计划常常与项目或一些风险任务联系在一起，它根据项目或任务的完成情况确定奖励金额。

与其他奖励计划不同，这些奖励计划往往持续的时间不长，任务或项目完成奖励计划也随之消失。团队奖励分配方案的总额一般为该团队创造超额价值的一部分，可以根据人员的职位评价点数分配，也可以根据参与人员的基础工资、职位等级、绩效水平等分配。

3. 群体激励计划的应用局限性

群体激励计划的应用局限性主要体现在：计划设计的不当或实施不力可能导致员工出现以下四种减少工作投入的行为。

（1）偷懒行为。群体激励计划不像个人激励计划那样有管理人员的持续监督与考核，员工很可能在缺乏监督的情况下降低自己的努力程度——偷懒。减少偷懒行为的途径包括树立团队精神、团队内部监督等，但实际效果不太理想。

（2）"搭便车"行为。当针对群体支付薪酬时，有些人可能会采取怠工行为，付出很少的努力但可获取他人努力的成果。这样做不但使群体创造的利润减少，即没有产生 1+1>2 的协同效应，而且会使绩效高的员工由于丧失公平感而离开团队。

（3）社会惰性。当个人的产出与他人的产出相混合时，员工存在减少投入的倾向。很多研究发现，员工单独完成任务时的努力程度要多于与他人一起工作时的努力程度。

（4）活塞效应。当高绩效员工认为别人在分享自己的成果时，随着时间的推移，他们可能出现自动减少自身投入的行为。

4.4　长期薪酬体系设计

对企业的发展而言，员工的短期激励固然重要，但长期激励制度的设计，无论从理论还是实践的角度来看，都是十分重要的研究内容。本节将系统阐述长期激励与公司长期绩效的关系，简要介绍员工持股、股票期权、虚拟股份、收益分享、管理层收购等基本知识和操作程序。

4.4.1　长期激励计划的概念与作用

长期激励计划是指将特定员工，尤其是企业经营者与企业长期发展结合起来的一系列激励手段和措施。所谓长期激励，即与通常的按月或年获得报酬的短期激励比较，被激励者要获得报酬的时间跨度更长，通常是数年甚至十几年。

长期激励计划对企业发展具有重要作用：①长期激励可降低代理成本，提高长期绩效，推动公司薪酬制度的改革与创新。②长期激励有利于公司吸纳、保留和激励优秀人才。③长期激励计划可以保持长期项目经营的稳定性。④长期激励计划可以作为处于成长阶段的企业或高科技企业重要的人力资本投资工具之一。

20 世纪 70 年代以来，西方国家企业内部分配越来越强调长期激励，产生了利润分享、市场价值分享、所有权分享和管理权分享等长期激励模式。企业资本市场价值分享制的各种实现形式都依赖于股票，因此被笼统的称为股权激励，下面简要介绍几种比较成熟的股权激励设计。

阅读材料 4-4

职业经理人缺乏中长期激励

本报北京12月3日电　记者从2日召开的2013职业经理人高峰论坛暨职业经理人资格认证工作十周年大会上获悉：我国缺乏对职业经理人的中长期激励，职业经理人薪酬结构中，长期激励比例仅占7.9%，还不及2006年美国比例的一半，大大降低了职业经理人与企业长期业绩的关联度。

目前国际化水平较低仍是中国职业经理人队伍发展的短板，近60%的企业未对职业经理人实施任何股权或期权激励制度。截至今年11月末，中国企联合会已累计培训和认证职业经理人3万余名。“职业经理人队伍正成为推动我国经济转型升级的一支主力军。”中国企业联合会副理事长李建明说。

资料来源：陆娅楠. 职业经理人缺乏中长期激励. 人民日报，2013-12-04，第10版

4.4.2　员工持股计划

1. 员工持股计划的概念与作用

员工持股计划（employee stock ownership plan，ESOP）是指由企业内部员工出资认购本企业的股权，委托给员工持股会作为社团法人进行托管运作，从而达到企业员工参与企业管理，分享红利目的的新型股权形式。

概括而言，员工持股计划对于企业发展有以下作用：①奠定企业民主管理的基础；②扩大资金来源，增加员工收入；③留住人才，为员工提供安全保障；④调整企业收益权，转变企业约束机制。

2. 员工持股计划的类型

（1）福利型员工持股。它以增加员工福利为直接目的，对吸引人才和稳定员工队伍，增强企业凝聚力有较大作用，也能一定程度上提高工作效率。福利型员工持股的资金很大一部分来源于企业的利润（企业福利基金、利润回购股票、企业向银行担保并从利润中还贷的持股计划信托基金），员工个人不需要承担很多风险，员工收益稳定但数量有限，所以激励性、约束性相对弱些。

（2）风险型员工持股。它以提高企业效率，尤其是企业的资本效率为直接目的，员工的收益取决于企业效率的增长（福利型员工持股是在企业现有收益中给员工增加收益）。其资金来源主要是员工薪酬的一部分（按比例扣除薪酬购买权或以减薪方式换取股权），员工个人收益主要来自公司股价升值部分，若企业效率不升或降，员工要承担相当的风险。员工只有提高工作效率，降低运营成本，才有较大收益，其激励机制和约束机制较强。

（3）集资型员工持股。它以解决企业资金困难，在短期内筹集所需资金为目的，或以企业产权制度改革为目的，把员工视为一般投资者，要求员工一次性支付较大数额

资金，有资源购买和强制购买两种方式。

3. 员工持股计划的主要内容及其设计

1）员工持股资格的确认

通常员工持股只限于以下范围：①在公司中工作满一定时间，并在劳动报酬名册上列名的正式员工（包括由公司派往其子公司、关联公司或其他境内外分支机构的正式员工）；②公司的董事、监事、经理；③公司及其子公司在册管理的离退休员工。

2）员工持股的股份设置

员工持股的股份设置方案，须经公司股东大会同意后，方可实施。

（1）员工所获股份的来源，有两种方式可供选择：一是增资扩股；二是产权转让。在实施员工持股计划时，应为未来所需（如新员工认购、奖励贡献杰出员工等）准备预留股，可由职工持股会举债一次性购入并负责管理运作，以预留股的红利和新职工认购款还贷。

（2）员工持股占总资本比例，应在符合国家有关法律法规规定的前提下，根据公司的股本结构，员工持股计划方案的目标和类型、公司和员工实际所能承担的股本资金能力来确定，通常该比例与公司总资本规模成反比，但高新技术企业或商贸企业该比例可高一些。

（3）确定员工个人的持股数额，应根据员工个人所任职务或职位、所负责任、贡献大小、个人能力的不同，规定不同的持股数额。

3）员工认购股份资金的来源和方式

企业利润的一部分、企业担保向银行贷款、个人以现金出资认购、个人按时按比例在薪酬中扣除、个人以股权作抵押向公司举债。经营管理者和技术骨干也可以经营成果和科技成果作价折股。

4）员工认购股份的程序

（1）员工向负责实施员工持股计划的机构（如工会、员工持股会）提出申请，并由该机构审查确定员工持股资格。

（2）根据公司股份认购方案，确定个人持股额。

（3）公告员工持股数额。

（4）向员工出具员工股权证明书。

（5）由公司保管员工持股名册，并上报有关部门备案。

5）股票变现方式

员工持股不得在内部员工之间转让，其股票变现有两种情况：一种是上市公司员工持有可在证券市场出售的股票，通过证券市场交投交现；另一种是非上市公司员工持股或上市公司有规定不可在公司外部转让的股权，则由公司内部回购变现，内部回购价参照认购价、企业业绩或变现时每股净资产来设定。

4.4.3 股票期权

1. 股票期权的概念

股票期权（stock option）是指上市公司授予公司人员，如高层管理和核心技术人员在未来一段时期内，以事先商定的价格和条件认购本公司一定数量股票的权利。股票期权是公司所有者赋予公司人员的一种特权，这种权利不能转让，期权的价值只有经过公司人员的若干年努力，公司得到发展、每股净资产提高、股票市价上涨后，才能真正体现出来。当这些所购的股票在市场出售时，公司人员即可以获得当日股票市场价格与事先商定的价格之间的差价。股票期权是一种未来概念，如果在股票期权到期日之前，管理人员离开公司，或者经营着无法达到约定的业绩目标，那么这种权利就会被放弃。

经营者股票期权激励主要指经理股票期权（executive stock option，ESO），它是现代公司中一种十分有效的激励与约束相统一的薪酬制度。

2. 股票期权计划的操作流程

（1）成立公司董事会领导下的薪酬委员会，负责实施经理股票期权计划。该委员会由独立董事、财务专家、法律专家共 3~5 人组成，有权决定每年股票期权的赠与人、授予额度、授予时机、执行价格和其他制度安排，薪酬委员会应与公司设立的财务审计委员会、投融资委员会、提名委员会、公司治理委员会等专业委员会协调开展工作。薪酬委员会的主要职能有：代表董事会每年向股东大会提交报告，说明公司对经营管理者的报酬（包括董事养老金）政策、标准水平、依据和报酬的具体资料；提供股票齐全的详细计划和资料，新制订的长期激励计划需股东大会批准。

（2）制订股票期权计划。确定实施经理股票期权所需股票的来源、制订每年的授予方案及解决每年所需股票数量的方法。

（3）确定股票期权的执行价格（行权价）。该价格按契约规定在未来几年是不变的固定价。

（4）确定每个受益人的股票期权数量，并与受益人签订股票期权计划协议书。

（5）对董事或高级管理人员出售股票的时间进行限制，规定窗口期，以防范公司高层人员利用信息优势在股市上违规操作，牟取私利。

3. 股票期权计划的主要内容

（1）受益人。受益人主要是公司的高级管理人员。外部董事与持有 10%以上表决权资本的经营者不参加股票期权计划。此外，部分公司尤其是高科技公司的科技人员乃至普通员工，目前也已加入经理股票期权计划。

（2）股票来源。期权制的股票来源有四个方面：实行授权资本制的公司发行新股时所预留的库存股票；公司定向增发的一部分股票；大股东出让一部分用于期权的股票，上市公司回购股票。股票回购的方法主要有公开市场回购、固定价格要约回购、

可转让出售权、私下协议批量购买、交换要约等形式。

（3）赠与条件。期权赠与决定权除非需股东大会批准，均属于薪酬委员会。赠与时机通常是受聘时、升职时和每年一次评定业绩时。授予期，通常在授予股票期权时并未授予行权权，而在股票期权赠与日后由公司分批授予行权权，受益人只能对获得行权权的股票期权进行行权，公司可灵活安排行权的时间和股票期权行使的方式。股票期权本身不能转让。

（4）结束条件。激励型股票期权有效期十年，持有 10%以上表决权资本的经营者经股东大会批准参加经理股票期权计划的有效期为五年；持有者自动离职、丧失行为能力、死亡或公司并购、公司控制权变化等条件下，股票期权权利可能变更或丧失；退休时所有股票期权的授予时间表和有效期限不变，但退休后 3 个月内没有行权，则转为非法定股票期权，不享受税收优惠。非法定股票期权的有效期不受限制，由公司自己决定，一般为 5~20 年。

（5）授予数量的确定。选择确定股票期权数量的方法主要有：①目标法，是指按照所需达到的业绩目标来确定股票期权的数量。即公司股价上涨到预期的不同价位，相应给予不同数量的股票期权。②价值倒推法，即先确定给受益人股票期权的价值，再推导出股票期权数。③斯科尔斯法，即收益法，以未来收益为依据的价值评估法。

（6）行权（执行）价格的确定。有几种方法：①发行新股的上市公司可用发行价作为行权价。②ISO 模式法，适用于激励性股权票期权。按美国国内税法规定，其行权价必须大于或等于股票期权赠与日的公平市场价。③香港模式，即按香港联交所规定，行权价不得低于赠与日前 5 个交易日平均收盘价的 80%。④NQSO 模式法，对非法定股票期权行权价可低于公平市场价的 50%。

（7）行权方法。包含以下几种：①现金行权。个人向公司指定的券商支付行权价款和相应的税金、费用、券商以行权价格为个人购买股票，个人持股。②无现金行权。个人不必用现金支付行权价款，券商以出售部分股票的收益来支付税金费用。③无现金行权并出售。个人决定把其可行权的股票期权行权并立即抛售牟利，同时支付税金与费用。

（8）行权原因和行权时间。行权原因：股票期权即将到期、公司股价上扬到新高点、个人急需现金、减少税赋、将要离职等。行权时间：按合约规定时间，经营者被限制于“窗口时间”之内。

4.4.4　虚拟股份

1. 虚拟股份的概念

虚拟股份（phantom stock）是指经营者在名义上享有股票，而实际上仅享有相当于这些股票的部分收益。虚拟股票的收益来源一般包括两种：股利收益，期初授予经营者一定数量的股票，在规定期限内经营者享有股利收入权；溢价收入，期初授予经营者市场价的股票，期末若股票价值高于期初价值，那么经营者将获得这种溢价价值，否则将一无所获。

与实际股票不同，虚拟股票不代表对公司实际的所有权利益。雇主仅仅将虚拟股份记入账户，且它的价值随公司股票价格的涨落而涨落。通常在约定时间到期后虚拟股份将被“放”回到公司，在持有期间的所有的增值的数额均以现金支付。有一种变革的做法是在约定时期后支付股票的全部价值加上所有溢价，而不是只支付溢价。

2. 实施虚拟股份计划的方法步骤

（1）确定公司每年发放虚拟股票的总股数。需要充分考虑公司的支付能力与对经理激励力度的平衡，同时，虚拟股总股数的确定要充分考虑公司未来可以达到的经济收益，在实际执行中主要考虑高级经理的奖励基金及老板的虚拟股票赠送。

（2）确定虚拟股票的内部市场价格。公司虚拟股票的内部市场价格不等同于同类公司实际股票的二级市场价格，但是应参考后者的股价水平，以留出充分的虚拟股升值空间，今后将根据相关公司的股价进行调整。

（3）确定公司虚拟股票计划的受益人。通常第一批受益人主要是高级项目经理及其他管理人员，由人力资源部确定并对外公布。中层管理人员则首先考虑工作年限和工作岗位的重要性，在该范围内，再根据当年的业绩考核数据，选择绩效考核前20%的成员作为受益人。

（4）确定各计划受益人当年所获虚拟股票奖励的数量。根据公司每年确定的总股数和各计划受益人的分配比例，按各人相应的分配比例确定其在当年所获得虚拟股票的数量。分配虚拟股权时，公司运用了“二八法则”，即在获得虚拟股票的人员中，占总数20%的核心项目经理获得总额度的80%，其余人员则获得剩余的20%。虚拟股权每年发放一次，形成一个滚动发展的格局。

（5）虚拟股票的兑现。公司虚拟股票的获得者可以在持有虚拟股票一定时间后逐步将其兑现（它需要在持有股份合同中加以明确规定），在不能兑现期间只有分红权，没有决策权；兑换期限一般为四年，持股人获得兑现权后可以自由选择是否兑现。

严格意义上讲，虚拟股票并非股票期权方案，只是其收益计算以企业股票为载体进行，因此将其视为股票期权的一种具体实现方案。其优点是不会影响公司总资本和所有权结构，受证券市场有效性影响小；缺点是兑现时现金支出压力比较大，特别是在公司股票升值幅度较大时。

4.4.5 管理层收购

1. 管理层收购的概念与特征

管理层收购（management buy-outs，MBO）是杠杆收购（leveraged buy-outs）的一种特殊变形，是指目标公司的管理层通过借贷融资购买本公司的股权或资产，从而改变本公司的所有者结构、控制权结构和资产结构，管理者以所有者和经营者的身份控制目标公司并获得预期收益的并购行为。

严格意义上讲，管理层收购不是一种企业所有者对员工的激励手段，而是企业所有权变更的一种途径。它具有以下几点特征。

（1）管理层收购的主要投资者是目标公司的管理层及掌握某种核心技术的具有不可替代作用的职工，他们通过管理层收购以所有者和经营者合一的身份控制目标公司。

（2）管理层收购主要通过借贷融资来完成，目标公司的管理人员要有较强的组织运作资本的能力，融资方案必须满足贷款人关于风险—收益的要求，也必须为权益持有人带来预期的价值和收益。

（3）管理层收购的目标公司要有巨大的资金潜力或存在潜在的管理效率空间。收购成功后，管理层要通过重新调整资产、剥离低营利性资产、降低运营成本、革新技术、改变市场策略、提高销量来增大现金流；同时也可以通过资本运作的方式，公司重新上市，或者将股权出售套利。

（4）管理层收购多发生在成熟行业。成熟行业产生的现金流量较为稳定，这将加强企业的负债能力，从而有助于管理层收购中的债务融资。此外，稳定的现金流量也是管理人员进行人力投资所得回报的表现形式。

2. 管理层收购的常见方式

（1）收购资产。管理层收购的收购资产方式是指管理层收购目标公司的大部分或全部资产，以实现对目标公司的所有权和经营权的实际控制。

（2）收购股票。管理层收购的收购股票方式是指管理层从目标公司的股东那里直接购买股票，以实现对目标公司的所有权和经营权的实际控制。

（3）综合证券收购。管理层收购的综合证券收购是指收购主体对目标公司提出收购要约时，其出价是现金、股票、公司债券、认股凭证、可转换债券等多种形式的组合。

3. 管理层收购的实施程序

（1）方案策划设计阶段。成功的管理层收购首先取决于良好的方案，主要包括组建收购主体、协调参与各方的工作进度、选择战略投资者、收购融资安排等。

（2）收购操作阶段。这一阶段是管理层收购实施方案确认后的实际收购操作阶段，主要工作环节包括评估、定价、谈判、签约、履行。实施的焦点主要是确定收购价格及其他附加条款。

（3）后续整合阶段。这一阶段最重要的工作是对企业进行重新设计和改造，包括未来发展规划的制订、对公司业务和资产的重整、资产结构的改善等。通过本阶段的工作，解决管理层收购过程中形成的债务，同时实现管理层收购操作的各种终极目标。

4. 管理层收购的实施技术

（1）管理层收购的融资渠道。管理层收购涉及的标的金额较大，通常远超过管理层个人的支付能力，因此，管理层收购的成功实施必然伴随着融资活动才能实现。现阶段主要的融资渠道有银行借贷资金、信托资金、风险投资和战略投资者资金及由股东单位提供融资等几种。

（2）管理层收购的还款资金来源。我国企业实施管理层收购主要的还款来源有经营分红、部分资产变现、部分股权转让、引入战略投资者等。

（3）进行资产的处置和定价。由于当前大多数企业都是以评估后的资产作为定价的依据，因此，在评估之前，资产的处置是非常必要的，即在收购之前压缩目标公司的资产泡沫并在合理的范围内处理坏账，剥离非经营性资产，以提高资产质量，降低收购成本与收购后的经营压力。此外，在评估方法选择上，建议将成本法与收益法有机结合，这样评估出的结果更能贴近资产的真实价值。在对资产定价时，应在职工补偿安置的基础上，充分考虑管理层和员工的贡献，同时兼顾国有出资者的利益，最终算出一个双方都能接受的价格。

（4）设计合适的收购主体。收购主体可以是管理层以自然人的身份持股，也可以由经营管理层组成管理层控股公司持股，非上市公司还可以由员工以职工持股会的名义持股。

（5）进行股权结构安排。在安排股权结构时，管理层和员工共同成为新公司的股东，其中，管理层应在新公司中实现控股；同时，一般都考虑引入战略投资者或基金共同持股。为解决将来新进骨干的持股问题，建议保留一定量的内部法人股。

股权激励最初仅仅针对高层员工实施，但 20 世纪 90 年代后期股权激励实施范围呈现日益扩大趋势，体现在以下两个方面：一是实施股权激励的企业数量越来越多；二是企业内部实施股权激励范围越来越广，逐渐由高层员工推广到所有员工。

4.5　企业经营者薪酬与年薪

4.5.1　企业经营者薪酬

1. 企业经营者及其薪酬的内涵

企业经营者主要是指企业的 CEO（Chief Executive Officer，即首席执行官）和高级经理人员，其一般具有经营决策权，并直接对企业经营活动和经济效益负责的高级管理人员，他们的人数一般不到员工总数的 1%。1982 年在美国出版的《总经理》一书是哈佛商学经典名著之一，作者科特认为总经理职责主要包括：①在企业经营的复杂环境中进行目标规划、发展方针和经营策略的决策；②在复杂的职能部门和经营管理部门的需求中寻求对稀有资源的合理配置；③占领各种各样生产经营活动行为的制高点，能够辨认分析各种经营失控造成的问题并及时快捷的加以解决；④控制并激励雇员和下属，处罚他们的不良行为，解决部门间的矛盾冲突等。

薪酬是企业经营者激励的主要形式之一。广义的企业经营者薪酬是指企业经营者

获得的货币化与非货币化薪酬的总和，狭义的企业经营者薪酬是指企业经营者的货币化薪酬。

2. 经营者的薪酬构成

企业经营者的收入通常主要由基本薪金、风险薪金、股权收入、非持股分红、退休金、医疗保险等福利组成。国外企业经营者的年薪收入一般由基本工资、奖金、养老金计划和长期报酬组成。

1）基本薪金

基本薪金也称基薪或岗位工资，指经营者基本的、固定的货币收入，其主要职能是为经营者提供较为稳定的收入来源，使其能够维持一个基本的、较为体面的个人和家庭生活。

方案一：

基本薪金=岗位系数 ×（本地区年度职工平均工资性收入 × 30%
+本企业年度职工平均工资性收入 × 70%）

岗位系数是指企业本年度所有者权益期初数所在规定区间，由主管部门根据企业完成目标难易、责任大小确定系数值（表 4-8）。

表 4-8　岗位系数参照表

本年度所有者权益期初数	岗位系数	本年度所有者权益期初数	岗位系数
>5 亿元	1.5	0.1 亿~0.5 亿元	1.2
1 亿~5 亿元	1.4	0.05 亿~0.1 亿元	1.1
0.5 亿~1 亿元	1.3	< 0.05 亿元	1.0

方案二：

基本薪金=基本年薪倍数 ×（本地区年度职工平均工资性收入 × 50%
+本企业年度职工平均工资性收入 × 50%）。

2）风险薪金

风险薪金也称风险工资或效益工资，是指经营者在按经营资产的规模交纳相应的风险抵押金后，根据企业当年资产保值增值水平得到的风险报酬（表 4-9）。

方案一：

风险薪金=净资产增加额 × 风险系数 × 人均创利系数

方案二：

风险薪金=（0.6 × 利润增长 × 修正系数+0.4 × 净资产收益率）× 基本薪金 × 10

3）股权收入

股权收入也称分红收入或红利，是指经营者由于持有企业实际或虚拟股权而在年度或若干年后享受到现金、实物、红股、补充养老保险基金等的权益。

表 4-9　风险系数参照表

（a）风险系数

本年度利润规模/万元	风险系数	（增值额 × 系数）限额/万元
< 100	0.030~0.025	2
100~200	0.025~0.02	3
200~500	0.020~0.015	4.3
500~1 000	0.015~0.008	5
>1 000	< 0.008	7

（b）人均创利系数

人均创利水平/万	人均创利系数
<2 000	0.8
2 000~5 000	0.9
5 000~10 000	1.0
10 000~50 000	1.1
50 000	1.2

4）非持股分红收入

非持股分红收入，即不持有企业股份的经营者享有的红利收入。设计非持股分红激励的原因，一是大型或特大型企业董事长和总经理所持股份非常有限，持股激励强度不大；二是若股东都是法人，无法让董事长和总经理持股；三是国有独资公司和未改制的非股份国企经营者无法持股；四是让没有持股的经营者享有部分企业剩余，这本身就是对经营者人力资本价值的直接肯定，其激励作用是持股激励不可替代的。

3. 经营者薪酬的设计要点

（1）分析企业内外部状况，制定绩效衡量指标，即把企业的内部经营现状、企业战略作为确定经营者薪酬制定的基础。衡量的指标有个人绩效、团队绩效和企业绩效等。同时，要确定经营者制定薪酬的目的。

（2）进行广泛的资料收集和意见征询工作，包括收集竞争对手的经营者薪酬的信息，听取企业内部不同人员的建议等。

（3）选择备选的薪酬策略方案。

（4）确定最终的薪酬方案，并计算方案的运行成本，对新方案与原方案的成本结构进行比较。

（5）公布新的经营者薪酬方案和管理制度，听取各级人士的反馈意见，并将这些意见记录在案，以便对方案进行修改和完善。

（6）验证经营者薪酬方案与公司其他管理系统的一致性，并根据需要进行修正。

4.5.2　年薪制

企业年薪制，是以经营者为实施对象，以年度为考核周期，根据经营者的经营业

绩、难度与风险合理确定其年度收入的一种报酬制度。经营者年薪制是随着现代企业制度和经理阶层的出现而发展起来的，特别是公司制企业委托代理关系的确定对经营者年薪制的形成有重要的推动作用。

1. 年薪制的特点

（1）激励性。年薪制使经营者的才能、绩效和收入相一致，具有较强的激励性。

（2）约束性。年薪制体现了责任、风险和利益的统一，使经营者有压力感、紧迫感和风险感。

（3）共存性。年薪制把经营者追求的自身利益最大化目标与所有者追求的企业利润最大化目标统一起来，实现了个人利益和企业利益的共存。

（4）公平性与效率性的统一。经营者作为生产要素（人力资本）的供给者和复杂劳动（从事经济管理工作）的工作者，应获得高于普通职工工资的薪金，这体现了效率与公平的统一。

（5）制度性与规范性。年薪制是国际通行的一种经营者报酬分配的制度安排，具有特定的规范要求和分享标准及原则，设计良好的年薪制能发挥有效激励和规范经营者行为的作用。

2. 年薪构成

经营者年薪是由企业资产所有者对企业经营者实行的年薪，年薪收入一般由基本薪酬和风险收入构成。

1）基本薪酬

基本薪酬标准的确定应以所聘经营者本人的市场价格为基础，考虑虚拟经营企业的总资产、销售收入规模和企业状况等要素。一般情况下，企业总资产、销售收入规模越大，企业现资产和经营状况越差，对应聘企业经营者支付的基本薪酬应越高。在竞争型企业，可实行协议年薪制，即由资产年所有者与经营者协商确定其基本薪酬；在垄断型企业，可实行岗位系数年薪制，即由国有资产管理部门根据经营者岗位责任大小等确定不同系数的年薪水平。基本薪酬是经营者付出劳动得到的回报，用于解决经营者的基本生活问题，不应与其经营成果相联系。一般，基本薪酬不应过高，否则其激励作用得不到应有的发挥。

2）风险收入

经营者的风险收入要根据其经营成果以年度为单位考核浮动发放，是年度经营效益的具体体现。

$$I=\mathrm{I0}+\mathrm{I0}\cdot R（K-100\%）$$

式中，I 表示风险收入；I0 表示基本风险收入；R 表示收入系数；K 表示综合评价指数。

（1）基本风险收入。基本风险收入即经营者通过生产经营，总体经营效果刚好达到所有者要求时得到的风险报酬。一般根据企业经营规模大小及所有者要求达到的目标的难易程度而定。规模越大，要求越高，则基本风险收入越高。

（2）综合评价系数。综合评价系数，是对企业整体经营状况，通过一套科学、完整的指标体系，经过综合评价而得出的量化指标，其计算公式以表 4-10 为例。

表 4-10　综合评价系数计算公式

指标	权数（Ki）	基准比率（Ri）	实际比率（ri）	相对比率（ri/Ri）	综合评价系数（K）
总资产报酬率	40%	20%	25%	1.250	50%
资本保值、增值率	20%	110%	120%	1.091	21.82%
社会贡献率	5%	35%	40%	1.143	5.71%
社会积累率	5%	20%	18%	0.900	4.5%
全员劳动生产率	5%	10 万	11 万	1.100	5.5%
成本费用利润率	5%	30%	32%	1.067	5.33%
流动比率	5%	200%	180%	0.900	4.5%
速动比率	5%	100%	95%	0.950	4.75%
技术创新投入率	5%	5%	4%	0.800	4%
市场份额增长率	5%	120%	125%	1.042	5.21%
合计	100%				111.32%

资料来源：中国企业家协会. 经营者收入分配制度—年薪制、期股期权制设计. 北京：企业管理出版社，2000：90-91

（3）收入系数。为了加大年薪的激励力度，使年薪制给经营者造成适当的压力和动力，还设置了收入系数 R。R 可以由所有者视激励程度和激励成本之间的关系而定，即当综合评价系数每升降 1%，经营者收入就相应增加，减少 R%个基本风险收入。

3. 年薪制的实施条件

（1）健全的现代企业制度。健全的现代企业制度是年薪制发挥作用的前提条件，现代企业制度包括以下三项基本内容：①公司法人治理机制，主要指企业的所有权与经营权分开，投资者与上市公司或改制公司之间的利益分配和控制关系。②企业激励与绩效评估机制。它是创造企业活力与未来发展的企业制度，也是年薪制实施的基础。③企业经营者选拔机制，是指企业各级管理人员的岗位竞争、人事安排与人才流动的竞争与淘汰制度。

（2）明确的实施对象。企业年薪制的实施对象大于经营者年薪制的实施对象。例如，一些高级专业技术人员也可采用年薪制，但二者在实施目标、要素构成和管理机制上有所区别。经营者年薪制的对象是企业经营者，即那些具有重大决策权并对企业长期发展起重要作用的代理人。

（3）组织对经营者年薪制的接受与认可。经营者年薪制的实施必须获得企业不同利益相关者的接受和认可。

（4）良好的经济环境和市场条件。

4. 年薪制的具体模式及适用企业

1）准公务员型模式

报酬结构：基薪+津贴+养老金计划。

报酬数量：取决于企业的性质、规模及高层管理人员的行政级别，一般基薪为职工平均工资的 2~4 倍，正常退休后的养老金水平为平均养老金水平的 4 倍以上。

适用企业：承担政策目标的大型、特大型国有企业，大型集团公司，控股公司。

激励作用：这种报酬方案的激励作用类似于公务员报酬的激励作用，职位升迁机会、较高的社会地位和稳定体面的生活保证，是主要激励力量的来源，而退休后更高生活水准的保证起到约束短期行为的作用。

2）一揽子型模式

报酬结构：单一固定数量年薪。

报酬数量：相对较高，与年度经营目标挂钩。实现经营目标后可得到事先约定好的固定数量的年薪。例如，规定某企业经营者的年薪为 15 万元，但必须实现减亏 500 万元。

适用企业：面临特殊问题亟待解决的企业，如亏损国有企业，可采取这种招标式的办法激励经营者。

激励作用：具有招标承包式的激励作用，激励作用很大，但易引发短期化行为。其激励作用的有效性发挥在很大程度上取决于考核的科学选择、准确真实。

3）非持股多元化型模式

报酬结构：基薪+津贴+风险收入（效益收入和奖金）+养老金计划。

适用企业：追求企业效益最大化的非股份制企业。现阶段我国国有企业绝大多数都采用这种年薪报酬方案。一般集团公司对下属子公司的经营者实施的年薪报酬方案也多是这样，只是各个企业具体方案中的考核指标、计算方法有一定差异。

激励作用：如果不存在风险收入封顶的限制，考核指标选择科学准确，相对于以前国有企业经营者的报酬制度和上述方案而言，这种多元化结构的报酬方案更具有激励作用。但该方案缺少激励经营者长期行为的项目，有可能影响企业的长期发展。

4）持股多元化型模式

报酬结构：基薪+津贴+含股权、股票期权等形式的风险收入+养老金计划。

报酬数量：基薪取决于企业经营难度和责任，含股权、股票期权形式的风险收入取决于其经营业绩、企业的市场价值。一般基薪应该为职工平均工资的 2~4 倍，但风险收入无法以职工平均工资为参照物，企业市场价值的大幅度升值会使经营者获得巨额财富。

适用企业：股份制企业尤其是上市公司。这种报酬方案适合规范化的现代企业制度要求。

激励作用：从理论上说，这是一种有效的报酬激励方案，多种形式、具有不同的激励约束作用的报酬组合保证了经营者行为的规范化、长期化。但该方案的具体操作相对复杂，对企业具备的条件要求相对苛刻。

5）分配权型模式

报酬结构：基薪+津贴+以“分配权”期权形式体现的风险收入+养老金计划。

报酬数量：基薪取决于企业经营难度的责任，以“分配权”期权形式体现的风险收入取决于企业利润率之类的经营业绩。

适用企业：不局限于上市公司和股份制企业，可在各类企业中实行。

激励作用：把股权、股票期权的激励机理引入到非上市公司或股份制企业中，扩大其适用范围。

关键概念

职位分析　职位规范　职位描述　激励薪酬　利润分享计划　收益分享计划　团队奖励计划　管理层收购　员工持股计划　股票期权　虚拟股份

本章小结

薪酬体系的设计与管理是薪酬管理中的重要内容。企业可以以职位、能力或绩效为基础确定本企业的薪酬系统，以及长期激励薪酬、企业经营者薪酬及年薪制等形式。不同的薪酬体系有其不同的适用对象、不同的特点和导向性，同时也有各自的优缺点。企业可以根据自己的实际情况选择一种或几种薪酬体系，最大程度发挥其应有的作用。

复习思考题

1. 职位薪酬体系的主要特点是什么？常用的职位评价方法包括哪几种？
2. 什么是能力？如何设计和实施能力薪酬体系？
3. 几种不同的群体激励薪酬计划各自的特征是什么？
4. 利润分享制度与期权制度有何异同，如何将二者有效结合起来？
5. 简述员工持股计划的设计要点。
6. 简述年薪制的特点和实施条件。

案例分析

上市公司频现“穷庙富方丈”

随着4月份上市公司2011年年报逐渐发布，各大公司经营业绩呈现“冰火两重天”，既有大赚超过2 000亿元的工商银行，也有巨亏近105亿元的中国远洋。与此同时，公司高管的薪酬也相继浮出水面，在股市萎靡不振，大批股民以亏损告别2011年的时候，一些企业在业绩下滑的同时却大幅为高管涨薪，“穷庙富方丈”引起社会的强烈关注。

亏损公司老总翻倍加薪

每逢上市公司集中公布年报时，企业高管的薪酬便成为公众关注的焦点，沪深两市的上市公司中，金融、地产类公司的高管成为高薪主力。许多业绩下滑的企业高管年薪非但没有下降，反而大幅上升。

受去年调控政策影响，许多房地产企业利润出现大幅下滑。中粮地产 2011 年年报显示，去年公司营业收入 55.41 亿元，同比 2010 年增长 1 倍，净利润为 4.22 亿元，同比下降 26.82%，归属上市股东所有者权益也下降 13.17%。然而，与公司净利润下降形成反差的是，中粮地产整体高管薪酬由 2009 年的 1 200 万元上涨到 2010 年的 1 438 万元，而 2011 年再次增长至 1 502 万元。

尽管 2011 年中国车市并不火爆，中国车企高管的收入却不断增长。比亚迪总裁王传福以薪酬 406.75 万元拔得汽车行业的头筹，连续 4 年折桂。与连年“涨身价”形成鲜明对比的是，这家前两年高速成长的民营企业 2011 年实现净利润 13.85 亿元，同比大幅减少 45.13%，归属于上市公司股东的扣除非经常性损益的净利润 6.28 亿元，下滑 69.62%。

自定薪酬现象十分普遍

事实上，上市公司在年报中对高管薪酬的制定依据均注明为公司的业绩。但是，许多公司在去年业绩增长速度放慢，甚至出现下滑的情况下，高管薪酬却逆业绩大幅增加，这种不管公司盈利水平如何，高管照常加薪，甚至不惜吞掉公司的全部净利润的做法，不仅与业绩激励的本意背道而驰，也严重损害了广大中小股东的利益。

依据上市公司的规定，高管薪酬需由董事会薪酬委员会提出方案，董事会审核提交股东大会讨论通过，表面上看符合法律规定程序，但实际上决定权仍是高管，小股东没有制衡权，所以，高管自定薪酬现象十分普遍。

业内人士表示，亏损的公司高管薪酬照涨不误之所以能大行其道，最主要的原因是监督机制的缺失，薪酬委员会形同虚设，股东大会形式上存在，实质上缺位，使高管对其薪酬的决定有很大的影响力，造成目前高管薪酬的形成机制缺乏弹性，往往不能与业绩实际水平同步升降。

此外，高管薪酬反映的另一个弊病是收入的隐蔽性。我国的所得税采取累进税率，但股息、红利等财产税适用比例税率，所以上市公司的股东薪酬并不能反映真实收入。最近几年出现银行、券商人均年薪过百万的现象，实际上基层员工却是“被高薪”，高薪主要被中层以上的管理人员拿走。

呈现严重“激励过度”现象

北京师范大学治理与企业发展研究中心报告认为，超过七成的创业板上市公司高管薪酬指数较高，呈现严重“激励过度”现象；与之形成鲜明对比的是，只有不到 2% 的公司“激励不足”。

业内人士表示，一些国有控股公司的高管，虽然业绩很好，但实际上与高管的经营管理能力关系不大，而是与政府扶持、行业垄断等因素更密切。反观国外的那些高薪“打工皇帝”，却往往是靠个人的经营管理能力和人格魅力，使公司在全球化竞争中占到上风。

事实上，许多海外跨国公司的高管薪酬虽然表面看起来也非常高，但是其薪酬的构成更注重激励机制。苹果CEO库克总薪酬达3.78亿美元，但是他的薪水其实并不高，仅为80万美元，其他收入为奖金和股票奖励，股票奖励到2016年才能兑现一半。而甲骨文的埃里森持有23%本公司的股票，约值288亿美元，总报酬的97%来自期权的已变现收益。

资料来源：周小苑. 上市公司频现“穷庙富方丈”. 人民日报(海外版)，2012-04-13，第2版

思考题：

1. 在本案例中，中粮地产和比亚迪的高管薪酬是否合理，为什么？
2. 如何解决我国上市公司存在的“穷庙富方丈”现象？

第 5 章
薪酬水平决策

引导案例

15 家上市券商人均年薪 74 万元　国金证券应付职工薪酬数额超净利润

当部分上市券商员工 2015 年年薪被估算出来之后，连记者都有些不敢相信。毕竟同期，五大行的员工平均薪酬也仅为 22 万~28 万元。不仅如此，32 家非银金融行业公司的高管薪酬中，排名前十的位置被上市券商占据 8 席。

据记者估算，15 家上市券商中（已公布 2015 年年报），应付职工薪酬高达 722.3 亿元，同比增长 104.91%，有 9 家券商员工薪酬同比增幅超过 100%，15 家上市券商员工去年平均薪酬约为 74.58 万元。

当然，这个数据与员工的真实薪酬可能有出入。首先来说，不同岗位之间的薪酬差别很大。例如，记者了解到，某上市券商的操盘手一年能拿到 500 万元的报酬，而也有众多普通员工一年收入不足 20 万元。再加上部分岗位的绩效工资可能会延后发放等原因，所以本案例的数据只能作为参考。

九家券商去年员工薪酬同比翻番

2015 年，上市券商业绩实现大幅增长。其中，已公布年报的 15 家上市券商营业收入合计 2 652.24 亿元，净利润 1 067.46 亿元，同比增幅分别为 116.9%、131.42%。与此同时，券商也用真金白银来犒劳辛苦一年的员工。

《证券日报》记者对已公布的上市券商年报进行统计发现，2015 年，15 家上市券商全面涨薪，应付职工薪酬同比增幅高达 104.91%，实现翻番。其中，有 9 家券商员工薪酬同比增幅超过 100%。

职工薪酬主要包括短期薪酬、离职后福利、辞退福利。按照现行的企业会计准则规定，公司将应该支付给员工的各种薪酬福利（包括五险一金等）计入“应付职工薪酬”的增加额；实际发放时进行减计。

记者了解到，由于发放和计提之间有时滞，也有因绩效考核制度形成的延期支付情况，但按照每个会计期配比原则，即使没有发放，也应该在费用上视作当年的薪酬支出。因此记者以每家上市券商半年报附注中披露的应付职工薪酬本期增加额，作为测算员工薪酬的依据（海通证券年报中未体现应付职工薪酬本期增加额，所以记者使用业务及管理费项目下的职工薪酬作为统计标的）。

记者将这 15 家上市券商 2015 年的年报数据与 2014 年数据进行对比，发现 15 家上市券商去年共计应付职工薪酬 722.3 亿元，同比增长 104.91%。其中，有 9 家券商员工薪酬同比增幅超过 100%，分别为东方证券、广发证券、国金证券、东兴证券、招商证券、太平洋证券、光大证券、西南证券、兴业证券。

对比这 9 家券商 2015 年的净利润来看，净利润同比增幅分别为 212.82%、162.83%、182.1%、96.42%、183.29%、108.54%、269.7%、165.46%、133.9%。不难看出，给员工大幅涨薪的这几家券商，2015 年的业绩增幅也相当喜人。值得一提的是，目前看来 2015 年净利润同比增幅最低的为中信证券，仅为 74.64%，应付职工薪酬增幅最低的同

为中信证券，为 56.37%。

此外，记者注意到，像中信证券、华泰证券、海通证券这样的大型券商，员工薪酬同比增幅均未超过 100%。

国金证券应付职工薪酬数额超过净利润

据《证券日报》记者根据 15 家上市券商年报中披露的员工人数（不完全统计）及应付职工薪酬数额统计，15 家上市券商员工去年平均薪酬为 74.58 万元。

其中，共有 13 家上市券商员工 2015 年人均收入超过 50 万元，有 9 家上市券商员工人均收入超过平均值 74.58 万元。东方证券以 103.46 万元的职工平均薪酬排名第一；排名第二的为广发证券，达 98.09 万元；兴业证券则以 90.18 万元位列第三；而国元证券则以 41.8 万元暂列末位。

据记者统计，15 家上市券商去年共计应付职工薪酬 722.3 亿元。3 家员工人数过万的上市券商应付职工薪酬总额位列前三。其中，中信证券虽然同比增幅不算高，却以 146.98 亿元拔得头筹；广发证券应付职工薪酬总额也超过 100 亿元，为 109.14 亿元。

值得一提的是，国金证券 2015 年的应付职工薪酬为 25.97 亿元，净利润为 23.6 亿元，是目前 15 家上市券商中唯一一家应付职工薪酬总额超过净利润的券商。职工薪酬与净利润相近的还有兴业证券，2015 年应付职工薪酬为 40.44 亿元，净利润为 41.67 亿元。

此外，国金证券表示，人才是国金证券发展的首要驱动因素。人才培养，是人力资本的战略投资。2015 年，公司围绕平台化战略，聚焦业务发展需求，一手打造精品学习项目，一手搭建员工学习平台。

薪水上涨是全行业的大概率事件，但是非上市券商的涨幅也许不能与上市券商相比。毕竟，上市券商对整个行业的净利润贡献已经超过一半。

非银金融高管薪酬榜前十上市券商占据八席

金融行业也常因高薪而备受关注，而高管的收入更是焦点。

据同花顺 iFinD 数据统计显示，截至 2016 年 4 月 4 日，已公布的 32 家非银金融行业公司高管薪酬中，前十名被上市券商占据 8 席，分别为中信证券、国金证券、广发证券、长江证券、招商证券、光大证券、海通证券、东方证券。其中，中信证券以高管薪酬总额 7 278.74 万元位列券商第一，在非银金融行业中仅次于中国平安。而中信证券的高管，个人薪酬最高的则为执行董事殷可，税前报酬总额高达 933.1 万港元。

资料来源：周尚伃. 15 家上市券商人均年薪 74 万元　国金证券应付职工薪酬数额超净利润. 证券日报，2016-04-06，第 B1 版

思考题：

1. 案例中，上市券商员工的薪酬水平高企，这样的现象合理吗？为什么？

2. 案例中，国金证券应付职工薪酬数额超过净利润，这样的现象合理吗？为什么？

3. 结合案例材料，你觉得企业员工的薪酬水平应该如何确定？

5.1 薪酬水平与薪酬战略

薪酬水平对企业经营有着重要的影响。薪酬水平过高，企业产品价格可能丧失竞争力，也会限制企业在培训、开发等其他人力资源管理领域的投入；而薪酬水平过低则会不利于公司对人才的吸引和保留。因此，从外部竞争角度来看，选择合适的薪酬战略对企业至关重要。

5.1.1 薪酬外部竞争力的概念及其作用

人才是企业获取核心竞争优势的源泉所在，对于要建立竞争优势的企业而言，如果薪酬水平具有市场竞争力，可以帮助企业获得创造竞争优势的优秀员工。

1. 薪酬外部竞争力的概念

所谓薪酬外部竞争力，实际上是指一家企业的薪酬水平高低，以及由此产生的企业在人才市场上的竞争能力大小。薪酬外部竞争力的比较基础更多要落在不同组织之中的类似职位或类似职位族之间。这是因为，也许甲企业的平均薪酬水平确实很高，但是该企业内部薪酬差距很小，重要职位和不重要职位之间的薪酬没有太大差异；而在乙企业中，尽管其平均薪酬水平低于甲企业，但是该企业对重要职位所支付的薪酬水平远远高于甲企业，而对不重要职位支付的薪酬水平则低于甲企业。这就说明，薪酬外部竞争力应当落实到职位或职位族上，而不能简单地停留在企业层面上。

这种情况在我国国有企业中非常普遍。例如，在电力、金融等行业中，尽管企业的整体薪酬水平很高，但是往往会存在内部薪酬差距过小，对高技能者的报酬不足，而对低技能者的报酬又过高的现象，结果导致在市场化程度越来越高、外部市场的竞争压力越来越大的大背景下，我国国有企业遭遇精英人才流失的问题。

2. 薪酬外部竞争力的作用

具体来讲，薪酬外部竞争力的作用主要体现在以下几个方面。

（1）吸引、保留和激励员工。美国某调查机构在对累积了 20 年的数据进行分析之后得出结论，管理人员、事务类人员及小时工人都将薪酬看做第一位重要的就业要素，只有技术人员将薪酬看做第二位的就业要素，而将技能提高看做第一位的就业要素。在我国当前经济发达程度不高的情况下，薪酬对于普通劳动者的重要性更是不言而喻。因此，如果企业支付的薪酬水平过低，企业在招募新人时将很难招募到合适的员工；不仅如此，过低的薪酬水平还有可能导致企业中原有员工的忠诚度下降，另谋他就的可能性上升。相反，如果企业的薪酬水平较高，企业在招募人员时可以很方便地招募到自己所需要的员工，也可以减少员工流失，这对于企业保持自身在产品和服务市场上的竞争优势非常重要。

（2）控制劳动力成本。薪酬水平的高低和企业的总成本密切相关，尤其是在一些劳动密集型的行业与以低成本作为竞争手段的企业中。显然，在其他条件一定的情况下，薪酬水平越高，企业的劳动力成本就会越高；而相对于竞争对手的薪酬水平越高，则提供相同或类似产品、服务的相对成本也就越高。较高的产品成本会导致较高的产品定价，在产品差异不大的情况下，消费者自然会选择一些较为便宜的产品。随着市场竞争的日益激烈，当今绝大多数产品处于供过于求的状态，消费者对产品的价格是比较敏感的，在这样的情况下，劳动力成本控制对于企业来说就显得非常重要。

（3）塑造企业形象。企业较强的薪酬支付能力会增强消费者对于企业及企业所提供的产品和服务的信心，有鼓励消费者购买的作用。在大多数市场经济国家中，政府在最低薪酬水平等方面都存在着明文规定，为了确保自身经营的规范性和合法性，企业在确定薪酬水平时对这些规定也是绝对不可以忽视的。一旦在这些方面出现对企业形象不利的情况，则对企业在劳动力市场和产品市场上的影响将会极为恶劣。

5.1.2　薪酬战略的类型

从外部竞争角度分析，企业的薪酬战略通常包括市场领先战略、市场跟随战略、市场滞后战略及权变战略。

1. 市场领先战略

市场领先战略又称为薪酬领袖战略，这种战略能最大限度地吸纳和留住员工，同时，把员工对薪酬的不满降至最低。采用这种政策的企业通常规模较大，投资回报率较高，薪酬成本在企业经营总成本中所占的比率较低或处于市场垄断地位。

首先，大型企业或投资回报率高的企业之所以能够向员工提供较高薪酬，一方面在于他们往往具有更多的资金和相应的实力，因而不会因为员工薪酬水平高而造成资金周转不灵；另一方面，这种做法能够提高组织吸引和保留高质量劳动力的能力，还可以利用较高的薪酬水平抵消工作本身所具有的种种不利特征，如工作压力大等。

其次，在薪酬成本占企业总成本的比率较低时，薪酬支出实际上只是企业成本支出中一个相对不重要的项目。在这种情况下，企业很可能会很乐意通过提供高水平的薪酬以减少各种相关劳动问题的出现，从而把更多的精力投入到那些较薪酬成本控制更为重要和更有价值的事情当中。

最后，处于市场垄断地位，一般意味着企业面临的产品或服务需求曲线弹性较小甚至是无弹性的，也就是说企业可以提高产品价格，而不用担心消费者会减少对自己产品或服务的消费。换言之，这种企业实际上可以通过提高产品价格将较高的薪酬成本转嫁给消费者。

在实践中，充当薪酬领袖的企业往往都期望从自己的高成本支出中获得相应的收益。第一，较高水平的薪酬往往能够很快为企业吸引大批可供选择的求职者，因此，高薪一方面有利于企业在较短时间内获得大量需要的人才，解决比较紧急的人员需求，另一方面还使企业可以提高他们的招募标准，从而提高自己所能够招募和雇用员工的质量。第二，高薪提高了员工离职的机会成本，有助于改进员工的工作绩效（努力工作以防止被解雇），从而降低员工的离职率及减少对员工工作过程进行监督而产生的费用。

但是，市场领先战略也有消极影响。充当薪酬领袖的企业往往都有很大的管理压力，企业如果不能通过工作的组织与设计，以及对员工的管理实现较高水平的利润，即将高投入转化为高回报，那么高薪给企业带来的就不是资本，而是一种负担。

2. 市场跟随战略

市场跟随战略又称为市场匹配战略，实际上就是根据市场平均水平确定本企业的薪酬定位的一种常用做法。事实上，这是一种最为通用的薪酬政策，大多数企业都是这种政策的执行者。

一般来说，在竞争性的劳动力市场上，实施市场跟随战略的企业由于没有独特的优势，这类企业在招聘员工时往往会通过多花时间、广泛搜寻、精挑细选的方式来招募和雇用优质的员工。此外，采用这种薪酬战略的企业还要注意随时根据外部市场的变化调整薪酬水平，以使之与市场薪酬水平保持一致。然而，这种调整在很多情况下存在时滞，企业可能在一些优秀员工离职后才发现自己的薪酬水平已经落后于市场。因此，这种力图确保本企业薪酬水平与市场薪酬水平保持一致的企业必须坚持做好市场薪酬调查工作，以确切掌握市场薪酬水平。

3. 市场滞后战略

采用市场滞后战略的企业规模往往相对较小，大多处于竞争性的产品市场上，边际利润率较低，成本承受能力很弱，这类企业属于中小型企业。受产品市场上较低的利润率限制，没有能力为员工提供高水平的薪酬，是企业实施市场滞后战略的一个主要原因。当然，有时滞后战略的实施者并非真的没有支付能力，而是没有支付意愿。

显然，滞后战略对于企业吸引高质量员工是非常不利的。较低的工资率水平在短期内可能会由于信息不对称或信息流动速度较慢等原因而不为员工知晓，但员工早晚会掌握这种信息。此外，员工由于存在获取收入的紧急需要，可能会临时性地接受一些比市场水平要低的薪酬，但是一旦他们的这种需要没有那么迫切，他们就会试图寻找更为有利可图的工作。

尽管滞后战略在一定时期削弱了企业吸引和保留员工的能力，但是如果这种做法是以提高未来收益作为补偿的，反而有助于提高员工对企业的忠诚度，培养他们的团队意识，并进而改善绩效。如果企业能保证员工将来可以得到更高的收入（如高技术公司的持票计划），那么这种滞后型的基本薪酬和未来较高收入结合在一起的薪酬组合不但不会影响企业的员工招募和保留能力，反而有助于提高员工的工作积极性和责任感。此外，企业还可以利用富有挑战性的工作、理想的工作地点、良好的同事关系等因素而使员工得到适当的弥补。

4. 权变战略

所谓权变战略又称为混合政策，是指企业在确定薪酬水平时，是根据职位的类型或员工的类型分别制定不同薪酬水平的决策，而不是对所有的职位和员工均采用相同的薪酬水平定位。例如，重要的技术人才的薪酬水平高于市场平均水平，而其他普通岗位员工等于或低于市场平均水平。

有些公司还在不同的薪酬构成部分之间实行不同的薪酬政策。例如，在总薪酬的市场价值方面处于高于市场的竞争性地位，在基本薪酬方面处于稍微低一点的落后地位，同时在激励性薪酬方面则处于比平均水平高很多的领先地位。举例来说，某公司可能会制订这样一项新的薪酬方案，员工的基本薪酬水平较市场上的平均薪酬水平低 3%，但是如果员工所在部门的经营利润超过了某一目标，那么他们就有机会得到最高相当于一个月工资的奖金。这样，尽管这家公司的基本薪酬水平比市场水平低，但是在经营绩效较好的情况下，考虑奖金的增加，该公司的薪酬水平实际上还是可以领先于市场。该薪酬政策目的在于鼓励员工注意企业的经营绩效，并激励他们提高生产率。同时，它还向本公司潜在的求职者发出一个信号，即公司希望员工能够将工作完成得更好，并且能够承担一定的风险。

权变战略最大的优点就是其灵活性和针对性，对于劳动力市场上的稀缺人才及企业希望长期保留的关键职位上的员工，采取薪酬领袖政策；对于劳动力市场上的富余劳动力及鼓励流动的低级职位上的员工，采取市场跟随政策甚至滞后政策；既有利于公司保持自己在劳动力市场上的竞争力，同时又有利于合理控制公司的薪酬成本支出。此外，通过对企业薪酬构成中的不同组成部分采取不同的市场定位战略，还有利于公司传递自己的价值观及实现自己的经营目标。

5.1.3　薪酬战略的周期性变化

企业在不同的发展阶段应该有不同的薪酬战略。

在创业阶段，企业需要高素质人才，但又往往资金不足。此时，创业型企业的薪酬战略往往选择授予期权、股权或影子股权的方式，降低薪酬的现金支付水平。

2005 年赴美国纳斯达克上市的百度公司，就是采用这种薪酬战略的成功者。从创业吸引第一个员工起，李彦宏就靠他讲故事的能力，把创业骨干以相对的低薪吸引到百度。百度的一位高层当初在某公司任副总裁，年薪 60 万，到了百度之后，薪酬比原来低，但获得了期权。目前，这位高层的股票价值已达 2 亿元，最高时则达到 4 亿元。创业型企业的这种薪酬战略，不仅使百度渡过了现金短缺的时期，得到了高素质人才，也使放弃一时高薪的创业伙伴获得了很好的长期回报。

相比之下，由创业走向成熟的企业，其薪酬战略也会随企业生命周期变化而改变。以自主创新打败跨国 IT 巨头著称的华为公司，早年靠高薪吸引英雄式的技术和营销人才，同时让这些骨干把获得的分红购买公司的内部股票。此举不但能够保留人才，构建公司的研发、营销等体系，而且公司不必支付巨额的现金薪酬。经过十几年的发展，华

为公司已经构建了较好的研发平台，其目前在研发领域的用人策略，已经不是过去那种高薪招聘英雄式人才的模式，而是在薪酬总额相对不变的情况下，以不太高的薪酬招聘数量众多的各种研发人员。

5.2 薪酬水平的影响因素

企业所在的劳动力市场和产品市场供求状况及企业本身的状况均会对企业的薪酬水平决策产生很大的影响。在本节中，我们将对这些因素进行深入分析。

5.2.1 劳动力市场对薪酬水平的影响

劳动力市场是企业为了生存而必须参与的三大市场之一（另外两个市场是资本市场和产品市场）。企业在劳动力市场上对具备较高技术和能力水平的劳动者所展开的竞争，是对企业的薪酬水平，进而对薪酬的外部竞争性产生影响的一个非常重要的因素。在劳动力市场上，薪酬水平最重要的决定因素是供给方和需求方之间的相互作用。

1. 劳动力需求

企业对劳动力的需求是从消费者对产品或服务的需求当中派生的，因而劳动力需求是关于劳动力价格和质量的一个函数。企业劳动力需求的原则是雇用的边际成本等于边际收益。具体到薪酬管理的实际工作中，企业在利用该模型确定应雇用的员工数量时，首先确定市场力量作用下的薪酬水平，其次确定每一潜在新员工所可能产生的边际收益。

但是对市场薪酬水平的把握和对员工的边际收益的预测是很难非常精确的，因而企业常常使用其他一些要素来反映员工给企业带来的边际收益。企业对于某种工作或技能、能力能够给企业带来的价值进行评价的努力，这种评价实际上是对员工的边际收益进行评价的一种近似替代。企业很清楚某一等级的员工所能够获得的最高薪酬水平不能高于其边际收益，员工薪酬水平的增长也不能超过其生产率的增长。

劳动力需求分为长期劳动力需求和短期劳动力需求。通常情况下，市场工资率变化对长期劳动力需求的变化所产生的影响比对短期劳动力需求所产生的影响更大，因为在短期中，企业只能通过调整劳动力这一种生产要素的使用数量来实现利润最大化，而在长期中，企业可以通过同时调整劳动力和资本的使用量来达到追求利润的目的。

2. 劳动力供给

劳动力市场上的劳动力供给，是指特定的人口群体所能够承担的工作总量。一般说来，整个经济或社会中的劳动力供给受四个方面因素的影响。

（1）劳动力参与率。劳动力参与率是衡量那些愿意在家庭之外工作的人口规模的一个重要而明确的统计指标。其影响因素主要包括家庭经济状况、年龄、性别、受教育程度等。以受教育程度为例，研究表明，在其他条件相同的情况下，特定劳动力群体的受教育程度越高，则他们的劳动力市场参与率一般也会相应提高。

（2）人们愿意提供的工作时数。简单地说，劳动者就工作时间做出的决策可以看做其在工作和闲暇之间进行选择的结果。显然，闲暇所产生的效用和有酬工作所带来的薪酬对于劳动者都是有价值的，而市场工资率的变化同时会对劳动者的闲暇成本和工作的报酬产生影响。

（3）员工受过的教育训练及其技能水平。前两个因素决定了一国经济中的劳动力供给数量，但是劳动力供给还存在质量问题，而质量要求比数量要求更为重要。员工的受教育程度越高、所接受的训练越多、积累的经验越多，则其收益能力就会越强，所得到的报酬水平就会越高。而对于一个国家、一家企业而言，劳动力队伍的素质越高，则劳动者所能够创造的生产率就会越高，国家或企业的竞争力就越强。

（4）员工在工作过程中付出的努力水平。劳动力的数量和质量都是一种静态的存量，这种存量如何转化为流量，即劳动者在实际工作过程中是否能够将其具备的知识和技能充分发挥出来，转化为生产率，则还要取决于企业的总体制度。其中包括员工与工作之间的匹配性，绩效管理制度是否完善、薪酬水平及薪酬制度是否合理等，这实际上正是企业人力资源管理工作的核心问题。

3. 劳动力市场理论的补充与修正

简单的劳动力市场模型无法解释许多现实中的具体问题。我们简要介绍几种对劳动力市场理论具有修正和补充意义的理论。

（1）补偿性工资差别理论。所谓补偿性工资差别，是指在知识技能水平方面没有本质差异的劳动者，因所从事工作的工作条件和社会环境优劣不同而产生的薪酬水平差异。反过来说，这种较高水平的薪酬实际上也是对员工接受工作环境和条件较差的工作而给予的一种补偿。

尽管补偿性工资差别作为一种规律是存在的，但是具体到不同的企业和不同的劳动者，在面对相同的不利工作条件时，企业所需要支付的补偿性工资差别的水平也可以不同。

（2）效率工资理论。所谓效率工资，是指一家企业所支付的薪酬高于市场通行工资率时的薪酬水平。效率工资战略也可以称为高工资战略，薪酬市场领先战略显然是效率工资理论的最忠实执行者。

但是，高于市场水平的薪酬必定会给企业带来成本压力。所以，只有当企业支付的高于市场水平的薪酬可以换取同样高于市场水平的收益时，效率工资才能够持续性地执行下去。这就要求企业的员工甄选和配置系统必须有助于企业挑选出最好的员工。

（3）保留工资理论。所谓保留工资，是从劳动力供给方的决策中延伸出来的一个概念。如果市场工资率尚未达到处于劳动力队伍之外的人对其边际闲暇小时价值的判

断，那么这些人宁愿不工作也不愿意接受水平达不到自己最低要求的薪酬，即“保留”自己的劳动力。

保留工资实际是一种心理概念，即使是两位客观条件几乎完全相同的劳动者，他们的保留工资水平也有可能不同。劳动者心目中的保留工资的水平，既有可能高于市场水平也有可能低于市场水平，在个人的保留工资率高于市场通行工资率水平的情况下，劳动者找到工作的可能性会比较小；反之，则会比较大。

（4）信号模型理论。信号模型实际上是对劳动力市场上的信息不对称问题所作的一种补充解释。在信息不对称的情况下，劳动力供求双方都会力图向对方发送一些信号，以使对方能够从自己所发出的信号中得到更多的信息。能够帮助企业及员工实现信息交换的信号系统则包括员工的人力资本投资（培训、学历、经验）、企业的薪酬水平（薪酬领袖、市场跟随、略微滞后）及薪酬组合（基本薪酬、浮动薪酬及福利之间的选择）等。

5.2.2 产品市场及企业特征对薪酬水平的影响

除了劳动力市场因素之外，对企业薪酬水平产生重要影响的因素还有产品市场、行业因素、企业规模因素及企业经营战略与价值观等。

1. 产品市场

一般说来，劳动力市场因素决定了企业所支付的薪酬水平的低限，而产品市场则确定了企业可能支付的薪酬水平的高限。

如果企业在产品市场上处于垄断地位，就能够获得超出市场平均利润水平的垄断利润，利润的增加为企业在劳动力市场上的薪酬决策提供了强有力的保障，足以保证企业向员工提供高出市场水平的薪酬，然而一旦垄断地位丧失，企业无法将成本负担转嫁给消费者，企业支付高薪的基础也就不存在了。而当企业处在完全竞争或类似完全竞争的环境中时，企业所支付的薪酬水平往往与市场平均水平甚为接近。

2. 行业因素

行业特征对薪酬水平的最主要影响因素可能是不同的行业具有不同的技术经济特点。一般情况下，在规模大、人均占有资本投资比例高的行业，如软件开发、生物医药、遗传工程、电信技术等，人均薪酬水平会比较高。这主要是有以下三个方面的原因：其一，越是资本密集的产业，对资本投资的要求就越高，而这会对新企业的进入造成一种限制，从而易于形成卖方垄断的结构。其二，高资本投入的行业往往要求从业者本人具有较高水平的人力资本投资，这是因为存在一种所谓的资本—技能互补假设，即资本越昂贵，则企业越是需要雇用具有高人力资本投入，具有较高知识技能的人运用这些资本，以能保证这些资本能够产生最大的效益。其三，资本对劳动力的比例较高，意味着劳动报酬在企业总成本支出中所占的比例相对较小，资本的利润较高，

从而有能力支付较高的薪酬；相反，那些对资本投资的要求低、新企业易进入和以竞争性市场结构为特征的行业，其人工成本占总成本的比例也较高，所以一般属于低工资产业部门（如服装加工业、纺织品、皮革制品生产行业等）。

不同行业的工会化程度也会影响企业的薪酬水平决策，在工会势力比较强大的行业，企业往往会被迫维持一定的薪酬水平，而在工会势力比较弱的行业中，企业所面临的这种压力会较小，但是为了防止本企业的员工加入工会或为了保持自己在外部劳动力市场上的竞争性，非工会化的企业往往也会追随工会化企业的薪酬动向以调整自己的薪酬水平。尽管如此，这些非工会企业仍然可以避免与工会冲突而节约大量的时间与费用。

3. 企业规模因素

很多研究表明，大企业所支付的薪酬水平往往要比中小企业高。在大企业中工作的员工不仅获得的薪酬比具有相同人力资本特征，但在中小企业中工作的员工高，而且他们的薪酬随着工作经验的增加的速度也更快。大企业所支付的薪酬水平较高的原因主要存在于以下几个方面。

第一，在大企业中采用长期雇用的做法往往比在中小企业中更有优势，也更为必要。大企业通常更多地采用具有较高程度的相互依赖性的生产技术，如果在大企业中出现了一项没有人做的工作或出现了预料之外的辞职现象，那么必然会影响整个企业的生产过程，甚至造成大量资本的闲置或浪费。因此，降低员工的辞职率及确保空缺职位能够迅速得到填补是大企业非常关心的问题，高水平的薪酬对于上述目标的实现无疑是很有帮助的。

第二，由于大企业有更大的动力维持与员工之间的长期雇佣关系，大企业员工的稳定性也更强，因此，大企业会有更大的动力去培训自己的员工，而员工的人力资本投资增加必然会强化他们的收入能力。

第三，企业规模越大，对员工的工作进行监督就越困难，因而企业就越是希望能够找到其他的方式激励员工，在这种情况下，效率工资理论所揭示的原理很容易导致大企业采用高于市场水平的薪酬，激励员工在没有严密的直接监督的情况下也能努力工作。总之，大企业为员工提供职业保障的能力，以及这种效率工资的制度安排，无论是对员工的保留，还是对员工的工作激励，都是非常有效的。

4. 企业经营战略与价值观

如果企业选择实施低成本战略，那么它必然会尽一切可能降低成本，其中包括薪酬成本。这样的企业大多身处劳动力密集行业，边际利润偏低，因而盈利能力和支付能力都较差，总体薪酬水平不会太高；相反，实施创新战略的企业为了吸引有创造力、敢于冒风险的员工，必然不会太在意薪酬水平的高低，它们更为关注薪酬成本可能会给自己带来的收益，只要较高的薪酬能够吸引来优秀的员工，并创造出高水平的收益。从企业的薪酬战略来看，采用高工资战略的企业无疑会比采用广泛搜寻战略和培训战略的企业更有支付高工资的倾向。

此外，企业的薪酬支付意愿对于企业的薪酬水平决策也有很大的影响，如果企业仅仅将员工看做为自己创造价值的不可或缺的一种生产要素，那么它通常不会主动提高员工的薪酬待遇。但是如果企业将员工看做自己真正的合作伙伴，那么，在企业经营比较好的时候，企业会主动在承受能力范围内，适当提高员工的薪酬待遇，以体现共享企业经营成功的思想。

5.3 薪酬市场调查

薪酬市场调查对企业的重要性不言而喻，薪酬市场调查在为企业制定薪酬政策方面发挥了非常重要的作用。薪酬调查的结果是组织或个人衡量自身报酬水平外部公平性的重要参考依据。根据薪酬调查报告的结果，企业容易收集到最新、最有效的薪酬数据，从而制定自身较为完善的薪酬策略。

5.3.1 薪酬调查的概念与目的

在发达国家，每年举办的各种薪酬调查可以以不计其数来形容。下面我们介绍薪酬调查的概念，企业会热衷于进行薪酬调查的目的。

1. 薪酬调查的概念

劳动力市场上的信息不完善导致企业不可能在承担成本和花费时间的情况下，掌握劳动力市场上的通行工资率水平，但是又因为无论是企业、员工还是潜在员工，都倾向认为根据市场水平支付薪酬的做法是比较公平的。薪酬调查正是企业搜集信息判断其他企业所支付的薪酬状况的过程。这种调查能够向实施调查的企业提供市场上的各种相关企业向员工支付的薪酬水平和薪酬结构等方面的信息。实施调查的企业就可以根据调查结果，确定自己当前的薪酬水平相对于竞争对手在既定劳动力市场的位置，并根据自己的战略在未来调整薪酬水平甚至薪酬结构。

在发达国家，每年会举办各种薪酬调查。一般来说，主持进行薪酬调查的主体有很多，如政府、行业和专业协会、咨询公司、企业及企业家联合会等。商业性薪酬调查一般由咨询公司完成，其中有的是应客户需要对某一行业进行调查，有的是咨询公司为获利而主动进行的调查。专业性薪酬调查是由专业协会针对薪酬状况所进行的调查。例如，美国管理协会（American Management Association，AMA）的一项业务就是调查并提供各行业行政人员、管理人员及专业人员的薪酬状况。而政府薪酬调查，则是指由国家劳工、统计等部门进行的薪酬调查。例如，中国政府劳动部门发布的工资指导线。

英国的一项研究表明，为了解其他企业类似职位的薪酬水平，在被调查的雇主中，约有 71%的雇主会不同程度的依赖与其他雇主进行的非正式交流来获取信息；有 55%

的雇主会通过就业机构决定自己企业中部分职位的薪酬水平；约 23%的雇主采用商业性或专业调查方式，即委托美国管理协会（或英国调查机构）之类的机构组织调查；只有 22%的雇主会采用向其他雇主提交正式问卷的方式来进行调查。

2. 薪酬调查的目的

通常，企业一般都会希望通过薪酬调查达到以下几个方面的目的。

（1）作为调整薪酬水平的依据。大多数企业都会定期调整自己的薪酬水平，而调整的依据一般包括生活成本变动、员工的绩效改善、企业的经营状况与支付能力等。当然也有可能仅仅是因为感到竞争对手的薪酬水平有所变化而调整本企业的薪酬水平。如果是后者，企业尤其需要通过薪酬调查了解竞争对手的薪酬变化情况，并有针对性地制定自己的薪酬调整对策，避免在劳动力市场的竞争中处于不利地位。

（2）完善薪酬结构。根据内部职位评价得到的职位结构与从外部市场得到的不同职位的薪酬结构之间可能存在不一致的情况，在参考市场信息时，需要确定基准岗位与企业内部岗位的对应关系，做好职位匹配的工作。过去企业更为重视的是内部职位评价，主要是通过内部职位评价确定不同职位之间的薪酬差距。而现在，许多企业却是在利用薪酬调查评价自身所做的职位评价有效性。假如企业根据职位评价的结果将某两种职位放入同一薪酬等级，但是市场调查的结果显示这两种职位之间存在较明显的薪酬差距，那么企业就会对自己的职位评价过程进行重新检查。随着一些企业逐渐从以职位为基础的薪酬体系向以人为基础的薪酬体系转移，企业就更为依赖市场薪酬调查以确定其薪酬水平及确保其外部竞争性。

（3）估计竞争对手的劳动力成本。产品市场竞争压力比较大的企业非常注意利用薪酬调查数据对竞争对手的定价及制造实践进行财务分析。例如，美国劳工部定期发布的分行业劳动力成本估计报告《雇用成本指数报告》就非常受到关注，这份报告专门衡量在每一个季度中，员工的薪酬开支相对于企业成本的变化情况，使企业可以与本行业或特定行业的情况进行对比。

（4）了解其他企业薪酬管理实践的最新发展和变化趋势。作为行业中的一个企业，要想全方位公平地了解行业相关薪酬状况，单靠四处探询的支离破碎的信息不能满足企业要求，也是不科学的，甚至有时候会产生误导作用。所以积极参加由中间机构发起的薪酬调查活动，本身就具有积极意义，是一件对行业、企业都有益的事情。从小处看，有利于加强企业自身的管理；从大处看，可以有效提高行业在国际市场上的竞争力。

5.3.2　薪酬调查的实施步骤

薪酬调查的实施可以分为三个阶段：准备阶段、实施阶段及结果分析阶段。

1. 准备阶段

准备阶段是指在具体设计薪酬调查问卷并实施调查之前要做的工作，这些工作如下。

1）确定调查的必要性及实施方式

如果现有的薪酬调查数据足以提供企业所要求的所有信息或大部分信息，那么，就没有必要再自己去做市场薪酬调查。如果能够合理利用已经存在的相关调查数据，不仅能够规避这种尴尬的处境，也能够节省公司的时间和精力，降低调查成本。

如果现有的调查不能满足自己的需要或者根本就没有可用的薪酬调查结果，那么企业需要考虑的问题是，到底是自己来做薪酬调查，还是雇用第三方或与第三方配合来完成薪酬调查的工作。尽管有些企业安排自己的薪酬主管人员负责从事薪酬调查工作，但是在现实中，很多企业都是利用第三方来完成薪酬调查的工作。其原因在于企业自行进行的调查往往容易引起其他企业，尤其是竞争对手的警觉和不合作，而且薪酬调查工作费时费力，企业往往没有足够的人手和时间。

根据一般情况，一个包括 15 家公司和 20 个职位在内的薪酬调查，从最初的规划到最后得到参与者提交的报告，就需要花费 10~15 周的时间。对于范围更大的调查，完成的时间长达 6 个月也是很正常的。所以，借助专业化的外部薪酬调查机构做薪酬调查已经成为企业人力资源管理工作的一种常见外包形式。

2）选择调查的标杆职位及其层次

即使企业已经确定了准备调查职位的范围，企业也必须选择在调查中所使用的标杆职位，这是考虑到调查的时间和费用，是不可能对所有的职位都展开调查的，而只能对其中的典型职位进行调查，然后再将调查数据运用到其他的非典型职位。

在选定被调查职位时，调查者必须提供最新的职位描述，确保被调查企业将本企业的职位与调查者所提供的职位匹配。因为同样的职位名称，可能其工作内容相差很大，或者其对任职者的基本素质要求有很大的差别。尤其是国内的职位体系比较混乱，同样是“行政部经理”，在有些单位可能主要从事后勤、保安等工作，而在有些单位可能还从事人事工作。在进行薪酬调查时，一定要注意所调查职位的职位描述，有职位描述的薪酬调查所获得的结果会比没有职位描述的薪酬调查结果准确可靠得多；应将调查所提供的职位描述与公司相应的职位进行比较，只有当两者的重叠度达到 70%以上时，才能根据所调查职位的结果确定公司相应职位的薪酬水平。通常，职位描述应包括每一职位的名称；职位目的，也就是该职位对公司的主要价值和贡献；职位职责，即该职位所从事的主要活动；任职者基本素质要求，即该职位对任职者的知识、学历、经验、能力等方面的要求。

3）界定作为调查对象的目标地域和行业

职位的劳动力市场决定了薪酬调查的地域和行业。对于低层级的职位来说，如文员、一般技术人员和半技术人员，所调查的区域应该是与公司在地理位置上比较接近的地方。对于中高级职位而言，如市场部经理、人力资源部副总经理等，所调查的区域应该更大。如果公司位于北京，要了解秘书等职位的薪酬情况，最好就在北京进行调查，而不是在上海、深圳等；而如果要了解高级管理人员的薪酬情况，则最好同时在北京、上海、深圳等进行调查。同样，调查所包括的行业也是应该考虑的一个问题，对于低层级的职位来说，行业之间的差别并不大；而对于中高级管理人员和技术人员

来说，最好选择可能与公司竞争人才的行业。

从理论上来说，最好在调查中包括与本公司竞争人才的公司，可以了解市场同类职位的薪酬水平，确保公司的薪酬方案具有外部竞争力。在调查中包括本公司在产品和市场方面的竞争对手，可以确保本公司的薪酬方案与这些公司保持同步，同时可以了解这些公司的劳动力成本。但是，一般咨询公司所调查的公司不可能完全与企业的期望一致。这是因为不可能所有满足条件的目标公司都能够被邀请到参与薪酬调查，且为了保证所调查数据的样本点数能够进行后期处理，所以咨询公司一般会提出一些候选公司参与调查。

4）确定要搜集的信息项目

调查者需要确定应当将哪些薪酬信息纳入调查范围。通常情况下，薪酬调查所涉及的薪酬信息有以下几点。

（1）基本薪酬。为了减少数据处理的负担，应当指明要求被调查者填写的基本薪酬水平到底是年薪、月薪还是小时工资。为了全面掌握目标企业的基本薪酬支付情况，也可以考虑要求被调查者填写被调查职位的薪酬浮动范围。

（2）绩效奖金和其他现金奖励。许多企业都向员工提供年终奖，有时也会以年底双薪或相当于几个月薪水的方式发放。除了具体的奖金数量之外，最好再询问奖金占该职位薪酬的比重。除此之外，还有越来越多的企业在实行利润分享、收益分享及一次性加薪等各种现金奖励支付方式。

（3）长期激励计划。随着股票市场的发展及企业管理实践的变化，长期激励计划已经成为一种越来越重要的报酬方式。因此，在薪酬调查中绝不能忽视这类报酬要素。

（4）补充福利计划。补充养老保险、健康保险、人寿保险、伤残保险及休假等福利对于员工也是一种收入形式，尽管不是以现金形式表达，但是可以转化为具体的现金金额。尽管在这些职位上的员工的收入中所占的比重不会很大，但是仍然被看做非常重要的薪酬成分。

（5）薪酬政策等方面的其他信息。薪酬政策和管理实践方面的信息包括被调查企业的加薪时间及加薪百分比的信息、公司的加班政策、轮班政策、试用期长短、新毕业学生的起薪、薪酬水平的地理间差异掌握、员工异地调配时的薪酬处理及兼职员工的薪酬管理，等等。

2. 实施阶段

在前几个步骤完成之后，调查者就可以开始设计调查问卷了。调查问卷的内容通常包括企业本身的一些信息，如企业规模、所在行业、销售额或销售收入等；各种薪酬构成方面的信息；职位范围方面的信息；任职者的一些信息；一些国际性的信息；等等。问卷设计完成后可以采用不同的途径发放并完成信息的采集。

当调查者采用邮寄调查方式完成问卷的收集工作时，这种标准化的操作流程尤为重要。此外，如果调查者准备直接将书面问卷上的数据录入计算机，还应当考虑问卷格式的设计以尽量避免数据录入的错误。

直接面谈具有很高效果。在薪酬调查中，确保职位的可比性往往是数据搜集时最重要的一个问题，而专业调查人员与企业中的薪酬管理专业人员的直接面谈无疑有助于提高数据的质量和有效性。在双方面谈的情况下，他们比较容易对不同企业间的相应职位进行比较，调查者能够就一些特殊问题直接征求被调查方的看法。

一些薪酬调查，尤其是小规模调查，也会采用群体访谈的形式。这种做法看上去比邮件法更为直接，成本也较个人访谈法低，但也存在一些较大的问题。举例来说，在有着成百上千个职位的大型企业里，即使是很熟悉情况的专业人员也无法就各职位的可比性做出令人满意的回答。

3. 结果分析阶段

在调查问卷回收上来以后，调查者首先要对每一份调查问卷的内容作逐项的核查，判断每一个数据是否存在可疑之处。对于发现的疑点，需要向接受调查的公司询问和核对数据，并且了解某一职位的薪酬为什么会高或低。

在数据核查完成之后，就是最后一道工作程序，即分析数据。薪酬数据的分析方法一般包括频度分析、趋中趋势分析及离散分析等。

1）频度分析

所谓频度分析，是将所得到的与每一职位相对应的所有薪酬调查数据从低到高排列，然后看每一薪酬范围之内的公司的数目。这是一种最简单，也是最直观的分析方法，一般会使用直方图来显示结果。

2）趋中趋势分析

具体来说，趋中趋势分析又可以进一步细化为简单平均数、加权平均数等几种数据分析方法。

（1）简单平均数。它通常是将与特定职位对应的所有数据简单相加，再除以参与调查企业的数目，从而求出平均值。这种方法使用起来比较简单，但是极端值有可能会破坏结果的准确性，所以有必要首先用频率分布将极端值剔除掉。

（2）加权平均数。在这种分析中，不同企业的薪酬数据将被赋予不同的权重。当在某公司从事某种职位工作的人员数量越多，则该公司提供的该职位的薪酬数据对其最终平均薪酬数据的影响也就越大。这种经过加权的平均数比较接近劳动力市场的真实状况。

3）离散分析

在薪酬调查数据分析中，离散分析的方法主要是百分位分析。百分位所代表的是有百分之多少的公司薪酬水平是低于位于该百分位上的公司薪酬水平的。举例来说，如果某企业在薪酬水平方面处于市场的第 75 个百分位上，这就意味着有 75%的企业的薪酬水平都比其低。

在百分位分析方法中，第 50 个百分位是中间值。这种百分位分析在企业的薪酬水平战略定位中是最常用的，因为它直接揭示了本企业的薪酬水平在劳动力市场上的地位。

某涂料公司根据市场调查结果整理的工资体系表如表 5-1 所示。

表 5-1　某涂料公司根据市场调查结果整理的工资体系表

工资数额/元	总经理	副总经理	高工	部门经理	部副经理	主任	课题组长	检验员	配料	调色研磨	灌桶	现场统计	管理人员	主管会计	会计	出纳统计	采购计划	保管	辅助工人
30 000	•	•																	
25 000		•																	
20 000		•	•																
18 000		•	•	•															
16 000			•	•															
15 000			•	•	•														
13 000			•		•														
12 000			•		•	•								•					
10 000					•	•	•		•					•			•		
9 000						•									•				
8 000						•	•	•	•					•	•		•		•
7 500																			
7 000										•		•	•		•	•			•
6 500																			
6 000							•	•	•	•		•	•			•	•	•	•
5 500																			
5 000									•	•	•	•	•			•		•	•
4 500																			
4 000								•			•							•	•
3 500																			
3 000																			

注：本工资体系按公司人力资源规划的要求，选择6家本市涂料行业的不同所有制的企业薪资调查并设计整理后完成。如果公司采用人才吸引策略，可将公司薪酬水平设定为略高于市场平均薪酬水平

5.4　岗位评价与薪酬的内部一致性

在薪酬水平决策中，不仅要根据企业的薪酬战略和市场薪酬调查确定企业的整体薪酬水平，还需要确定企业内部不同职位间的相对薪酬水平，而这涉及薪酬的内部一致性问题，主要通过岗位评价来解决。

5.4.1　岗位评价的起源和发展

岗位评价的产生可以追溯 20 世纪早期弗雷德里克 · W.泰勒（Frederick W. Taylor）建立计件工资制时所做的一系列研究。科学管理运动给了岗位评价第一次巨大的推动。所谓科学管理，其目标是使工业时代潜在的所有好处最大化。当时，人们普遍认为雇主和雇员之间的关系始终是对立的，泰勒是最早对这种观点提出挑战的人。他主张，为了确保这两个群体之中任一方的繁荣壮大，另一方也必须同时获得发展。泰勒在推动岗位评价技术进展方面的贡献在于他对管理责任的强调：其一，运用科学的观察和计划方法界定一项工作，并组织该工作所包含的任务；其二，招募和甄选那些经过持续培训能胜任工作任务要求的雇员。

劳资关系的发展也促进了岗位评价的发展。一个典型的劳资合同会有一个要求工人不罢工和要求雇主不停业的条款。当涉及怎样处理因解释现行的合同里当事人的权利而产生的争端时，问题也许就会出现。为了解决争端，需要建立一个申诉程序。通常，申诉程序的一个组成部分是岗位评价委员会。当合同期内工作发生变化、需要重新评价时，这个委员会尤为必要。在许多情况下，劳方和资方根据合同条款使用岗位评价解决权利争端。一项研究表明，86%的被调查公司都在使用某种形式的岗位评价。

在美国，建立公正的薪酬水平评估方法的工作可以追溯联邦政府的早期。1838 年，为了回应联邦政府部门办事员对工资公平状况的不满，参议院通过了一项决议。该决议敦促政府部门采用这样一种工资制订方法，即按照责任和任职资格的不同，将每个办事员放到不同的工资等级中去。但直到 70 年后这一方法才开始趋于完善，其应用范围也才逐渐扩展到联邦政府以外的其他领域。1909 年到 1910 年 Griffenhagen 提出了一种职位分级法，这种方法已被芝加哥的市政部门采用。Griffenhagen 强调高质量的工作界定对雇佣关系有着至关重要的作用，但他的侧重点在他所谓的“人事管理”。具体包括对决策过程和管理职能的执行过程的管理，后者包括甄选、薪酬、保健，以及对组织结构的建构者的管理。1912 年，爱迪生联邦公益公司（Commonwealth Edison Company）也对其 5 000 名雇员实施了 Griffenhagen 的职位分级法。在 1909~1926 年，人们又先后提出了多种岗位评价技术。这些技术一直以来都被广泛采用。

第二次世界大战期间，考虑通货膨胀，联邦政府决定冻结工资和物价。然而，雇主想得到调整工资的许可，以便减少冻结前已经存在的工资水平的不公平性。联邦政府同意他们调整那些可以被证明是不公平的工资，但是，政府要求雇主说明工作的不同之处，以证明工资调整的合理性。调节工资水平的管理手段便是岗位评价。伴随着 1942 年国际战争劳工委员会《战时工资管理条例》的颁布，岗位评价和规范的薪酬管理成为一种在不引发破坏性的工资膨胀的前提下调节工资不公平的主要手段。

?讨论与思考 5-1

眼睛　鼻子　耳朵

马季先生有个相声段子，说有个技术人员科研项目获了奖，准备买些好吃的东西，回家犒劳自己。这时眼睛、鼻子、耳朵、脑袋不乐意了，纷纷指责这个技术人员太偏心，有了成绩只顾着给嘴吃东西，忘记其他器官的重要性。眼睛说：“我是最重要的，没有我你什么都看不见，你能搞科研吗，能获奖吗？”耳朵说：“我才是最重要的，没有我你什么都听不见，听都听不见，你还能干什么？”鼻子也跳出来说自己是最重要的……它们都说自己重要，究竟谁更重要一些呢？

一个企业也是这样，有几十个甚至上百个岗位，有总经理、副总经理、采购部经理、

财务部经理、人力资源部经理、后勤部经理、技术部经理、生产部经理，还有工程师、技术员、一线的生产工人、检验员、清洁工，所有这些岗位，究竟谁重要、谁不重要，究竟谁的工资应该高一些、谁的工资应该低一些，你说得清楚吗？

讨论与思考：要解决上述这些问题，核心是要完成什么工作？

5.4.2　岗位评价的理论基础

在其他条件保持不变的情况下，在技术、努力程度、责任，以及工作环境等方面要求较高的工作比在这四个维度上要求较低的工作更有价值。亚当·斯密在《国富论》中就曾建议使用这四个维度作为报酬制定的标准，这四个维度已被广泛用做决定工作的相对价值和工资支付的适宜方法。

1. 报酬因素

技术、努力程度、责任，以及工作环境这四个维度无法直接观察，也无法直接测量。它们的替代品，即报酬因素就被开发出来。报酬因素是组织用来决定工作相对价值的标准。定义报酬因素在岗位评价中居于核心地位，因为这些定义不但决定了工作在工作等级中的相对位置，而且能使任职者了解自己对组织贡献的价值和相应的回报。报酬因素不是针对每一项工作的；相反，它是针对一组相关工作而选定的。例如，第一组报酬因素也许是为办公室工作而建立的，第二组则是为制造工作而建立的，第三组是为管理工作而建立的。每一组报酬因素决定了每一份岗位评价方案。通过选择不同的岗位评价方案，组织决定按照它认为的，与技能要求相同的工作族最相关的某一套标准对工作进行评价和付酬。岗位评价中使用工作族方法，有助于组织针对需要特殊技能的工作，按照外部劳动力市场行情迅速对市场工资的变化做出反应。这种方法还有助于建立工作族内部工作合理职业发展道路。

下面选择的报酬因素的标准比较常用，可以帮助公司决定什么可以被合法地当做报酬因素。特殊报酬因素的最终确定则必须建立在组织所要求的人力资源的基础之上。

第一，报酬因素必须能够被各方接受。它们必须为资方、员工、工会领袖（如果有工会的话）所接受。这个限制至关重要，因为岗位评价的核心是要建立被视为公平的内部薪酬体系。只有报酬因素被各方接受才能使岗位评价本身被认为是公平的。

第二，报酬因素必须有效地区别各个工作。它们必须抓住工作之间的重要不同之处以使岗位评价有效，并确保它们能满足法律要求而不会在法庭上受到质疑。

第三，报酬因素必须与被评价的工作相关。如果某一因素不适用于被评价的工作，很明显这个因素无助于将工作区别开来。例如，如果创新因素被应用于办公室工作，而这些工作确实没有机会创新，那么这个因素实际是不相关的。

第四，与第三点相关，各种工作选择的因素必须不同。不同的工作必须有不同的报酬因素。例如，如果工作环境因素被应用于办公室工作，但所有的这些工作都有相同的工作环境，那么这个因素就没有用。

第五，报酬因素必须是可测量的。如果工作环境被作为一个报酬因素，组织必须能够测量工作岗位之间的工作环境差异，如在恶劣天气中暴露时间的长短或在有害气体中待的时间的长短都可以使用。如果某一因素不可测量，就对建立工作的相对价值起不到作用。

第六，报酬因素应该是互相独立的。两个因素应该不能测量相同的维度，如果它们能测量相同维度，就给了某一概念双重权重，而事实上两个因素中的任何一个都应该可以量出工作的相对价值。

与选择报酬因素紧密相关的问题是谁来挑选报酬因素。因为岗位评价方案最终会产生组织内的工作等级，最高管理层需要信息确定哪种工作贡献应被支付哪种报酬。在因素选择过程中，应把部门主管、普通雇员包括在内。部门主管对所监管的工作有直接的了解，对区别工作的重要方法有自己的见解。他们是潜在的确定有用报酬因素的信息源。普通雇员执行工作任务，对各种工作的工资公平与否有感受。尽管从理论上说，选择报酬因素时雇员的意见很重要，但实际上这一点很少有组织能做到。一项研究发现，在被调查的公司中，仅有 7.5%的岗位评价方案有工会参与。

2. 选择岗位评价体系

组织可以自己制定岗位评价体系或从外面的咨询公司（如海氏公司或 Cole 公司）购买经修订的评价体系。

1）内部制定的评价体系的优缺点

优点包括：①可能更适合公司需要；②直接与公司战略联系在一起；③能确保有关负责人真正理解这一体系，且相关责任由组织内某一单位来承担。

缺点包括：①投入的时间多；②花费的成本高；③缺少专门技术评价体系出现瑕疵。

2）从咨询公司购买评价体系的优缺点

优点包括：①效率高；②可以将从外部市场收集来的工资资料转化为工资结构；③避免内部争议。

缺点包括：①成本高；②咨询专家对公司不熟悉；③难以获得针对公司量身定制的评价体系。

3. 岗位评价的意义及值得注意的问题

1）岗位评价的意义

（1）岗位评价能够用系统的方法对职位进行比较，找到职位的相对价值排序，为建立公平合理的薪酬体系提供基础。

（2）可以解决现有的不公平现象，并预防出现新的不公平。

（3）为雇员与管理层之间的谈判提供可依据的科学框架。谈判的内容可以从工资原则、总体的工资结构、工资水平、附加工资入手，而不再是空对空的讨论。

（4）提供了处理员工抱怨的方法，正常情况下员工的抱怨会在系统建成后逐渐减少。

（5）新工作岗位的报酬标准可以由系统决定，避免了组织成员产生不公平感的危险。

（6）组织成员可以很容易地理解如何才能在现有条件下获得更高的收入，知道选择何种工作可以获得更高的收入。

2）岗位评价应注意的问题

（1）为了使岗位评价的结果可靠有效，应当引入适当的方法减少岗位评价人员的主观判断所带来的影响。为了做到客观地设计计划和分析资料，评价人员需要对岗位评价技术有深入的理解。

（2）岗位评价不可能决定全部薪酬，因而要将岗位评价整合到一个大范围的薪酬决策中。此外，为了使岗位评价更加有效，要将其融入到整个人力资源管理系统中，与人力资源管理的其他行为，如绩效考核、人员选择和人员培训等紧密对接。

（3）拒绝执行岗位评价结果的现象也有可能发生，这种拒绝来自多方面，企业高层和权利持有者可能会担心失去对组织的影响力，组织成员可能会担心他们的工作被排在后面而使自己被降级。在这些压力下维持新的工资结构会变得很困难，而且来自各方面的压力会破坏平衡，引发新的不公平感。

（4）岗位评价和工资决策还要考虑劳动力市场。劳动力市场处于不断的变化之中，这就引发了一系列的问题。劳动力市场供不应求，职位报酬较高；劳动力市场供过于求，职位报酬较低。如果某一职位在劳动力市场供不应求的情况下得到了较高的报酬，那么当劳动力市场变化到供过于求的时候，它有没有可能降低报酬减少多余人员呢？这对于处于不稳定的劳动力市场上的工资政策来说是一个很大的问题。这就要求岗位评价方法要有足够的弹性，以适应组织的动态变化，从而为不断变化的职位提供可靠有效评价的方法和依据。

5.4.3　岗位评价的技术方法

最常见的岗位评价技术包括排序法、归类法、点数法和因素比较法。

1. 排序法

排序法是指由经过培训的有经验的测评人员，依据对职位所承担责任、困难程度等基本情况的了解，通过比较每两个岗位之间的重要程度，确定所有岗位序列的一种方法。

人们通常认为 Arthur H. Young 和 George Kelday 是这种方法的创始者。在 20 世纪 20 年代初期，他们将这种方法用于国际收割机公司。他们对工作价值的评判是在不使用任何一套常用的评估标准体系的情况下进行的。但是，其他人使用这种方法时常会引进某些标准来协助评估者。

简单是排序法的主要优点之一。因为简单，它也就成为实施起来最快的方法。毫无疑问，在花费员工的时间和员工参与方面，也是成本最低的。在小型组织或工作较少的组织里，这种方法非常适用。

当然，排序法也有较大的缺点。首先，如果涉及很多工作，将每一个工作都相互比较是相当困难的。其次，这个方法可能找不出工作之间的重要区别。再次，该方法不需要区分工作因素的详细说明，也不需要程序中使用的详细文件，所以所作的结论显得比较武断。最后，也可能是最严重的缺点，排序法不能确定一个工作的价值比另一个工作的价值大多少。虽然可以知道工作 X 比工作 Y 更有价值，但它们之间在数量上的差别是无法得出的。

2. 归类法

归类法是指通过建立明确的职位等级标准，将各个职位划入相应等级的一种方法。其前提是在不同等级的职位对技能和责任要求不同，在这一显著特点的基础上，将职位划分出一套等级系统。

归类法借助一种常用于分类过程、非量化的简易途径制定出职位等级体系。该过程的第一步是要选择适于职位分类的终极目标的一系列标准。在这种岗位评价法中，对各种职位进行分类的三个标准是义务、责任和任职资格。该评估过程将不会涉及现行的薪酬水平。

归类法的操作过程如下。

首先将职位分为比较宽泛的几个类别。例如，工程类职位有别于物理技术类职位和生物技术类职位，而这三类职位又同属于专家类职位。与这个大类相对应的是非专家类职位和（事务或技术）支持类职位。

进一步将职位大类细分为子类，如工程类职位又分为民用工程子类和机械工程子类。

依据上述的三个分类标准将落入机械工程类中的各职位由高到低进行级别排序。要注意的是，早在此前编制每个职位的说明书时就应使用这三个标准，而且将它们贯穿于整个工作内容。本步骤要回答的问题如下：哪些职位的职责最复杂？哪些职位的责任程度最高？哪些职位所要求的任职资格最高？

然后将上述步骤重复用于民用工程类职位等其他职位类型。

分别检验每个职位类型的级别体系，确定每个职位类型应包含的等级数目，并将该类型中的所有职位分配到这些等级中。在这个步骤中，人们往往会走两个极端：要么是进行非常严谨的职位聚类，要求被划入某个等级的职位一定是同质的；要么只是进行松散的聚类，各等级之间彼此有包含现象。分类者必须在两种极端之间把握好尺度，因为理想的类别数量不宜过多，也不宜过少。

最后，对不同的职位类型进行比较，确定整个职位板块的层级或等级总数。

在给各等级确定特定的工资水平之前，应该先准备好每个等级的等级规范。等级规范中应包括以下信息：等级名称，该等级中所有职位普遍适用的职责描述，以及必要的任职资格。

归类法最大的优点是它能使组织管理层和普通员工都根据工作的归类思考问题。一旦该方法被组织引进，工作等级就被考虑到了。分类法的第二个优点是，它产生的结果经常与一个精心制作的体系一样，但花费的成本没那么高。

对归类法的批评主要有三个。第一，该方法将工作描述与一般工作描述相比较，并在这种比较的基础上确定工作的等级。但是，有时一项工作看上去可以划分到两个

相邻等级中的任何一个。这种情况的发生通常是由于等级描述没有清楚地说明某一等级的工作所要求的因素的数量。第二，建立清晰的等级描述耗时长、困难大。一些组织解决这个问题的办法是制定分级规则而不是等级描述。分级规则体系详细说明了工作所具备的报酬因素的数量的等级价值。第三，一般（非特殊的）等级描述是给工作责任人制定的。因为描述的措辞针对等级中的所有工作，而工作责任人所做的和任务列表中列出的任务相比，或者多些，或者少些。工作责任人可能会发现，其做的工作比工作描述中多，却没有因额外的工作得到补偿。认识到这一点，会让工作责任人产生受到不公平待遇的感觉。

3. 点数法

点数法通过赋予各岗位评价因素不同的点数，量化了评估者对各职位因素相对价值的评估。对各因素所得点数进行加总，便得到了岗位评价的最终结果。作为对难以衡量的事物特征进行量化的一种最大尝试，点数法被越来越多的人认为是比归类法或排序法更为"科学"的方法。因而在几种主要的岗位评价方法中，点数法的使用最为广泛。

点数法包括以下八个步骤。

（1）找出一些对所有被评估的工作而言具有普遍性的因素，这些因素被称为薪酬性要素。

（2）界定这些薪酬性要素，并根据这些要素对组织的重要性赋予它们相应的权重。

（3）对每个要素进行分析以确定它可被分为多少级，这些级通常被称为要素等级。每个要素等级也要被清楚地界定。

（4）通过要素的权重进一步量化每个要素等级。

（5）由评估者对每个工作的说明书进行仔细研究。在此基础上，根据预先确定的各要素等级的点数和要求，对每个工作的内容进行评估，并分别赋予相应的点值。

（6）确定每个工作的总点数。

（7）根据工作的总点数大小依次排列职位的名称。

（8）根据总点数对职位进行分类，开发出适当的职位等级，然后转换这些职位等级便得到薪酬等级。

点数法的优点：第一，它通俗易推广，其中很大程度上是由于特定的估价职位价值的方法具有明确界定的指标。这样不同组织和部门在评价职位的价值时，都可以引用。第二，在定义职位评价指标时保存了大量原始调查的数据，可以以此为依据根据组织的变化和调整做进一步的动态分析。第三，由于这种方法具有明确界定的指标分配值，可以采取各种统计方法分析数据。此外，点数法明确指出了比较的基础，能够有效地传达组织认为有价值的因素。

点数法的不足和局限性：第一，这种方法要耗费大量的时间和成本。第二，它缺乏对评价项目选择的明确原则，在制订职位评价计划时，系统地选择评价因素容易出现偏差和争议。第三，由于这种方法操作的复杂性，造成企业与员工解释和沟通的难度。

某工厂工人岗位点数分析表如表 5-2 所示，某集团工资结构薪点数如表 5-3 所示。

表 5-2 某工厂工人岗位点数分析表

	因素	1. 安全责任（本岗位工作失误对他人和设备安全的影响程度） 45						2. 管理责任 30					3. 经济责任（本岗位的工作质量和效率对完成生产任务的影响程度） 45					
劳动责任	等级	1	2	3	4	5	6	1	2	3	4	5	1	2	3	4	5	6
	条件	重大责任	主要责任	较大责任	一般责任	较小责任	轻微责任	管理多个岗位工作，有自行决定权	管理多个岗位的工作	指导多个人员的工作	对助手负责指导	只对自己负责	重大责任	主要责任	较大责任	一般责任	较小责任	轻微责任
120	分值	45	37	29	21	14	7	30	24	18		6	45	37	29	21	14	7
	因素	1. 岗位对技能水平的要求 45					2. 岗位对专业知识的要求 45											
劳动技能	等级	1	2	3	4	5	1	2	3	4	5							
	条件	操作精细、复杂，或工艺水平要求很高，5年以上专业经验	操作较精细、复杂，或工艺水平要求较高，3~5年专业经验	操作较复杂，或工艺水平要求高，2~3年专业经验	操作较简单，或工艺水平要求一般，1年以上专业经验	简单培训即可上岗	掌握本专业知识和相关专业知识、能指导有关岗位工作	掌握本专业知识、熟悉相关专业知识	掌握本专业知识、了解相关专业知识	掌握基本的专业知识	受过基础教育							
90	分值	45	36	27	18	9	45	36	27	18	9							

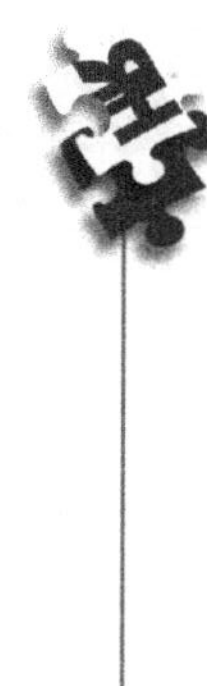

续表

劳动强度	因素	1. 体力劳动强度　12					2. 脑力劳动强度　18								
	等级	1	2	3	4		1	2	3	4					
	条件	体能消耗严重	体能消耗较大	消耗一定体能	体力消耗很少		思想高度集中，很容易疲劳	思想集中，易疲劳	使用一定脑力，能引起疲劳	一般性用脑					
30	分值	12	9	6	3		18	14	10	5					
劳动条件	因素	1. 危害程度（噪声、粉尘、高温、辐射及有毒有害对健康的危害程度）　18					2. 危害程度（事故发生几率及其对人身造成的伤害程度）　18					3. 工作场地差异 12		4. 工作班制 12	
	等级	1	2	3	4	5	1	2	3	4	5	1	2	1	2
	条件	极高危害	高度危害	中度危害	轻度危害	基本无危害	危险程度大	有明显危险	有潜在危险	危险小	基本无危险	室外作业	室内作业	倒班制	常日班
60	分值	18	14	10	6	3	18	14	10	6	3	12	6	12	6

表 5-3　某集团工资结构薪点数一览表

管理（含生产专业技术）人员							
职级	职务	职等	基础薪点	职务薪点	岗位薪点	绩效薪点	薪点数
十一	董事长	1	44	210	440	650	1 344
十	总经理	1	44	180	420	550（600~500）	1 194
		2	44		370		1 144
		3	44		320		1 094
九	副总经理	1	44	150	350	405（450~360）	949
		2	44		300		899
		3	44		250		849
八	正部级	1	44	120	270	280（310~250）	714
		2	44		250		694
		3	44		230		674
		4	44		210		654
七	副部级	1	44	90	250	210（240~180）	594
		2	44		230		574
		3	44		210		554
		4	44		190		534
六	正处级	1	44	60	230	175（200~150）	509
		2	44		210		489
		3	44		190		469
		4	44		170		449
五	副处级	1	44	30	210	140（165~115）	424
		2	44		190		404
		3	44		170		384
		4	44		150		364
四	一级职员	1	44	15	185	100（120~80）	324
		2	44		165		324
		3	44		145		304
		4	44		125		284
三	二级职员	1	44	10	170		324
		2	44		150		304
		3	44		130		284
		4	44		110		264
二	三级职员	1	44	5	155		244
		2	44		135		284
		3	44		115		264
		4	44		95		244
一	四级职员	1	44		140		284
		2	44		120		264
		3	44		100		244
		4	44		80		224
○	辅助人员		44		80	60	184

4. 因素比较法

因素比较法是指根据职位的通用的工作特征，定义职位的评价项目等级，并以此评价关键职位，由于关键职位的应得报酬是可知的，那么在评价其他职位时，只要与关键职位的各个项目进行比较，就可以得出各评价项目应得的货币价值。

自从 1926 年 Eugene J.Benge 开发出这种方法以来，它一直很受关注，但从来没有得到广泛应用。因素比较法曾被宣称是在仔细研究了上述三种方法的优缺点之后发展而成的。有两个关键要点：一是假设它对组织中少数的标杆岗位所支付的工资率之间具有恰当的联系；二是它基于标杆岗位的报酬率建立岗位评价量表，并根据该表评估所有非标杆岗位，见表 5-4。

表 5-4 标杆岗位的评估因素

岗位名称	现行的工资率/(美元/小时)	技术知识	工作复杂性	责任
A	22.00	7.80	5.50	8.70
B	16.50	6.60	4.95	4.95
C	13.00	5.85	4.55	2.60

注：(1) 岗位名称是指标杆岗位的名称。它们位于所有职位的交叉地带，在它们的现行工资率之间被认为存在恰当的关系

(2) 评估因素对于所有职位而言都至关重要。此处仅选择对完成工作所需的技术知识、工作的复杂性和责任程度加以说明

(3) 职位分析者按照自己对各因素在每个职位中的相对重要性的理解，把现行的工资率按比例分配给各评价因素。当然，分析者的观点必须具有合理性。工资率也会被转换为职位分析中所使用的点数以便评估其他所有的职位

(4) 最终所有的职位将按照等级排序，形成职位等级体系

因素比较法最大的优点表现在一系列通用性的评价项目的广泛应用上。由于确定岗位价值的标准已十分明确，在一个组织里，对所有职位都能运用这一系列通用的或一般的评价项目进行评价，它使所有的工作都能按同一标准进行比较。因素比较法直接把等级转化为货币价值，而点数法只能听从评价委员会的最后判定。

因素比较法的不足和局限：首先，它过多依靠标杆岗位的确定，但针对标杆岗位的选取始终没有一个明确的理论基础。其次，这种方法直接把等级转化为货币价值，而数额的确定倾向于保留现有的支付原则，并且带有个人的倾向，因而带有许多主观因素。

关键概念

薪酬水平　外部竞争力　薪酬领袖政策　市场追随政策　拖后政策　补偿性工资差别　薪酬调查　岗位评价　排序法　归类法　点数法　因素比较法

本章小结

薪酬水平受到企业内部和外部多种因素的影响。首先企业要根据内外部环境确定薪酬外部竞争战略。通过开展薪酬市场调查，合理确定企业薪酬标准。在组织内部则要开展岗位评价，确定组织中各个职位的相对价值差异。本章围绕薪酬水平，阐述了外部竞争性薪酬战略及其影响因素，并重点介绍开展薪酬市场调查和岗位评价的主要方法。

复习思考题

1. 外部竞争薪酬战略有哪些种类?
2. 企业内外部哪些因素如何影响薪酬水平及其政策?
3. 岗位评价有哪些意义和局限?
4. 岗位评价有哪些主要方法?

案例分析

广东北电薪酬管理实例分析

"减薪对公司造成的震动已经完全过去了。"2002年10月10日下午，广东北电通信设备有限公司（以下简称广东北电）人力资源部总监周良文接受本报记者采访时，明媚的阳光使他的办公室显得格外亮堂。2002年7月1日，广东北电共900多名员工中，有200余人被削减薪酬，减幅最高达原薪酬的40%。然而，"最后因此而离职的员工只有三名"。

周良文自豪地说，"我觉得这是一个伟大的创举。我们把减薪对公司员工的震动减低到最小了"。

事实上，就在不久前的8月底，广东北电的最大股东——加拿大北电曾宣布再裁员7 000人，占员工总数的17%。北电正面临困境：全球经济萎靡不振，而通信市场更是处于低潮。但成立于1995年的广东北电从其母系——加拿大北电这个百年老店那里继承了一整套管理的文化和方法，加上中国市场本身的张力，广东北电目前没有裁员，并且上个季度的员工流失率只有约2.06%。经历减薪风波后，"员工不仅没有减少工作的热情，而且他们更努力地工作"。周良文说。

"为了内部公平"

减薪通常不是一件好事。这种手段虽然可以有限地节约成本，但是无法带来更多的利润。一般的情形是：当费用减少时，收入也往往会减少，因此员工必须克服愤怒、恐惧、焦虑、沮丧等各种不利于工作的负面情绪。

尽管公司承认今年的业绩比去年差，周良文强调，减薪不是出于节约成本的需要。"我们确实要节约成本，但主要是通过采购本土化，减薪不是节约成本的主要手段。"他说，减薪是为了实现所谓八字方针："外部竞争，内部公平。"即薪酬在企业外部的行

业市场上要有竞争力，同时公司内部员工之间的薪酬必须体现公平。

有着 13 年人力资源管理经验的周良文在 2002 年 1 月 7 日走马上任，他声称，决定调薪是因为“收到一些员工关于薪酬不公平的投诉。”

周良文在 2 月提出调薪建议并顺利得到了老板詹维坚的支持。周良文形容他的老板是一个“充分授权”的人。

在这次调薪中，所有基层员工都受到了考验。

北电从其多年的合作伙伴——伟世咨询处得到市场薪酬数据，在这个由近百家从事制造业的广东外资企业参与调查的数据库中，北电给自己的定位是在市场薪酬的第 50~75 分位。“这就是我们的 benchmark（标杆）。”

接下来，北电用了 4 个月的时间，做了无数周密的调查、研究和分析，寻找问题的瓶颈，研究调薪方案并评估调薪的影响。这期间，不同层面的沟通工作也频繁进行，大大小小的会议和谈话“吹风”必不可少，员工从中得知自己的价值将被如何衡量。

周良文与各部门总监、HR 经理们、各业务部门高级经理、直线经理分别沟通，达成共识。根据标杆和员工的绩效，HR 提出书面建议，交给部门主管评估并由他们最终拍板确定。减薪涉及的人员被集中起来开会，工会也帮助疏导，说明即使减薪，他们的薪酬在市场上仍然是有竞争力的。最后还要由部门主管面对面地与被减薪的员工单独沟通。“整个沟通过程中会有一些微调。”第一期方案还有降一半薪酬的，后来做了一个较温和的妥协处理。

在这一切工作做完后，7 月 1 日，减薪正式执行。

“我们当初预计震动会持续半个月到一个月，事先跟各个相关部门都通好气了。刚开始投诉的确比较多，慢慢就平静了。人们意识到，如果他的薪酬高于市值许多，他面临的将是被裁员的危险，那可比减薪糟多了。”

做员工的“心理辅导师”

周良文认为，高明的 HR 应该是企业的 business partner（业务伙伴）。

“那些繁碎的行政工作，如招聘、算工资、档案管理、手续办理等，让先进的工具去计算，使 HR 有更多的时间做战略伙伴研究。”HR 最主要的工作是提高企业效率，为企业业务增值。

因此，HR 的其中一项技能是要懂得管理心理学，做员工的“心理辅导师”，帮助他们化解逐渐增加的生活和工作压力。周良文称自己就经常中午在饭堂与员工一同吃饭聊天，甚至不时还到保安室去和他们谈谈。

周新官上任不久，公司的一个普通保安小郭就找上门来了。

不到 30 岁的小郭抱怨说在北电做了四年多，还是临时工，月薪比同等职位的正式工低 50%。他以往投诉多次都没有解决，希望周良文能帮他的忙。周良文耐心地听完了他的抱怨，并没有质问他从何处得知别人的工资水平，而是像一个朋友似的说：“你做了四年多，还是临时工，投诉多次无效，既然觉得那么不满，不开心，觉得这个地方不好，为什么你不走呢？要是换了我，早就走了。”小郭说，他的确到外面找了，但发现外面的待遇跟他目前差不多，而且公司环境和福利还没有广东北电好。他希望在北电争取他的权益。

周良文了解情况后，在全公司废除了临时工的概念，并给小郭提升了工资，但没有小郭想要的那么多。身为人力资源总监的周良文亲自给这个普通的保安做了两次思想工作，告诉他没有升到他所想要的水平有以下几个原因：其一，与他同等职位的人的薪酬在降；其二，可能别人工龄较长；其三，要尊重他主管的意见。如果他觉得还不能接受的话，周说他仍然可以选择离开。“我劝他不要执着于跟同事比，要跟自己过去比，跟市场上的价格比。”

半个多月后，小郭想通了。

“他现在还在公司里，”周良文笑着说，“蛮开心的。”

资料来源：孙莹. 广东北电：大幅降薪极少走人的秘诀. 21世纪经济报道，2002-11-08，第16版

思考题：

1. 广东北电降薪的出发点是什么？
2. 广东北电是怎样成功地实现降薪的？
3. 从广东北电的成功降薪这一案例中，我们可以得到哪些薪酬管理经验？

第 6 章
薪酬结构设计

引导案例

BF 稀土公司的薪酬结构

BF 稀土公司始建于 1961 年，经过半个世纪的建设与发展，已形成完善的稀土产业发展格局，拥有从稀土选矿、冶炼、分离、科研、深加工到应用的完整产业链，是中国乃至世界上最大的稀土产业基地。目前，公司拥有直属厂、全资子公司、绝对控股子公司、相对控股子公司、参股公司等 30 多家单位。

在 21 世纪，通过三次改革，BF 稀土公司薪酬管理形成了以岗位效益工资制为主，以岗位薪酬制、年薪制为辅的收入分配制度。岗位效益工资由保障工资、劳动积累工资、效益工资、业绩工资、绩效考核工资等部分构成，适用群体为一般职工；岗位薪酬由职务工资、劳动积累工资、绩效薪酬构成，适用群体为科职管理人员；年薪薪酬由基本年薪和绩效年薪两部分构成，适用群体为中高层管理人员。

对执行岗位效益工资制的一般职工来说，薪酬差距主要体现在劳动积累工资、效益工资两部分上，其中劳动积累工资部分主要与职工在本单位工作年限有关，以刚入职 1 年的职工与工作年限 30 年的职工为例，工作年限为 1 年的劳动积累工资为 9 元/月，工作年限为 30 年的劳动积累工资为 486 元/月；效益工资是由岗位基点工资乘以岗位系数，岗位基点工资为固定的 500 元，岗位系数主要在 2.5～4.1，薪酬最大差距为 800 元/月。综合上述劳动积累工资、效益工资两部分，一般员工的最大薪酬差距为 1 277 元/月，平均年收入在 6 万元左右。执行岗位薪酬制、年薪制的职工薪酬一般为执行岗位效益工资制职工薪酬的 2～3 倍、3.5～4 倍。

此外，岗位效益工资制、岗位薪酬制、年薪制收入均可分为固定部分工资和浮动部分工资。其中，岗位效益工资制中的浮动部分工资为 1 200 元/月，按平均年收入为 6 万元计算，占总收入比例为 24%；岗位薪酬制的浮动部分工资为 2 000 元/月，按平均年收入为 15 万元计算，占总收入的比例为 16%；年薪制中的浮动部分工资为 5 000 元/月，按平均年收入为 24 万元计算，占总收入的比例为 25%。

资料来源：许立勇，董云芳. BF 稀土公司薪酬管理研究. 企业改革与管理，2015，(23)：53-54

思考题：

1. BF 稀土公司职工之间的薪酬差距是否合理，为什么？
2. BF 稀土公司职工工资的固定部分和浮动部分之间的比例是否合理，为什么？

6.1　薪酬结构的横向设计

6.1.1　薪酬结构的基本内涵

薪酬结构是指同一组织内部不同职位或不同技能薪酬水平的对比关系（排列形式），与不同薪酬形式占薪酬总额的比例关系（薪酬形式组合模式）。它通过薪酬水平等级的数目、不同薪酬水平之间级差的大小、决定薪酬等级和级差的标准及薪酬构成不同部分的比例（薪酬构成形式）等基本要素，反映组织内部不同职位或不同薪酬水平之间的相互关系。

薪酬排列形式，即薪酬的纵向结构；薪酬组合模式，即薪酬的横向结构。薪酬的横向结构是指确定构成外在薪酬的各种薪酬形式，如基本薪酬、激励薪酬、福利津贴等的比例关系，人们一般将这种关系称为薪酬组合（compensation mix）。

6.1.2　外在薪酬与内在薪酬的组合模式

薪酬是个综合性范畴，包括企业员工的全部劳动报酬收入，不仅限于货币收入，而且包括非货币收入。外在薪酬是指员工因受到雇用而获得的各种形式的收入，包括工资或薪水、绩效工资、短期奖励、股票期权等长期奖励、津贴及各种非货币形式的福利、服务和员工保护等。外在薪酬的优点在于比较容易定性及定量分析，在不同个人、工种和组织之间进行也较好操作。但随着工作的弹性化和丰富化，员工对内在报酬的追求也越来越强烈。

内在薪酬是指企业为员工提供较多的学习机会、挑战性工作、职业安全感，员工通过自己努力工作而受到晋升、表扬或受到认可与组织的重视等。内在薪酬的特点是难以进行清晰的定义，不易进行定量分析和比较，没有固定的标准，操作难度较大，需要较高水平的管理艺术。

薪酬构成形式组合，既要考虑外在薪酬与内在薪酬的比例，又要考虑基本薪酬、绩效工资（增薪）、激励工资、津贴、保险福利等薪酬形式各自所占的比例。不同比例组合的薪酬模式具有不同的特点和功效。图6-1提供了分析外在薪酬与内在薪酬不同组合对薪酬战略影响的框架。

在图6-1中，象限Ⅰ是外在薪酬和内在薪酬水平均很高的组合，该组合使员工对组织具有坚定的信任和高度的责任感，甚至以宗教式的虔诚和狂热投入工作，如微软、惠普、丰田等公司；象限Ⅱ是外在薪酬高、内在薪酬低的组合，该组合把金钱关系看做员工与组织之间全部的关系，认为“重金之下必有勇夫”，忽视对员工社会心理需求的满足；象限Ⅲ是外在薪酬和内在薪酬水平均很低的组合，该组合中员工被视为纯粹的商品，对组织缺乏信任和责任感，通常是组织对临时工所采用的薪酬组合方式；象限Ⅳ是外在薪酬低、内在薪酬高的组合，该组合试图形成一种家庭式管理的氛围，调动员工企业主人的自主意识。

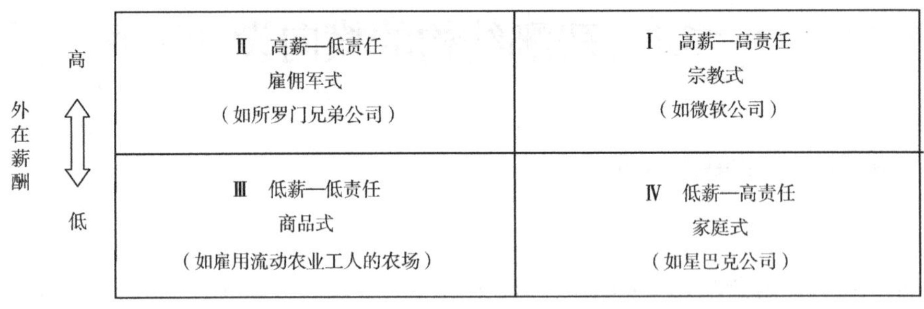

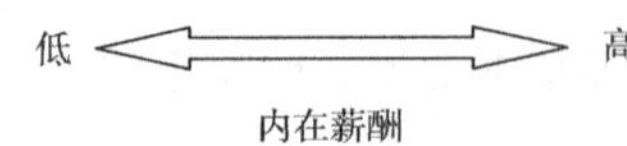

图 6-1 外在薪酬与内在薪酬组合模式矩阵

6.1.3 不同薪酬形式的组合模式

构成外在薪酬的基本薪酬、激励工资、津贴、社会保险福利等各种形式有其不同的特点和独特的功能，但可以从薪酬的差异性和刚性两大维度对各种薪酬形式进行衡量分类。就差异性而言，不同员工之间在激励工资（奖金、红利、股权等）和基本薪酬的水平差异明显高于津贴和保险福利；就刚性而言，基本薪酬和社会保险福利主要属于组织的固定人工成本，缺乏弹性，而激励工资和部分津贴属于变动人工成本，其刚性较低，如图 6-2 所示。

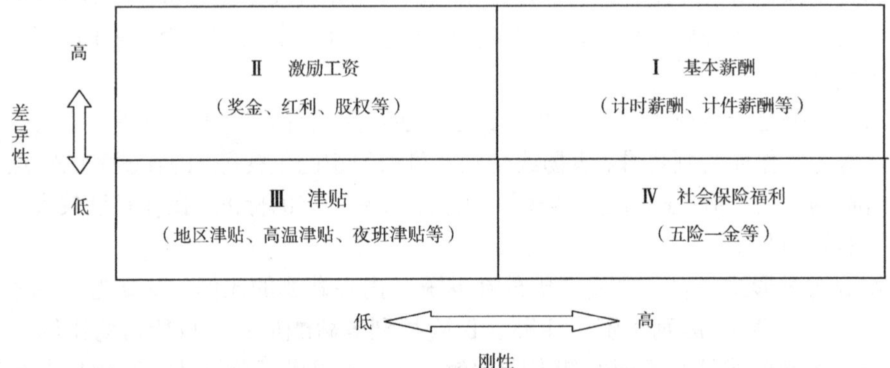

图 6-2 不同薪酬形式的特性矩阵

在图 6-2 中，象限Ⅰ的基本薪酬属于高差异性、高刚性；象限Ⅱ的激励工资属于高差异性、低刚性；象限Ⅲ的津贴属于低差异性、低刚性；象限Ⅳ的社会保险福利总体上属于高刚性、低差异性；根据不同薪酬形式差异性和刚性的区别，按不同比例进行组合就会形成不同的薪酬组合模式。

1. 高弹性模式

该模式偏向于低刚性和高差异性的组合，侧重于短期的业绩激励，奖金、红利等激励工资所占比重较大，基本薪酬常采用计件工资、销售提成等业绩薪酬形式，福利比重较低。其特点是员工薪酬分配主要取决于绩效，短期激励功能强，固定人工成本支出低，但收入波动大，员工对组织缺乏安全感和寄托感，并产生短期行为倾向。

2. 高稳定模式

该模式偏向于高刚性和较高差异性的组合，薪酬分配主要取决于员工资历、能力及经营状况，基本薪酬所占比重大，保险福利水平较高，奖金、红利等激励工资发放差异较小，员工收入与个人绩效的相关性较低且相对稳定。其特点是员工的安全感和对组织的忠诚感较强，员工队伍稳定，但薪酬的激励功能较差，组织承担的固定人工成本较高，已不太符合薪酬管理发展的时代潮流。

3. 平衡型/调和性模式

该模式偏向于保持适度弹性和适度差异性，薪酬分配中注重员工业绩、个人资历能力和组织的经营状况的有机统一。组织根据自己的组织目标、经营战略、工作流程特点和经济效益，合理确定薪酬构成形式中基本薪酬、激励工资、保险福利和津贴的组合比例，在激励工资中，把长期激励形式（股权、期权）与短期激励形式（奖金）结合起来，既有较强的激励功能，又有相对的稳定性；使员工既有安全感，又能从自身利益出发关注工作业绩和组织的长远发展，是一种较为理想的薪酬模式。但该模式保持适度弹性和适度差异性的“度”较难把握，对薪酬设计的要求很高。

讨论与思考 6-1

薪酬模式的变化

企业的薪酬体系一方面体现了企业战略和核心价值观对人力资源，尤其是激励机制的要求；另一方面又不能脱离企业所在行业的特点与企业的生命周期。

企业所在行业的特点主要表现为企业所在行业的技术特点和竞争态势。处于不同生命周期的企业（或者企业处于不同的生命周期）具有不同的特点，因此需要不同的薪酬体系适应其战略条件。

讨论与思考：根据联想集团的行业特点和发展阶段，试分析它在不同的阶段应采取的薪酬模式。

6.1.4　薪酬内部结构的三分法

为了突出薪酬设计的基本理念，将各种薪酬项目纳入一个统一体系，薪酬可分为固定薪酬（基本工资）、与业绩联系的浮动工资（短期与长期联系）、各种福利三大块。薪酬结构中固定部分体现薪酬的保障因素，而浮动部分体现激励因素。

薪酬结构总体趋势是固定部分在整个薪酬中比例逐渐下降，与业绩联系的动态部分上升。这一是因为市场竞争日益激烈，企业越来越强调业绩；二是企业支付的很多

保险都与基本工资总额挂钩，因此降低固定薪酬部分能够在一定程度上降低企业的薪酬成本。

薪酬结构中固定与浮动部分（管理人员业绩考核周期比一般员工更长，所以也被称为长期激励）比例如何确定？不同职务序列和不同层级的职务内部固定与浮动比例会有所差异。具体比例需要根据企业所处发展阶段、在同行业中相对实力排名、人力市场供求状况等因素决定，表 6-1 列出了三种典型的薪酬内部结构的主要相关因素。

表 6-1　三种典型薪酬内部结构

主要相关因素	高弹性薪酬模型	高稳定性薪酬模型	调和性薪酬模型
基本的固定薪酬	低	高	中间水平
业绩相关的浮动薪酬	高	低	中间水平
薪酬总量	高	通常偏低	中间水平
员工感受	员工收入波动往往很大，安全感容易偏低，工作压力大	员工收入波动往往很小，安全感强，工作压力不大	员工收入比较稳定，安全感中间水平，工作压力适度
业绩	通常较佳但往往不稳定	业绩与薪酬不直接挂钩，往往不佳	较佳且较稳定

由于市场竞争逐渐激烈，因此采用高弹性薪酬的企业越来越多。

6.2　薪酬结构的纵向设计

狭义的薪酬结构（compensation structure）是指在同一组织内部不同职位或技能之间的薪酬水平的排列形式，主要是一种纵向的等级关系，包括薪酬等级的数目、薪酬级差、等级区间及级差决定标准等。

一般来说，薪酬结构的构成要素有薪酬等级、薪酬区间和相邻两个薪酬等级之间的交叉与重叠关系。

6.2.1　薪酬结构的基本政策

1. 与组织结构相匹配的薪酬结构类型

与组织结构相匹配的薪酬结构有三种基本类型，即平等式结构、等级式结构、网络式结构，如表 6-2 所示。

（1）平等式结构的主要特征：薪酬等级数目较少，相邻等级之间及最高与最低薪酬之间的差距较小。平等式薪酬结构有利于提高大部分员工的满意度，促进团队合作，但是员工薪酬之间的差距过小也会削弱员工的竞争意识，在一定程度上阻碍个人绩效的提高。

（2）等级式结构的主要特征：薪酬等级数目较多，相邻等级之间及最高与最低薪酬之间的差距较大。等级式薪酬结构通常需要一些管理制度的配合。例如，每个等级的职位或工作需要有详细的界定和描述，每个人的职责和分工必须明确，频繁的职位晋升，以及注意从薪酬和晋升两个方面激励员工等，但它往往不适合团队合作形式。

（3）网络式结构的主要特征：薪酬等级结构和薪酬等级标准多以市场变动为依据，同时比较关注跨组织之间的人员和能力组合。

表 6-2　组织结构与薪酬结构类型选择

组织结构类型	成熟的等级型组织结构	不稳定的平行型组织结构	网络型组织结构
薪酬结构类型	多种职位等级且经常相互重叠；设定薪酬额度，上下波动范围一般为 35%～50%	职位等级少，重视市场薪酬水平，参考个人技术与竞争潜能；薪酬浮动额度在 200%左右，互相重叠度少	薪酬水平由市场决定；个人能力、贡献与业绩是重要的参考指标

2. 薪酬结构设计的基本原则

（1）贯彻内部一致性原则。内部一致性，也称为内部公平性，是指薪酬结构与组织层次、职位设计之间形成的对等、协调关系。具体而言，在职位薪酬结构的设计中，需要贯彻与职位价值相一致的原则；在技能薪酬结构的设计中，需要贯彻与员工能力价值相一致的原则。

（2）兼顾外部竞争性的原则。在薪酬管理中，市场工资的变化主要影响企业的薪酬水平，进而影响企业薪酬结构的变化。传统的薪酬结构主要体现内部一致性，但随着企业间人才竞争的激烈，外部竞争性原则日益成为薪酬结构设计所遵循的主要原则之一。

（3）动态调整性的原则。薪酬结构只是反映特定时期的一种薪酬关系，这种关系不是一成不变的。受企业外部环境和内部条件变化的影响，不同职位或技能对创造企业价值的贡献会发生相应的变化。因此，需要定期诊断和调整企业的薪酬结构，调整的依据是职位价值和员工能力对企业贡献大小的变化。

（4）按工作流程支付的原则。当工作任务和流程强调团队合作时，团队中所有成员的薪酬应该尽量缩小差距，以避免破坏合作及因薪酬不公平而产生的矛盾；当工作流程允许围绕个人任务组织时，可适度拉大个人间的薪酬差距，并以此作为激励员工绩效的方式。

（5）与组织目标相符的原则。薪酬结构的设计要有助于员工清楚地了解他们的工作与组织之间的关系，促使员工的行为与组织目标相一致。例如，如果组织面临的挑战是让员工重视客户、做产生附加值的工作、提高工作效率、加快市场反应能力等，那么薪酬结构就应该保持对这些要素的倾斜。

3. 薪酬结构设计的基本步骤

薪酬结构设计的基本步骤如下。

（1）薪酬政策线的制定。薪酬政策线是指薪酬中值点所形成的趋势线，它的主要作用是确定企业薪酬的总体趋势。

（2）薪酬等级的确定。其包括一个薪酬结构内部划分多少等级、最高等级与最低等级之间的薪酬差、相邻薪酬等级的级差等。

（3）薪酬等级范围的确定。依照每个薪酬中值确定最高值、最低值和不同等级的薪酬标准交叉或重叠。

（4）薪酬结构的调整。根据企业管理的其他特殊要求对薪酬结构进行局部和定期的调整。

6.2.2 薪酬政策线

1. 薪酬政策线的内涵

在薪酬结构的设计中，薪酬政策线是企业薪酬结构形态的集中体现，它是由每个薪酬等级的中值所构成的一条曲线。在特定情况下，薪酬政策线也可以看做公司认可的市场基准水平线。

对大多数公司而言，基准职位定价法是常用的薪酬结构设计法，它在薪酬结构设计中同时考虑了内部一致性和外部竞争性原则。在利用基准职位定价法绘制薪酬政策线时，薪酬设计人员需要将每个职位的内部等级或评价分数（点数）与该职位的市场薪酬水平画在一幅坐标图上，通过分析来协调它们之间的差异，这样绘制成的曲线即为薪酬政策线。

2. 薪酬水平策略的选择

薪酬的水平策略是指制定相对于当地市场薪酬行情和竞争对手薪酬水平的组织自身薪酬水平策略。供组织选择的薪酬水平策略主要有市场领先型、市场跟随型和市场滞后型等几种。

1）市场领先型策略

采用市场领先型策略的组织，薪酬水平在同行业的竞争对手中处于领先地位。市场领先型薪酬策略一般基于以下几点考虑：市场处于扩张期，有很多的市场机会和成长空间，对高素质人才需求迫切；组织自身处于高速成长期，薪酬的支付能力比较强，在同行业的市场中处于领导地位；等等。

市场领先型策略的最大优点是能吸引和留住优秀员工，提高员工素质和出勤率，减少员工的不满情绪。其缺点在于组织的人工成本很高。

2）市场跟随型策略

市场跟随型策略是组织应用最广泛的策略。采用这种策略的组织，一般是先确定自己的标杆组织（竞争对手），薪酬水平与标杆组织类似。采用市场跟随型策略是基于以下考虑：薪酬水平低于竞争对手，会限制组织吸引员工的能力，引起员工不满和难以留住优秀人才。其优点在于可使组织的人工成本和吸引、稳定员工的能力与竞争对手相仿，避免在竞争中处于劣势。其缺点在于不能在市场竞争中处于优势地位。

3）市场滞后型策略

采用市场滞后型策略的组织在制定薪酬水平策略时不考虑市场和竞争对手的薪酬水平，只考虑较多地节约组织生产、经营和管理的成本。采用这种薪酬水平的组织一般实行成本领先策略，薪酬水平比较低。该策略的优点是有利于实现成本控制目标，提高产品价格竞争力等。其缺点是通常在招聘时较为困难，并可能支付更多的员工培训费用。

3. 薪酬政策线的调整

制定薪酬政策线之后，需要根据薪酬水平政策对其进行调整。假如某企业采取市场领先型策略，它在绘制薪酬政策线时需要将相应职位的薪酬水平定位在第 50 个百分位以上；如果采取市场滞后型策略，则应将市场水平定位在第 50 个百分位以下；市场跟随型薪酬策略则保持在第 50 个百分位位置不变。

上述薪酬政策线的调整思路中不可忽视时间因素，因为在一段时间内不同职位的市场薪酬水平会有一定程度的浮动，因此，薪酬政策线的调整是在薪酬政策执行过程中实现的。例如，假设所有职位的薪酬水平政策都发生变化，并且预期平均薪酬水平在下一年度将提高 5%，那么不同企业需要根据其薪酬水平策略进行调整，如图 6-3 所示。

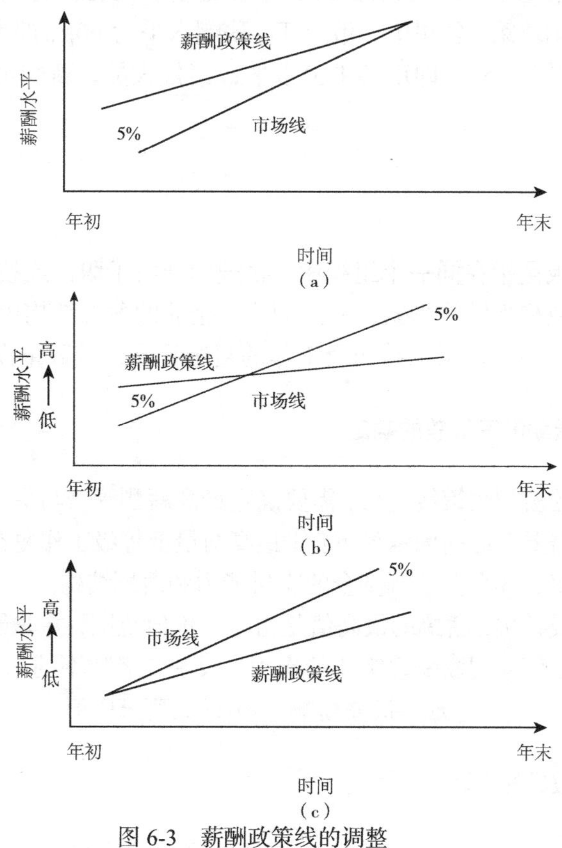

图 6-3　薪酬政策线的调整

1）市场领先型策略的调整

采用市场领先型策略的企业，在年初可以将薪酬政策线定位在高于市场线 5%的位置上，这样在年末，企业的薪酬水平就可以与市场水平持平，如图 6-3（a）所示。

2）市场跟随型策略的调整

采用市场跟随型策略的企业，在年初可以将薪酬政策线定位在高于市场线 5%的位置上，而在随后一年的时间里逐步降低，到年末企业的薪酬政策线已经低于市场线的 5%，而整个年度企业薪酬水平是与市场水平持平的，如图 6-3（b）所示。

3）市场滞后型策略的调整

采用市场滞后型策略的企业，在年初可以将薪酬政策线定位于市场线的位置，这样在年末，企业的薪酬政策线已经低于市场线的 5%，如图 6-3（c）所示。

制定薪酬政策时常用的专业术语是 25p、50p、75p。假如有 100 家公司（或职位）参与薪酬调查，薪酬水平按照由低到高排名，它们分别代表第 25 位（低位置）、第 50 位（中位置）、第 75 位（高位置）。例如，摩托罗拉（中国）公司这样一个采用 75p 薪酬政策的公司，需要雄厚的财力、完善的管理、过硬的产品支撑，因为薪酬具有刚性，降薪几乎不可能，一旦企业的市场前景不妙，留住人才十分困难。不同的企业有不同的薪酬政策。尤其是销售人员的薪酬政策，差异尤其大，且与企业中其他职位的薪酬政策也不同。以天津 TCL 电器销售有限公司为例，销售人员与其他员工有着不同的薪酬政策。公司中一般员工，薪酬水平为 60p，即市场平均水平略偏上；核心干部薪酬水平为 75p，即市场中上水平；销售人员，薪酬水平为 80p，即市场较高水平。

6.2.3 薪酬等级

企业薪酬等级是指在同一个组织中，薪酬标准由于职位或技能等级的不同而形成的一种序列关系或梯次结构形式。一般而言，企业的薪酬结构由多少等级构成主要取决于企业的规模、性质、组织结构及工作的复杂程度，其数量没有绝对的标准。

1. 最高与最低薪酬等级差的确定

在制定企业的薪酬政策线之后，需要确定最高薪酬等级与最低薪酬等级的比率，在确定这一比率时需要考虑的因素如下：①最高与最低等级工作复杂程度的差别；②政府规定的最低工资率；③企业薪酬基金的支付能力和薪酬结构。

在薪酬结构设计中，薪酬的最高值是指一个价值范围，并非最高点，所以通常使用最高中值与最低中值体现薪酬政策线的作用。反映二者比率的 $r_{h\text{-}1}$ 的计算公式为

$$r_{h\text{-}1}=\text{最高薪酬中值}/\text{最低薪酬中值}$$

2. 薪酬等级数目的设计

薪酬等级数目（pay grades number）是指企业的薪酬结构由多少等级构成。一个等

级包含价值相同或相似的若干职位，薪酬等级的数目应该适中。在价值最大的职位和价值最小的职位之间点数差异既定的情况下，一方面，若划分的薪酬等级太少，那些在工作热情、责任和工作环境上差别很大的员工被支付相同的薪酬标准，就会损害薪酬政策的内部公平性。另一方面，若划分的薪酬等级太多，那些在本质上没有明显差别的工作就会得到不同的报酬，同样会损害薪酬政策的内部公平性。

1）影响薪酬等级数目设计的因素

（1）企业的规模、性质及组织结构。薪酬等级决定于岗位和职位等级。规模大、性质复杂及纵向等级结构鲜明的企业，薪酬等级多；反之，规模小、性质简单、扁平型的企业，薪酬等级少。

（2）工作的复杂程度。薪酬等级结构要能覆盖组织内的全部职位、岗位和工种。在确定薪酬等级数目时，要考虑同一职位族内或不同职位间工作复杂程度的差别，如劳动复杂程度高、差别大的职位族，设置的薪酬等级数目多；反之，则少。

（3）薪酬级差。在一定的薪酬基金总额下，薪酬等级数目与薪酬级差呈反方向关系。一般情况是级差大，薪酬等级数目则少；级差小，薪酬等级数目则多。

（4）企业文化。主要考察企业是否有能够接受较大的收入差别的企业文化。

（5）薪酬管理上的便利。为了管理上更加方便，薪酬等级越少越好。

2）薪酬等级数目的设计要点

在薪酬等级数目的设计上，需注意以下几点。

（1）一般企业的薪酬等级多在 7 ~ 10 级，同一岗位等级中多使用多薪酬率，即由多薪阶构成。

（2）不同薪酬等级的薪酬浮动范围有部分交叉，即下一等级的高位薪酬可以超过上一等级的低位薪酬。

（3）目前的趋势主要是薪酬等级数目减少，每个等级之间的薪酬幅度拉大，同一薪酬等级内的薪酬差距拉大，即出现薪酬等级结构的宽带化趋势。这种变革最初是为了缓解员工的资历和晋升之间的矛盾，后来主要是为了适应组织扁平化和打破职位等级观念，将薪酬管理与员工的非物质激励更加密切地结合起来。

与使用很少薪酬等级的方法相反，使用较多数目的薪酬等级方法应考虑的问题及使用该方法所导致的结果有以下几点。

（1）组织中是否只有一个薪酬结构，它是否包含了从低到高的所有职位？

（2）在薪酬等级中值之间设定一个很小的差异是否可取？如果是，并且组织用的是一个薪酬结构，那么该薪酬结构包含 50~75P 工资等级是正常现象。如果薪酬等级间设定的差异太小，将一个职位错误地放高两级或低两级的位置上几乎觉察不到。较多的薪酬等级也使评估结果不同的职位被分到不同的等级上的概率增大。如果薪酬等级数目过大，相邻两个薪酬等级的交叉重叠部分也将很大。

（3）薪酬等级的范围越大，就越容易对在相同职位上或类似职位上工作而表现不同的员工支付不同的工资率。

讨论与思考 6-2

如何有效控制起薪?

对新进员工应该从薪资范围的哪一点或哪一薪酬等级开始支付薪水，是企业所关心的一个问题。有公司认为新进人员应该从薪距内的最低一级开始，而有些公司则从薪距的中点，甚至是中点以上开始给予较有经验的新进人员支付其薪水。

还有种情况，当劳动力市场供不应求、企业急需人才时，也可能会用较高薪酬等级起薪。但是这种做法很可能会使新员工的工资高于老员工工资，而导致老员工的不满。

讨论与思考：对于新进员工的起薪，你有何具体的个人见解呢?

3. 薪酬等级级差的设计

薪酬等级级差，是指薪酬等级中相邻两个等级薪酬中值之间的比率，它反映了不同等级职位由于价值差异、工作复杂程度差异等对应的不同薪酬。薪酬等级级差可以用绝对额、级差百分比或薪酬等级系数等指标表示。

1）影响薪酬等级级差设计的因素

设计薪酬等级级差时，需要综合考虑以下因素。

（1）薪酬等级级差越小，某个职位被赋予特定薪酬率的可能性就越大。因为薪酬等级范围将工作评价结果相近的工作划分为一个等级，通常 3%的级差率会划分出 50 个等级数目，而 20%的级差率只有 5～6 个等级数目。50 个等级的薪酬结构会使每个职位在其对应的等级内部仅有很小的调整空间，而 6 个等级的结构则赋予每个职位在其对应的等级内部有较大的调整空间。

（2）薪酬等级级差越大，则需要企业拥有越多数目的薪酬结构，以适应不同职位群体或技能群体的要求。

（3）薪酬等级级差越大，则越有利于衡量员工在不同工作之间的薪酬差距，从而有利于其自身的职业路径选择。

2）薪酬等级级差的设计要点

薪酬等级级差设计的重要指标是级差百分比，其值等于两等级薪酬中值差额除以下一等级的薪酬中值，并用百分比表示。例如，第三个薪酬等级的薪酬中值为 4 000 元，第四个薪酬等级的薪酬中值为 5 000 元，那么第四等级与第三等级之间的级差百分比为 25%。

薪酬等级系数是指某等级薪酬标准和最低等级薪酬标准之比。薪酬等级系数是确定和表示薪酬等级级差的重要方法，它说明某等级薪酬标准与最低等级薪酬标准的倍数关系。薪酬等级系数可以是等比例的，也可以是不等比例的。企业在设计薪酬等级级差时一般很少采用等级级差百分比递减的方式，因为越是高层的员工，对企业创造价值的能力差距就越大。薪酬等级之间的级差百分比可采取以下四种方式。

（1）等比级差方式，即各等级薪酬之间按同一百分比逐级递增。该方式的级差绝对额逐级扩大，激励效用显著，也便于人工成本核算和工资基金预测，应用最为普遍，见表 6-3。

表 6-3　等比系数的薪酬级差百分比

薪酬等级	一	二	三	四	五	六	七	八
薪酬等级系数	1.000	1.200	1.440	1.728	2.074	2.489	2.987	3.584
级差百分比/%	—	20	20	20	20	20	20	20

（2）累进级差方式，即各等级薪酬之间以累进的百分比逐级递增。该方式的薪酬级差绝对额相差悬殊，薪酬差距大，刺激性极强，适用于需要强化个人能力的单位或岗位。

（3）累退级差方式，即各等级薪酬之间以累退的百分比逐级递增。该方式既可以使薪酬级差绝对额随等级上升而逐渐缩小，也可使各等级之间薪酬差额保持相等，主要取决于各等级的级差百分比，适用于劳动强度大而技术差别小，且升级间隔又短的情况。

（4）不规则级差方式，即各等级薪酬之间逐级递增的百分比没有统一的规则，有时综合采用等比、累进、累退三种方式。该方式可以灵活地控制薪酬级差绝对额，使薪酬等级逐级稳步提高，但级与级之间差别不会太大，见表 6-4。

表 6-4　不规则系数的薪酬级差百分比

薪酬等级	一	二	三	四	五	六	七	八
薪酬等级系数	1.000	1.100	1.232	1.417	1.700	1.989	2.307	2.630
级差百分比/%	—	10	12	15	20	17	16	14

确定薪酬等级系数后，只要确定了最低等级薪酬标准，就可以计算出各等级的薪酬标准，即

某等级薪酬标准=最低等级标准 × 该等级的等级系数

6.2.4　薪酬区间设计

薪酬区间也被称为薪酬变动范围、薪酬等级幅度等，它实际上是指在某一薪酬等级内部允许薪酬变动的最大幅度。它用以说明在同一薪酬等级内部，最低薪酬和最高薪酬之间的绝对差距的问题，如图 6-4 所示。

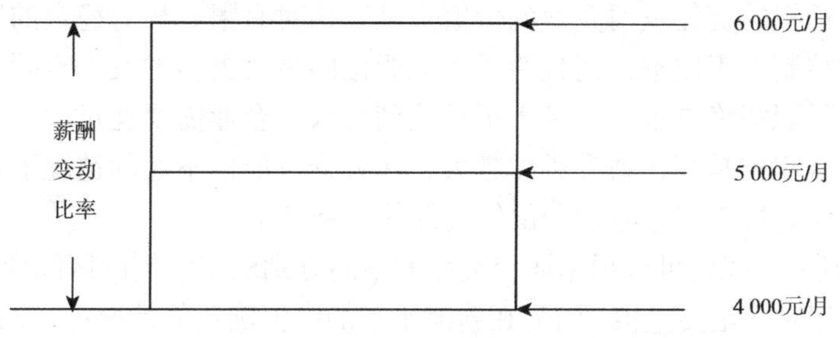

图 6-4　薪酬区间及其变动比率

1. 区间变动比率

1）区间变动比率的基本内涵

区间变动比率又称为薪酬变动比率，是指同一薪酬等级内部的最高值和最低值之差与最低值的比率，是用以衡量薪酬区间的指标。薪酬变动比率用公式表达，即

$$区间变动比率=\frac{最高值-最低值}{最低值}\times100\%$$

在图 6-4 的例子中，最高薪酬值为 6 000 元/月，最低薪酬值为 4 000 元/月，薪酬变动比率为 50%。

通常，薪酬区间的最高值与最低值是根据薪酬中值确定的，这样就需要使用另一种方法计算薪酬区间变动比率，即以中值为基础来计算，计算公式为

$$区间变动比率=\frac{最高值-最低值}{薪酬中值}\times100\%$$

$$上半部分区间变动比率=\frac{最高值-薪酬中值}{薪酬中值}\times100\%$$

$$下半部分区间变动比率=\frac{薪酬中值-最低值}{薪酬中值}\times100\%$$

在图 6-4 的例子中，按照以中值为基础的薪酬变动比率计算值为 40%，上、下部分薪酬变动比率均为 20%。一般情况下，薪酬变动比率保持在 20%～50%，上、下部分的区间变动比率在 10%～25%。随着宽带薪酬结构的引入，上、下部分的比率在 30%～50%也已经成为很普及的做法。

2）区间变动比率的设计

通常情况下，企业在进行薪酬结构决策时，可能会根据不同的情况分别确定不同薪酬等级的薪酬变动比率。薪酬变动比率的大小取决于特定职位所需的技能水平等综合因素，所需技能水平较低的职位所在的薪酬等级变动比率较小，而所需技能水平较高的职位所在的薪酬等级变动比率较大。其原因如下：较低的职位所要求的任职者的技能、经验、承担的责任及对企业的价值贡献等相对有限，相对稳定的区间变动比率有利于管理和控制人工成本，而且给予较低职位的员工更多的发展空间；而对于较高职位而言，其任职资格要求高，员工很难达到要求，企业需要通过较大的薪酬变动认可其进步，而且职位越高，晋升难度越大，在晋升可能性不大的情况下企业可以利用薪酬的不断增长对员工实施激励和留住资深的优秀员工。

如表 6-5 所示，我们可以根据职位类型的不同分别确定它们的区间变动比率。在确定薪酬变动比率时一定要谨慎，因为在薪酬水平的中值确定的情况下，薪酬变动比率的改变会在很大程度上改变某一薪酬等级区间的最高值和最低值。此外，薪酬变动比率的确定还应当考虑市场上不同类职位的最低薪酬水平和最高薪酬水平的实际情况。

表 6-5　不同职位类型及其薪酬变动比率

薪酬变动比率	职位类型
20% ~ 25%	生产、维修、服务等职位
30% ~ 40%	办公室文员、技术工人、专家助理
40% ~ 50%	专家、中层管理人员
50%以上	高层管理人员、高级专家

资料来源：刘昕. 薪酬管理. 北京：中国人民大学出版社，2002：174

2. 薪酬区间的中值

薪酬区间的中值是薪酬结构管理中的一个非常重要的因素，它通常代表了该薪酬等级中的职位在外部劳动力市场上的平均薪酬水平。

1）薪酬区间中值增幅的确定

在一个薪酬结构中，决定工资差别的一个基本的设计指标是中值与中值之间的差距，中值与中值的比率是相邻两个工资等级中值的增长百分比。这一比率的范围低至 3%，高至 20%（通常情况下，中值变化较小的情况存在于工资水平较低的职位工资结构中；而中值变化较大的情况出现于高级经理层的工资结构中）。

在确定中值数额时，应该主要考虑以下几点：①中值之间的差距越小，工资等级就越多。3%的差额可能会有 50 个工资等级，而 20%的差额可能只有 5~6 个工资等级。②工资等级的个数越多，就越有可能针对差异很小的职位支付不同的工资率。③中值之间的差距越大，就越容易使在职者感到不同职位之间的价值差。④中值之间的差距过小可能会迫使一个组织建立不止一个工资结构。

2）薪酬区间中值的设定

最能影响中值大小的因素可能是某职位的现行市场工资率，中值也可能来自内部数据，这一数据是人们通常认为的该职位标准工资率。一旦一个最低等级（或接近一个最低等级）的中值设定了，那么其相邻等级的中值就可能通过乘以（如上一级）或除以（下一级）某一特定的数值来确定。

在薪酬结构的设计中，除了考虑每个职位等级本身的价值之外，还需要考虑任职者的素质因素。一般的处理原则是，职位的价值可通过其对应的薪酬等级的中值点确定，而任职者个人能力的价值则体现在每个等级内部的薪阶中。这样形成以“级”来体现职位价值、以“阶”来体现个人价值的薪酬结构。薪酬结构就像一座高楼，每一层是一个“等级”，简称“级”（grade），而每层的每一个台阶就是一个“阶”（step），员工如果想越级，则需通过职位变动；如果想越阶，则需要提高职位胜任力。

与薪酬中值相对应的一个概念是“相对比率”（compa-ratio），它通常用来表示员工实际获得的基本薪酬与相应薪酬等级的中值或者是中值与市场平均薪酬水平之间的关系。相对比率这一概念既可以运用于员工个人、员工群体，也可以运用于整个组织。表 6-6 显示了同一种职位和市场平均薪酬水平的相对比率。

表 6-6　不同薪酬变动比率设计对薪酬差距的影响

项目	公司内部				其他公司
	员工 A	员工 B	员工 C	平均	
基本薪酬/元	2 000	2 200	2 400	2 200	2 150
中值/元	2 200	2 200	2 200	2 200	2 200（市场平均水平）
相对比率/% （实际基本薪酬/中值）	91	100	109	100	98

3. 薪酬区间的渗透度

薪酬区间的渗透度（range penetration）计算的是员工实际基本薪酬与区间的实际跨度，即最高值与最低值之差之间的关系，它也是对同一薪酬区间内部的员工薪酬水平进行分析时所使用的一个概念。其公式表达为

$$薪酬区间渗透度=\frac{实际所得基本薪酬-区间最低值}{区间最高值-区间最低值}\times 100\%$$

薪酬区间的渗透度反映了某一特定的员工在其所在薪酬区间中的相对地位，如果把某一薪酬等级的整个薪酬区间看做一个大水池，那么薪酬区间的渗透度所反映的就是显示某一特定员工薪酬水平的一种相对水位。

将薪酬相对比率和薪酬区间的渗透度结合起来考察，可以分析出某一特定员工的长期薪酬变化趋势。

4. 薪酬区间内部结构的设计

1）不同薪酬区间的内部结构特征

薪酬区间内部结构也可分为两种设计类型。

（1）开放的薪酬范围（open pay ranges）。它主要限定薪酬等级范围的最低值、中值和最高值，使员工的薪酬水平可以处于等级范围中的任何位置。开放的薪酬范围与成就工资相联系，目的是奖励员工更高的业绩，其设计的原理与成就工资相类似。

（2）阶梯的薪酬范围（step pay ranges）。它限定了一系列的薪阶（step），薪阶之间相隔一个具体的距离，距离的设计与薪酬等级中值设计的原理相仿。

2）晋阶的标准设计

如果员工的职位没有发生变动，那么员工的薪酬水平将在一个薪酬等级内部由最低值沿着薪阶升到最高值。晋阶的依据和标准通常有三个，即业绩、技能和资历。

（1）成就工资下，员工的薪酬水平随着年度绩效考核的结果逐步提高，或者企业直接根据绩效考核结果计算薪酬范围允许的员工薪酬水平。

（2）技能或资历工资下，随着员工技能水平的提高或工作时间的延长，企业认为员工越来越胜任该项工作，因此，其薪酬水平也会逐步得到提高。

（3）综合考虑下，在中值点以下的部分体现了员工能否胜任该项工作，通常以技能和资历作为晋阶的标准；中值点以上的部分体现了员工在该职位上的超常表现和能力，多以绩效形式作为晋阶的标准。

6.2.5　同一组织相邻薪酬等级之间的交叉与重叠的设计

1. 薪酬区间关系的基本类型

在同一薪酬结构体系中，相邻薪酬等级之间的薪酬区间可以设计为有交叉重叠和无交叉重叠两种。无交叉重叠的设计通常分为衔接式（上一薪酬等级的薪酬区间下限与下一薪酬等级的薪酬区间上限持平）和非衔接式（上一薪酬等级的薪酬区间下限高于下一薪酬等级的薪酬区间的上限）两种，如图 6-5 所示。

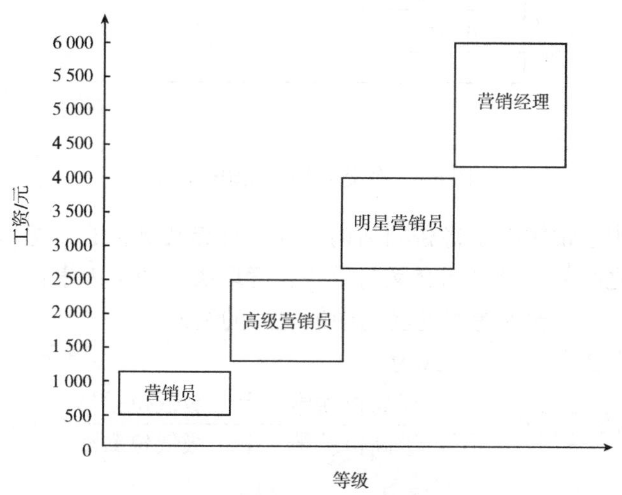

图 6-5　无交叉重叠的薪酬结构

例如：

营销员工资：500 ~ 1 200 元；

高级营销员工资：1 200 ~ 2 500 元（或 1 300 ~ 2 500 元）；

明星营销员工资：2 500 ~ 4 000 元（或 2 600 ~ 4 000 元）；

营销经理工资：4 000 ~ 6 000 元（或 4 100 ~ 6 000 元）。

有交叉重叠是指除了最高薪酬等级的区间最高值和最低薪酬等级的区间最低值之外，其余各相邻薪酬等级的最高值和最低值之间往往有一段交叉和重叠的区域，如图 6-6 所示。

例如：

营销员工资：500 ~ 1 800 元；

高级营销员工资：1 200 ~ 3 000 元；

明星营销员工资：2 600 ~ 4 500 元；

营销经理工资：4 000 ~ 8 000 元。

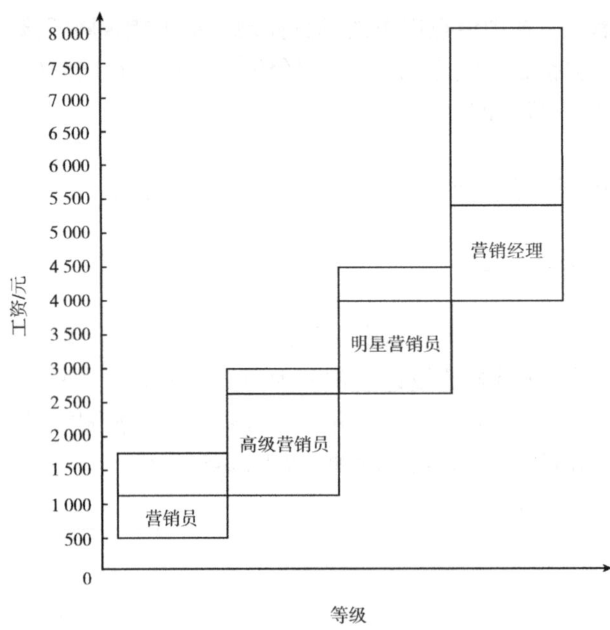

图 6-6　有交叉重叠的薪酬结构

企业在实践中通常倾向于将薪酬结构设计成有交叉重叠的，尤其是对中层以下的职位。薪酬等级之间的薪酬区间交叉与重叠程度取决于两个因素：一是薪酬等级内部的区间变动比率；二是薪酬等级的区间中值之间的级差。

薪酬等级的重叠度的计算公式为

$$薪酬重叠度=\frac{下一级高位薪酬-上一级低位薪酬}{下一级高位薪酬-下一级低位薪酬}\times 100\%$$

2. 薪酬区间重叠度的设计

相邻薪酬等级的区间存在适当交叉和重叠的做法，一方面可以避免晋升机会不足而出现的未被晋升者的薪酬增长局限；另一方面为被晋升者提供了更大的薪酬增长区间而对被晋升者提供了奖励。其设计原理是：在下一个薪酬等级上技能较强、绩效较高的员工对企业的价值贡献比在上一个等级上新晋级员工的贡献更大；而且，薪酬区间的重叠还有利于人工成本的控制。

然而，重叠的区域也不应该太大，如果薪酬区间重叠度过大，会出现薪酬压缩（compensation compress）现象，即不同职位或技能之间的薪酬差异太小，不足以反映它们之间的价值差别。具体表现：当在某一等级上已获得最高薪酬值的员工晋升到上一薪酬等级之后，发现薪酬水平没有提高多少，甚至降低。这样做的结果会导致晋升效能减弱。因此，一些专家认为薪酬区间的重叠度一般不宜超过 50%，即较低薪酬等级的薪酬范围的最高值低于相邻最高薪酬等级范围的中值。

讨论与思考 6-3

薪资是否应该保密？

有个从海外归来的博士在一家公司工作，他认为自己薪水不错，老板也器重自己，因此工作比较愉快。有一天，博士和老板的司机一起出去办事，在回公司途中博士和司机聊天，询问他每月拿多少薪水。司机如实回答自己月薪 4 000 元。博士听了之后，心里好像上了一层霜。因为老板给他的价位竟然跟司机一模一样，博士的工作情绪受到很大影响。老板得知博士因为薪酬问题影响业绩波动后也非常吃惊，因为博士在进入公司的时候很愉快地接受了他所开出的价位，并没有提出不同的意见。

讨论与思考：对于员工的薪资是否应该保密，你有何个人见解？试从公司和员工的角度综合加以考虑。

资料来源：张岳. 让每一份薪酬都创造价值. 北京：中国经济出版社，2005：208

6.3 宽带型薪酬结构设计

6.3.1 宽带型薪酬结构的含义

1. 宽带型薪酬结构的引入

著名管理学家劳伦斯·彼得在其 1969 年出版的《彼得原理》一书中，曾经发出这样的警告，在企业和其他各种组织中都普遍存在一种将员工晋升到一个他所不能胜任的职位的总体倾向，即一旦员工在低一级职位上干得很好，企业就将其提升到较高一级的职位，直到将员工提升到一个他所不能胜任的职位后，企业才会停止对这位员工的晋升。结果，本来这个人在低一级的职位，他可能是非常优秀的员工，但是他现在不得不待在一个他不能胜任、但级别较高的职位上，并且要在这个职位上一直耗到退休。这种状况对于员工和企业双方无疑都没有好处，员工不能胜任工作，也找不到工作的乐趣，无法实现自身的价值，在有较大绩效压力的情况下往往会表现失常，或是心情郁闷，甚至有些人会由于被晋升而离开企业。对企业来说，员工被不恰当地晋升到一个不能胜任的职位，一方面使员工得到了一个蹩脚的新的管理者；另一方面，企业失去了一个能够胜任较低一级职位的优秀员工，企业也是这种不恰当晋升的受害者。然而，遗憾的是，传统的薪酬制度对优秀员工进行奖励的晋升哲学使这种状况在实际生活中屡见不鲜。

为了克服传统薪酬结构的弊端，一种全新的薪酬管理模式——宽带型薪酬结构便应运而生。

2. 宽带型薪酬结构的概念

所谓宽带型薪酬结构或薪酬宽带（broadbanding），是指对多个薪酬等级及薪酬变动范围进行重新组合，从而变成只有相当少数的薪酬等级及相应的较宽薪酬变动范围。一般来说，每个薪酬等级的最高值与最低值之间的区间变动比率要达到100%或100%以上。一种典型的宽带型薪酬结构可能只有不超过4个等级的薪酬级别，每个薪酬等级的最高值与最低值区间变动比率则可能达到200%~300%。而在传统薪酬结构中，这种薪酬区间的变动比率通常只有40%~50%。

宽带型薪酬结构就是将每一个职位的薪酬设计为一个域，即纵向可跨几个级别（初始级、基本级、高级）；每一级别对应的薪酬浮动范围加宽，可以设计为多档。这样形同宽带的职位薪酬设计，有益于提高不同职位（工种）员工的工作主动性和积极性，只要工作业绩出色，虽然职位不变，也能得到满意的回报。同时，宽带型薪酬体系也解决了企业存在的员工轮岗、换位时薪酬变化处理的难题，更为员工搭建了职业发展的平台，有助于企业培养人才。

在宽带型薪酬体系中，员工不再是沿着企业唯一的薪酬等级层次垂直往上发展。员工在职业生涯的大部分或所有时间里，可能一直处于同一个薪酬宽带之中。员工只要在原有的职位上不断改善自己的工作业绩，就能够获得更高的薪酬。即使被安排到低层次的职位上工作，也一样有机会获得较高的薪酬，并且随着能力的提高和贡献的增加，员工也可以进行横向流动晋升。

宽带型薪酬结构主要是基于现代企业组织与人力资源管理的几种发展趋势而提出的。

（1）组织的扁平化趋势：现代企业为了提高对外部环境的反应能力和反应速度，并降低企业的决策重心，缩短企业的决策链条，在进行组织变革的时候，越来越强调组织的扁平化。缩减企业的管理层级，使组织从原来的众多层级变为少数几个层级，这样的组织为员工提供的晋升机会相对减少，提供的职业生涯通道相对较短。为了适应这样的变化，企业的工资结构也必须由原来的众多的工资等级转变为少数几个工资等级，这样就出现了工资结构的宽带化。

（2）大规模的职位轮换：现代的大型组织越来越需要复合型人才，为了培养具有多种技能和经验的复合型人才，组织必须展开大规模的职位轮换。为了能够使企业的工资体系适应职业轮换带来的冲击，即在职位轮换中不需要频繁地改变人员的工资水平，就需要将原来许多处于不同等级的职位合并到同一职位等级。

3. 宽带型薪酬结构的特征

薪酬等级的宽波段化与企业组织结构的扁平化趋势是一致的，其主要特征如下。

（1）加大专业人员、管理人员和领导者的工资线差距，即减少公司薪酬等级。传统的薪酬体系的等级一般都有10个甚至20个，而宽带薪酬体系设计一般只有5个或7个。

（2）工资标准在某一工资类别的不同等级中差距较大，特别是专业技术人员的工资等级间的差距更大，一般最高档与最低档相差一倍以上，即薪距范围增大和薪酬等级增多，让每个员工都有广泛的提薪空间。

（3）职务和工资等级主要取决于本人的专业水平。随着技能水平上升，职位上升、工资提高，实际上是加大工资中知识技能的含量。

宽带型薪酬结构的基本原理就是压缩级别，将原来十几个甚至二三十个级别压缩成几个级别，并将每个级别对应的薪酬范围拉大，从而形成一个新的薪酬管理系统及操作流程，以便适应新的竞争环境和业务发展需要（图 6-7）。宽带型薪酬结构在“无边界”组织，以及强调低专业化程度、多职能工作、跨部门流程、更多技能及个人或团队权威的团队型组织中非常有用。宽带薪酬管理与传统职级薪酬管理的区别如表 6-7 所示。

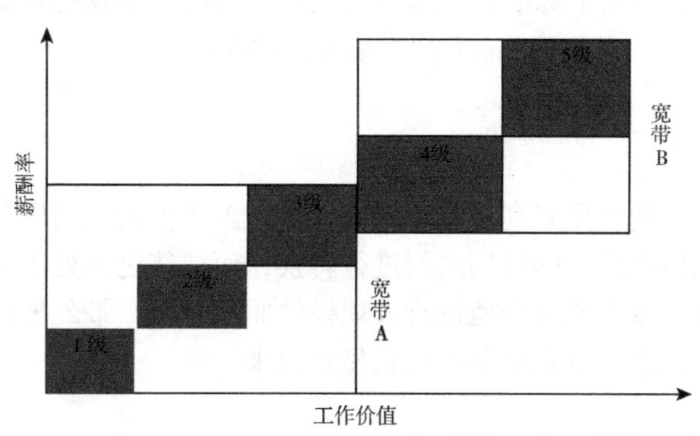

图 6-7　宽带薪酬的基本原理

表 6-7　宽带薪酬管理与传统职级薪酬管理的区别

栏目	宽带薪酬管理	传统职级薪酬管理
价值理念	基于职能 强调任职能力 更多关注动因	基于岗位 强调岗位价值 更多关注结果
相对优点	灵活方便的个人薪酬增长 引导员工提升任职能力 有利于职位轮换 淡化了等级观念	有明确标准 便于操作 反映对企业的直接贡献
相对弱点	缺乏明确标准 操作上更依赖操作者主观因素	比较僵化 忽略员工能力因素 限制了岗位之间的轮换 导致工作间的等级观念

6.3.2　宽带型薪酬结构的设计要点

1. 确定薪酬宽带的数目

根据美国公司的经验，薪酬宽带一般只采用 4~8 个职位等级，而且职位等级的划

分更多地与组织内部的管理层级相联系。具有相同或相似职位名称或职位头衔的职位往往划分到同一个职位等级，如总监、部门经理、主管和专员等。

2. 确定薪酬宽带的价位

薪酬宽带的方法是，将组织内部的职位更多地根据职位的头衔或管理级别来划分出少数几个薪酬宽带，那么处于不同部门的同一级别的职位必然就处于同一个薪酬宽带。由于其承担的职责和任职资格等重要的薪酬要素不同，他们不可能获得完全相同的薪酬。要做出这种区分，就要对不同部门同一级别的薪酬宽带确定不同的薪酬水平。例如，同样是专员这个级别，财务部门专员的薪酬水平可能要高于行政部门的专员，即财务专员的薪酬宽带要高于行政专员的薪酬宽带。而确定财务专员的薪酬水平比行政专员高多少，往往有两个标准：一是不同职能部门对企业战略的贡献，战略贡献越大，薪酬水平越高；二是不同职能人员市场价值的高低。

3. 横向的职位轮换

薪酬宽带的主要功能是有利于在组织内部展开大规模的横向职位轮换，这种职位轮换不需要在薪酬体系的不同级别之间进行转换，而往往仍然处于同一薪酬宽带中。如果组织不需要进行或不能成功地进行大规模的职位轮换，那么薪酬宽带就失去了其价值和意义；反之，薪酬宽带的弱点也就显现出来。

4. 将员工放入薪酬宽带中的特定位置

在薪酬宽带设计完成之后，企业需要解决的一个重要问题是，如何将员工放入薪酬宽带中的不同位置，企业通常可以采取如下三种方法（图 6-8）：①对于那些希望着重强调绩效的组织，可能会采用绩效曲线法，即根据员工个人的绩效将员工放入薪酬宽带中的某个位置可能是比较好的做法。②对于那些需要强调新技能获取的企业，则可能会严格按照员工的新技能获取情况确定他们在薪酬宽带中的定位，员工是否具备组织所要求的这些新技能，则由培训、资格证书或员工在工作中的表现决定。③对于那些希望强调员工能力的企业，则首先确定某一明确的市场薪酬水平，然后在同一薪酬宽带内部，对于低于该市场薪酬水平的部分，采用根据员工的工作知识和绩效定位的方式，而在高于该市场薪酬水平之上的部分，则根据员工的关键能力开发情况确定他们在薪酬宽带中的定位。

6.3.3 宽带型薪酬结构的优缺点

1. 宽带型薪酬结构的优点

与传统的等级薪酬模式相比，宽带型薪酬结构具有以下优点。

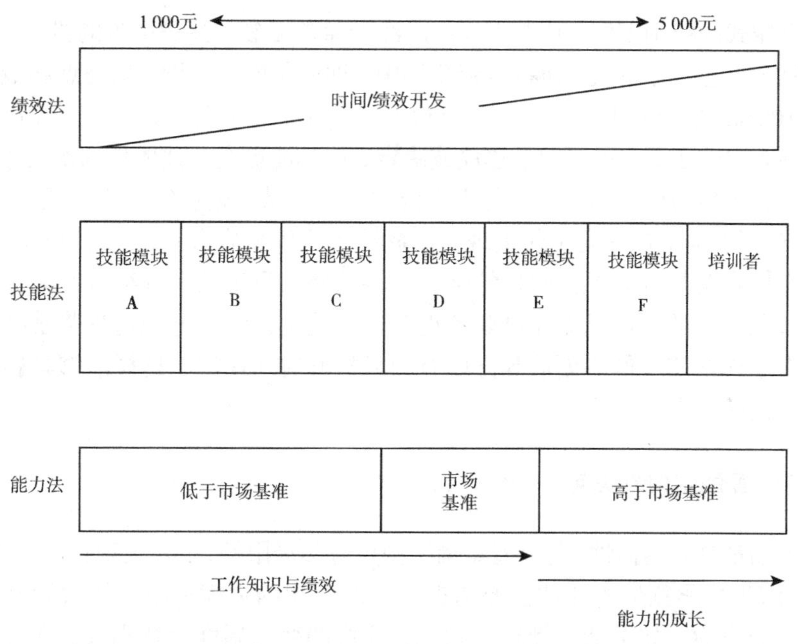

图 6-8 如何确定员工在薪酬宽带中的定位

（1）支持扁平的组织结构。宽带薪酬打破了传统薪酬结构所维护和强化的等级观念，减少了工作之间的等级差别，有利于企业提高效率和创造学习型的企业文化，同时有助于企业保持自身组织结构的灵活性和有效适应外部环境的能力。

（2）引导员工重视个人技能的增长和能力的提高。在传统等级薪酬结构下，员工的薪酬增长往往取决于个人职务的提升而不是能力提高。因为即使能力达到了较高的水平，如果企业没有出现职位空缺，员工仍然无法获得较高的薪酬。而在宽带薪酬制度下，即使是在同一个薪酬宽带内，企业为员工所提供的薪酬变动范围也会比员工在原来的薪酬等级中可能获得的薪酬范围大，员工不需要为了薪酬的提高而去斤斤计较职位晋升，只要注意发展企业所需要的技术和能力就可以获得相应的薪酬。

（3）有利于组织职位轮换与培育组织的跨职能成长和开发。在传统的等级薪酬结构下，员工的薪酬水平与其所担任的职位严格挂钩。同一职位级别的变动并不能带来薪酬水平上的变化，但是这种变化使员工不得不学习新的技能，从而使工作的难度加大，辛苦程度更高，员工便不愿意接受职位的同级轮换。而在宽带薪酬制度下，薪酬的高低是由能力而不是职位决定的，员工愿意通过相关职能领域的职务轮换提升自身能力，以此获得更大的回报。

（4）能密切配合劳动力市场的变化。宽带薪酬以市场为导向，一是使企业的员工成本效益更高；二是使员工从纯粹注重内部公平转为更注重个人发展空间及自身在市场的价值内外均衡等方面。宽带薪酬的工资水平是以市场调查的数据及企业的工资定位来确定的，因此，薪酬水平的定期核对与调整将会使企业更能把握其市场竞争力；同时能相应地做好员工成本的控制工作。

（5）部门经理更多地参与员工的薪酬决策。在传统的薪酬结构中，由于弹性很小，基本上是机械式的级别工资，其他职能部门经理通常无参与薪酬决策的机会，或者即使有参与的机会但意义也不大。而在宽带薪酬中，即使是同一级别，最高点和最低点的差距至少有100%，如何界定工资，空间是很大的。在企业定薪的大原则下让部门经理对下属的薪酬界定给予更多的意见、建议或决定，使其能更充分地体现内部公平性，并让部门经理拥有更多的权力和责任，与人力资源部一起做好企业的薪酬管理。

（6）有利于推动良好的工作表现。在宽带型的薪酬结构中，上司对有稳定突出表现的员工可以在薪酬方面进行明显的奖励，将薪酬与员工的表现结合起来，而避免使用传统薪酬制度中的企业只能通过职务提升这一奖励办法。升职这种奖励办法只能是某些员工在工作素质、价值创造等方面有明显提升时才使用，这样能够减轻上司在组织协调等方面的压力。

2. 宽带型薪酬结构的缺点

任何事物都具有两面性，宽带型薪酬结构也有其局限性，主要表现在以下几个方面。

（1）由于薪酬宽带的评估主要依据员工对公司的贡献大小，绩效管理就成为公司管理的重要方面。如果绩效管理不到位，职位的变化幅度会特别大，在这样的情况下采取宽带薪酬，员工薪酬浮动大起大落，会给员工的心理造成极强的不稳定感，从而对公司缺少归属感。同时，员工薪酬水平下跌，而员工又自认为工作努力，则会使其对管理的公正性、公平性、合理性产生猜忌、怀疑等不健康情绪，极容易造成公司内部、上下级之间、同事之间人际关系的紧张。当然这种紧张不是来自宽带薪酬，而是绩效管理的结果。

（2）宽带薪酬设计的推广，会使晋升比较困难。根据赫茨伯格的双因素理论，职位的晋升属于激励因素，它可以增加员工的满意度，激发员工的进取心，而采用宽带薪酬却导致了晋升的困难，这可能会使员工感到没有职业前途。

（3）宽带薪酬并不适用于所有组织。它在“无边界”组织及强调低专业化程度、多职能工作、跨部门流程、技能工种的团队型组织中非常有效，因为这种组织强调的不是一种行为或价值观。它们不仅要变革，而且要保持生产率并且通过变革保持高度的竞争力，因此它们希望通过一种更综合性的方法，将薪酬与新技能的掌握、能力的提高、更为宽泛角色的承担及最终的绩效联系在一起，同时还要有利于员工的成长和多种职业轨道的开发。宽带薪酬的设计思路恰恰与这种组织的上述需求相吻合，而有些企业在薪酬管理及整体人力资源管理体系方面的基础比较薄弱，甚至有的企业连规范的职位说明书都没有，也没有做过工作职位评价，在这种情况下，实行宽带薪酬不可能取得预期效果。

6.3.4 实施宽带薪酬制度的条件

1. 积极参与型的管理风格

各部门的经理在人力资源管理方面必须有足够的成熟度，能与人力资源部门一起

做出各种关键性的决策。宽带薪酬制度的一个重要特点是，各部门经理有更大的空间参与下属员工的有关薪酬决策。如果没有一个成熟的管理队伍，在实行宽带薪酬制度的过程中就会困难重重。例如，部门经理不能对员工进行客观评价，破坏内部平衡；部门经理不重视员工的发展；等等。此外，如果各部门都以自我为中心，不认同宽带薪酬制度，人力资源部就很难发挥其顾问角色的作用，而是为了内部的平衡，更多地充当“警察”的角色，宽带薪酬制度便很难发挥其应有的作用。

2. 以工作表现为重点的薪酬决定因素

一个企业若不重视员工的工作表现，必定会导致“大锅饭”现象，员工表现的优劣就不能被公平地区别对待，宽带薪酬制度所提供的“宽带”也就失去了意义。若企业薪酬设计时不以工作表现为重点，则传统型的薪酬结构将因其简便易行而在某种程度上更受决策人欢迎。

3. 注重沟通

引入宽带薪酬制度需要让管理层和员工及时全面地沟通，让全体员工能清晰地理解企业的薪酬决定因素及企业发展的策略，激励员工重视个人与企业发展的一致性，并让员工看到自己在企业的前途。

4. 需配有积极的员工发展工具

宽带薪酬制度为员工的发展及个人职业生涯提供了更大的弹性。企业需配有积极的员工发展工具，使员工能够不断获取新的技能，让他们对自己在企业的职业生涯有清晰的认识，帮助他们充分利用宽带薪酬制度提供的空间，同时企业能不断获得更具有竞争力的员工队伍。

5. 拥有一支高素质的薪酬管理人员队伍

推行宽带薪酬制度需要人力资源部薪酬管理人员与各部门进行更加密切的合作，他们在与部门经理一起给新职位定级、了解市场信息及协助制订薪酬计划方面，必须以提供优质服务的态度和专业顾问的角色为部门服务。因此，引入宽带薪酬制度需要企业从整体战略、企业文化、管理队伍的素质、人力资源的专业化等方面加以考虑和配套，否则，将很难真正发挥宽带薪酬制度的优势。

6.3.5　实施宽带薪酬制度在我国面临的难题

在知识经济时代中，组织扁平化、柔性化管理、团队管理等新的管理方式不断冲击着传统的企业管理，而宽带薪酬是企业薪酬管理变革的产物。据了解，欧美国家的企业，尤其是跨国企业，往往都会选择宽带薪酬的管理模式，但在我国，宽带薪酬体

系的实施还面临着一些困难。

1. 薪酬机制的有效性

从薪酬设计的基本要求看，存在着薪酬机制有效性不同要求之间的兼顾问题。一般来说，有效的薪酬机制需要具备四个特征，即对内的公正性、对外的竞争性、对个人的激励性、制度本身的可操作性。理想的情况是同时具备以上四个特征，方称得上是有效的薪酬制度。但实际情况是，前两个特征总是不能同时具备，只能实现其中一个目标，而第三个目标的满足又常常增强员工的个性，从而使第四个目标的实现有一定的难度。在宽带薪酬模式中，工资的设计更关注个人本身的因素，如专业水平、技能水平等，而不是职位要素。员工对薪酬满意的衡量（包括对公平的认识）已经发生变化。如果要满足前三个特征，宽带薪酬体系的个性化无疑会造成管理操作的复杂化，甚至付出巨大的努力也难以得到满意的结果。

2. 技能评定的问题

从技能评定的角度看，存在着如何判定技能与任务之间关系的问题。在宽带薪酬中，更注重个人的能力和在工作中的表现，这就需要对个人的技能进行识别。但实际上，很难准确地断定哪一项技能有利于工作，哪一项技能与工作无关。特别是在要求员工能够完成多项工作的情况下，更是如此。如果两个人正在完成相同的任务，只因为其中一个人掌握更多的技能而得到更多的薪金，就会产生新的不公平感。

3. 风险的承担问题

从薪酬弹性的角度看，存在风险承担的问题。宽带薪酬体系较之于传统薪酬更具弹性，这主要体现在可变薪酬部分。这部分薪酬与业绩，特别是团队的业绩紧密相连。在这种情况下，员工就必须承担业绩出现波动的所有风险，即使这些风险可能是他们无法控制的因素引起的，如经营失误、市场波动等。其结果是，在得不到额外薪酬的情况下，员工可能不愿意使自己适应这种只能提供不稳定收入的薪酬方案。

4. 业绩的衡量

从薪酬额度的角度看，还存在着业绩衡量的问题。在可变薪酬部分，薪酬的高低完全取决于业绩指标选择和个人能力。为了实现薪酬方案的可操作性，这些指标往往是定量的，而定性方面通常无法被测定或观察出来，难以作为与薪酬挂钩的因素。这样，许多新的管理环境所要求的软性环境因素（如团队合作、质量意识等）就不可能得到满足。

关键概念

薪酬结构　薪酬组合　薪酬等级　薪酬等级数目　薪酬变动比率　薪酬区间渗透度　相对比率　薪酬宽带

本章小结

本章主要介绍薪酬结构如何设计，包括薪酬结构的横向设计和薪酬结构的纵向设计，重点讲述了薪酬纵向结构中的薪酬等级、薪酬区间设计和相邻两个薪酬等级之间的交叉与重叠关系。此外，对宽带型薪酬结构的内涵、特点及设计与实施做了具体介绍。

复习思考题

1. 不同薪酬形式的组合模式有哪些？
2. 怎样设计企业的薪酬结构？其主要流程和设计步骤是什么？
3. 宽带型薪酬结构的含义和特点是什么？
4. 宽带型薪酬结构的设计原理和实施要点是什么？

案例分析

G 银行 D 分行应如何进行薪酬制度改革？

G 银行 D 分行是伴随着全国特大型企业胜利油田发展和东营市成立为依托建立的二级分行，现有 54 个网点，辖一级和二级支行共 11 个，共有员工 1 002 人。G 银行原有的薪酬制度是与“金字塔”形结构紧密相关的岗位工资制度，确定员工收入的主要依据是行政职务级别、专业技术职称、工龄年限、学历等，奖金和福利与工作成绩相关度很低。薪酬制度不合理，导致核心人才积极性降低，部分核心人才相继流失。因此，必须对该行的薪酬制度进行改革。为了更好地配合组织架构的扁平化，D 分行采用了宽带薪酬的设计理念，对企业内部的薪酬现状做了调查。调查结果如下。

第一，现有薪酬体系的等级过多，达 25 级，级差又太小，有的仅有 50 元。岗位等级过多容易造成晋升困难，导致潜在的官僚主义，薪酬结构中薪酬提升过分依赖职务晋升，具有浓厚的“官本位”思想；而且职务决定薪酬，激励效果削弱，无法反映因技能、态度不同引起的贡献差异。同时，对员工的发展、工作环境的改善、自我成就感的满足等因素考虑过少。

第二，内外部不公平。一方面，多数员工认为，企业行政后勤等技术含量低、工作挑战性弱的职位薪酬普遍偏高，而运营、专业等技术含量高、挑战性强的职位薪酬偏低，即银行的职位价值评价不合理，薪酬存在内部不公平。相对于其他股份制银行来说，薪酬待遇水平偏低，外部不公平。另一方面，企业基层员工的薪酬水平与市场薪酬水平持平甚至略高一些，中层管理人员薪酬水平与市场薪酬水平大致相当，高层管理人员的薪酬水平则低于市场薪酬水平，致使企业高层管理人员的流失率较高（中低层员工流失率很低），同时部分高层管理职位长时间处于空缺状态。这说明高管的薪酬存在外部的不公平。

第三，不同岗位之间的岗位评价岗位序列模糊。在这种薪酬结构下，显然无法实现

对个人价值的全面真实反映。银行中不同岗位的难易程度、复杂程度有很大区别，但同一职务序列和同一工作年限段内的行员收入基本一致，不同职务不同岗位之间的工资差别也较小。行员的薪酬与个人职务、级别等紧密联系。行员要想突破以前的工资级别只有通过提级，所受的激励就是不遗余力地“往上爬”，而不考虑最终“爬上去”的这个岗位是否适合自己。

第四，没有关注内在薪酬。该行只满足员工的低层次需求，而忽视了员工的高层次需求。促使核心员工、业务骨干决定为企业长期服务，为企业的长远发展战略着想的策略不多，成效也不大。员工职位相对比较固定，不能进行职位的轮换开发多重技能。

资料来源：赵霞，鲁彦平，宋红燕. G银行D分行基于扁平化结构宽带薪酬变革的实践与思考.中国人力资源开发，2012，(2)：35-39

思考题：

根据调查结果，G银行D分行应如何进行薪酬制度改革？

第 7 章 薪酬预算、控制及调整

引导案例

某公司工资总额预算管理情况

2014 年 3~4 月，某市国有资产监督管理委员会（以下简称市国资委）委托本事务所对投资集团所属的置业公司 2011 年至 2013 年财务收支情况进行审计。审计中，发现置业公司在工资总额预算管理方面存在多处不规范。

一、被审单位基本情况

置业公司成立于 1993 年 9 月 3 日，现为投资集团投资的国有独资企业，注册资本为 2 024 万元。公司经营范围包括房地产开发经营、基础设施建设、建筑装潢服务、建筑材料销售。

置业公司 2013 年年末在职职工为 40 人，内设办公室、财务部、工程部、销售部、开发部 5 个部门。

该市国资委制定了《市级国资营运公司工资总额预算管理试行办法》，对企业会计年度内的员工工资总额和员工工资水平及增长做出预算安排并进行规范管理。该市国资委已按规定，对置业公司 2011 年至 2013 年工资总额预算执行情况进行清算。

二、审计中发现的主要问题

（一）通过工会发放货币 27.50 万元

2011 年至 2013 年，置业公司“管理费用——工会经费”科目发生额为该市国资委核定工资预算总额的 2%，经抽查凭证，发现置业公司在“管理费用——公司经费”科目明细中划拨工会活动经费 34.67 万元。置业公司在每年企业所得税汇算清缴中，将该工会活动经费纳税调增。经延伸审计工会，2011 年年初工会结余现金 6 139.63 元，2011 年至 2013 年，累计取得收入 551 251.81 元，其中会费收入 174 956.83 元、行政补助收入 34.67 万元、利息收入 1 094.98 元和变压器变卖收入 2.85 万元（此收入计入工会也属违规）；累计支出 508 964.70 元，其中业务活动支出 233 964.70 元、发放职工过节费支出 27.50 万元。期末结余现金 10 066.74 元。置业公司通过补助工会形式发放的过节费 27.50 万元，应计入工资总额。

（二）发放通信费 20.56 万元

2011 年至 2013 年，置业公司“管理费用——公司经费”科目列支通信费 20.56 万元，凭证后附移动、联通定额发票，未计入工资总额。在工资总额预算执行情况清算时已经提出应计入工资总额，置业公司认为后附有发票，不能认定为工资收入，最终未计入工资总额。

（三）发放车改补贴 13.93 万元

置业公司根据市委、市政府的统一要求进行了车改，按规定的标准发放车改补贴，2012 年至 2013 年，发放车改补贴 13.93 万元，未计入工资总额，置业公司解释系市国资委同意，经与市国资委核实，确实不计入。

上述（二）、（三），与《关于企业加强职工福利费财务管理的通知》中“企业为职工提供的交通、住房、通讯待遇，已经实行货币化改革的，按月按标准发放或支付的住

房补贴、交通补贴或者车改补贴、通讯补贴，应当纳入职工工资总额，不再纳入职工福利费管理……”的规定不符。

（四）发放劳保用品、工作服 62.69 万元

2011 年至 2013 年，置业公司“管理费用——劳保用品费”科目列支劳保用品 14.54 万元和工作服 48.15 万元，合计 62.69 万元，凭证后附超市发票和服饰公司发票，经向经手人询问，实际为发放购物卡。未计入工资总额。

（五）在销售费用中直接列支加班费 7 040.00 元

置业公司 2012 年 11 月 28 日支付商品房销售工作加班费 7 040.00 元，在“销售费用”科目列支。未计入工资总额。

（六）在教育经费列支资料费 113 735.00 元

2012 年至 2013 年，置业公司在“应付职工薪酬——教育经费”科目列支资料费 113 735.00 元，凭证后附新华书店发票，经向经手人询问，实际为发放购物卡。未计入工资总额。

（七）个税手续费 10 031.10 元返还、使用未确认收入与支出

置业公司 2012 年 7 月 16 日收到市地方税务局个税代扣代缴手续费 10 031.10 元，账列入“其他应付款——其他”科目。2012 年 7 月，在“其他应付款——其他”列支资料、会务费 10 031.10 元。经询问报销人，实将返还的个税手续费作为办公室与财务部扣税的奖励。与《关于进一步加强代扣代收代征税款手续费管理的通知》第六条第六款“三代”单位所取得的手续费收入应该单独核算，计入本单位收入，用于“三代”管理支出，也可以适当奖励相关工作人员的规定不符，并应将奖励款计入工资总额。

置业公司发放的上述（一）至（七）项合计 1 377 606.10 元，为超过预算总额发放，根据《市级国资营运公司工资总额预算管理试行办法》第二十七条，应核减置业公司 2014 年度工资总额指标。

（八）个人部分社保 169 201.19 元计入损益未扣回

经统计，在 2011 年至 2013 年置业公司代员工缴纳的个人部分社保合计 169 201.19 元计入公司损益，未扣回，与《市级国资营运公司工资总额预算管理试行办法》第二十四条“企业应为员工依法按期、足额缴纳基本养老、基本医疗、工伤、生育和失业等各项社会保险以及住房公积金，其中应当由个人承担的部分，由企业从其工资中代扣代缴”的规定不符。置业公司应及时扣回代垫款项。

资料来源：张旭良. 审计案例——某公司工资总额预算管理情况. 中国乡镇企业会计，2014，(12)：209-210

思考题：

1. 该公司在工资总额预算管理方面出现问题的原因有哪些？
2. 该公司应如何改进工资总额预算管理工作？

7.1 薪酬预算

对于任何一种经济活动，通过预算进行成本控制都是一个不可或缺的重要环节。由于薪酬问题在经济上的敏感性及其对企业财务状况的重要影响，薪酬预算也就理所当然地成为企业战略决策过程中的重要问题之一。它要求企业的管理者在进行薪酬决策时，必须把企业的财务状况、面临的市场竞争压力、薪酬预算、人工成本控制等问题放在一起综合考虑。同样，在决定调整企业的薪酬结构，为员工加薪或实施收益分享计划时，薪酬预算也是企业确保薪酬成本不超出企业承受能力的一个重要措施。

7.1.1 薪酬预算的概念

所谓预算，简单地说就是预先计算有关的费用。财务预算就是预先计算在财务方面的费用。薪酬预算，按照美国薪酬学会的权威解释，是指企业在一定时期，为雇员提供直接或间接薪酬所安排的货币分配的财务计划[①]。换句话说，薪酬预算是指企业的管理者在薪酬管理过程中进行成本开支方面的权衡和取舍。例如，在新的财务年度，管理者需要综合考虑外部市场的薪酬水平、员工个人的工作绩效、企业的经营业绩及生活成本的变动情况等各种各样的因素，并根据这些因素在加薪中分别占据的比重进行权衡。这种权衡还发生在长期奖金和短期奖金之间、绩效加薪和根据资历加薪之间及直接货币报酬和间接福利支出之间。除此之外，以薪酬作为激励手段还是以其他资源管理手段激励员工，同样是一个值得管理者考虑的问题。

实际上，在企业的财务资源一定的情况下，企业在薪酬管理、人员配备、员工培训和其他管理举措之间所投入的预算存在着此消彼长的关系。因此，薪酬预算的规模大小可以很清晰地反映出企业的人力资源的战略重心，也是企业整个人力资源方案中的重要组成部分，直接关系到企业的经营成败和员工的心理感受。在这种情况下，企业如果在薪酬预算方面没有正式的制度，而是任由管理者自由决定，那么就很可能出现在各种人力资源管理手段方面的投入出现较大偏差的情况，而员工可能也无法得到公平和公正的待遇。为了避免这种情况的出现，任何管理系统，包括薪酬预算都应该追求操作的规范化和制度化，以便实现提高效率、促进公正及手段合法等几个方面的薪酬管理目标。

7.1.2 薪酬预算的目标

薪酬预算的目的在于实现对薪酬总额的控制。从某种意义上说，薪酬实际上是企业和员工之间达成的一项隐含契约，它体现了雇用双方就彼此的付出和给予达成的一致性意见。正是凭借这一契约，员工个人和企业之间的交换才得以实现。由薪酬预算

---

① 刘彩凤，曾湘泉. 薪酬预算编制的“自上而下法”刍议. 中国人力资源开发，2006，（8）：78-80.

可以看出企业人力资源战略部署的情况。企业也往往在进行薪酬预算时，表达出合理控制员工流动率，降低企业劳动力成本，激励员工实现良好绩效的愿望。

1. 合理控制员工流动率，降低企业劳动力成本

员工的流动率受到雇用关系中诸多因素的影响，而薪酬水平是其中非常重要的一个影响因素。企业期望与大多数员工建立起长期与稳定的雇用关系，以充分利用组织的人力资源储备并节约在招募、筛选、培训和解雇方面所支出的费用。在实际工作中，员工通常会要求得到至少等于，最好超过其自身贡献的回报，否则就有可能终止其与企业的合同。企业应保持一个较为合理的员工流动率。

2. 激励员工实现良好绩效

员工的绩效表现对于企业至关重要。为了促使员工表现出优良的绩效，一种最简单的方法就是把绩效要求直接与特定职位结合在一起，员工在与企业建立雇用关系的同时就已经明确了其需要达到的绩效标准。从薪酬预算的角度来说，如果企业在绩效薪酬方面增加预算，而在基本薪酬的增长方面注意控制预算的增长幅度，然后再根据员工的绩效表现提供奖励，那么员工必将会重视自身职责的履行及有效业绩的达成，而不是追求职位的晋升或在加薪方面盲目攀比。

7.1.3 企业薪酬预算的参照因素

企业在做薪酬预算前，对企业所处的内部环境和外部环境加以了解是十分必要的。通过这一步骤，企业可以更清楚地了解自身目前的处境、市场和竞争对手的真实状况及所面临的机遇和挑战，同时还有利于自己制定相应的应对策略。具体来看，薪酬预算必须建立在详细了解员工、企业及环境三方面因素的基础上。

1. 员工因素

员工因素需要考虑如下几点。一是考察员工平均薪酬水平状况。一般情况下，企业调整薪酬水平，要么因为比率分析显示平均水平低于预算水平，要么因为市场水平分析显示实际薪酬曲线偏离了薪酬政策线。二是考察员工薪酬增加的可能性。薪酬增加一般通过绩效加薪和晋升加薪两种形式。三是考察员工流动状况。员工流动会降低企业的平均薪酬水平，因为员工离开企业（解雇、辞职或退休）后，会由较低薪酬水平的员工替代。

2. 企业因素

企业因素需要考虑如下几点。一是企业支付能力。它是决定薪酬预算最重要的因素之一，主要考虑营业收入、利润等财务指标。二是企业本年度薪酬增长。将其作为下一年度薪酬预算的参照，这将有利于保证企业薪酬政策的一致性和连贯性。三是企业薪酬战略。薪酬战略反映了企业劳动力的市场竞争力，不同的薪酬战略类型反映了不同的预算导向。四是企业人力资源需求。企业人力资源需求与企业发展密切相关，对它的预测需要区分可能的雇用替代与新增雇用需求两部分，这两部分导致薪酬预算增加的程度不同。五是企业组织设计。薪酬预算应该考虑组织设计的合理性，如工作结构是否最佳、改变工作内容后企业整体绩效是否会提高等。

3. 环境因素

环境因素需要考虑如下两点。一是社会生活成本变动。社会生活成本变动要求薪酬水平做出相应的变动。对生活成本的测量比较困难，一个较为简便的办法是将 CPI（consumer price index，即消费价格指数）作为衡量生活成本的指标。由于忽视了个人消费模式中的替代效应、CPI 的消费结构，CPI 只能代表部分人口的消费习惯，用 CPI 衡量是一种比较粗略的做法。二是劳动力供求状况。当劳动力市场供不应求时，为稳定或获得劳动力，企业会提高薪酬水平，导致薪酬预算增加，反之则减少。

此外，企业薪酬预算也必须考虑所在国的法律制度环境方面的变化。企业通过预算出台的薪酬政策必须符合相关法律法规的规定，如劳动合同法、最低工资保障制度等，在法律允许的框架下开展企业薪资和福利方面的预算运行。这一点在 2008 年后企业的预算设计中必须高度重视。

7.1.4 企业制定薪酬预算的方法

企业在制定薪酬预算时，常用的方法有两种，即“自上而下”法和“自下而上”法。

1. “自上而下”法

该方法的基本操作步骤如下：通过对下一年度企业的计划活动进行评估，以企业过去的业绩和以往年度的薪酬预算作为预算的根据，按照企业下一年度总体业绩目标，确定企业该年度的薪酬预算。常用的操作方法较多，企业一般可以根据本企业的实际情况选择一种适合自身的薪酬预算方法。在企业经营业绩较稳定的情况下，通常可以采用这样一种比较简单便捷的方法，即根据企业以往的经营业绩和薪酬费用估测出本企业的薪酬费用比率（薪酬费用比率=薪酬费用总额 ÷ 销售额），并以此为依据对未来的薪酬费用总额进行预算（薪酬费用预算总额=预算年度预期的销售额 × 薪酬费用比率）。如果本企业经营业绩不佳，可以参考同行业一般水平确定薪酬费用比率，进而确定薪酬费用总额。

2. “自下而上”法

该方法的基本操作步骤如下：首先组织机构内各部门根据企业确立的预算期目标提

出该部门在预算期内的人员配置数量和人员标准，以及员工薪酬调整建议；同时，人力资源部门根据劳动力市场现有状况、企业内部环境、生活成本变动水平等方面的因素对薪酬水平造成的影响，确定出适合于本企业的薪酬水平增长率［薪酬水平增长率=（年末平均薪酬–年初平均薪酬）÷年初平均薪酬×100%］。然后依据相关数据和建议，逐个确定各部门的员工数量及薪酬水平，以及确定该部门预算期内的薪酬预期总量，将各部门的数据整理汇总，就可以得出企业的薪酬预算。

"自下而上"法在形成企业来年薪酬预算的同时，基本形成了部门和员工的薪酬水平和支付额度。它实际上是把设计员工工资待遇等相当一部分的薪酬管理责任由经理承担，薪酬职能部门和人员则主要起着顾问作用。"自上而下"法的突出特点是与企业战略紧密相连，能够有效控制薪酬的总体水平。其不足之处：没有充分顾及市场环境及竞争对手的影响；未来薪酬成本的确定是历史数据的延伸，薪酬的激励效应滞后；确定薪酬总额的主观因素过多，导致预算准确性降低；预算缺乏灵活性，不利于调动员工的积极性。而"自下而上"法的优点是简单易行，灵活性高又接近实际，员工容易从中得到满足感，但它同时存在着难以控制企业总体薪酬成本这样一个突出问题。两种方法的优缺点见表 7-1。

表 7-1　制定薪酬预算的两种方法

方法	说明	优点	缺点
"自下而上"法	通过企业的每一位员工在未来一个薪酬预算期的估计数字，计算出整个部门所需要的薪酬支出，然后汇总所有部门的预算数字，编制为公司整体的薪酬预算	比较实际，可行性比较高，部门经理只需要按照既定的原则计算出加薪的幅度和薪酬额，再汇总即可	不易控制人工成本
"自上而下"法	先由公司高层决定公司整体的薪酬总额与加薪幅度，然后分解到每一个部门，确定各部门的薪酬总额，各部门根据部门薪酬总额与员工的特点再分解到每一个员工	能有效控制人工成本	缺乏灵活性，总额确定时主观因素过多，准确性不够，不利于调动员工的积极性

为弥补以上两种方法各自的不足，企业可以考虑在制定预算的实际操作中把"自上而下"法与"自下而上"法结合起来使用：首先采用"自上而下"法确定薪酬费用比率的浮动范围，充分考虑内外部变化对企业的影响及企业对这些影响的承受能力，确定薪酬费用总额的浮动范围，再运用"自下而上"法，确定各部门的员工数量及薪酬水平，从而确定该部门预算期内的薪酬预期总量，将各部门的数据整理汇总，得出薪酬费用总额。然后通过对比两种方法的结果，分析两种结果的差异，找出计算过程中数据不合理之处，经过反复讨论推敲修改，最终得到基本一致的结果。最后，将统一的全年和部门预算分发给预算编制者，对改动的地方进行重点说明，如有不同意见则仍然存在协调的机会。也就是说，薪酬预算是一个不断反复并逐渐趋向准确的过程。

7.1.5 薪酬预算的确定

薪酬预算的确定可以表现为薪酬总额的确定，也可以表现为薪酬增长幅度的确定。薪酬总额和薪酬增长幅度的确定有其各自相应的操作方法。

1. 薪酬总额的确定

1）薪酬比率推算法

根据薪酬比率推算合理的薪酬费用总额。其计算公式为

$$薪酬总额=薪酬比率\times销售额$$

这是企业薪酬预算方法中最简单、基本的方法之一。对于经营业绩稳定且适度的企业，可使用本企业过去的经营业绩，推导出适合的薪酬比率；若本企业经营水平不佳，则应参考行业一般水平。

2）盈亏平衡点推算法

这里需明确三个概念：一是盈亏平衡点，该点处企业销售收益恰好弥补其总成本而无额外盈利；二是边际盈利点，该点处销售收益除弥补总成本外，还能支付股东适当的股息；三是安全盈利点，该点处销售收益在确保股息之外还存有一定盈余。根据三点处的销售额可以推断出企业支付薪酬成本的各种比率：

$$最高薪酬比率=\frac{薪酬总额}{盈亏平衡点销售额}$$

$$可能薪酬比率=\frac{薪酬总额}{边际盈利点销售额}$$

$$安全薪酬比率=\frac{薪酬总额}{安全盈利点销售额}$$

盈亏平衡点推算法有助于企业将薪酬比率较为准确地限定在安全薪酬比率和最高薪酬比率之间，但具体薪酬比率还需企业根据经营状况自行确定。在确定薪酬比率后，结合推算法最终推算出薪酬总额。总体来说，此法非常实用，它给企业划定了安全的薪酬成本底限。

3）劳动分配率推算法

劳动分配率推算法根据目标劳动分配率，推算出可能的薪酬总额及其增长幅度，其计算公式为

$$薪酬总额=劳动分配率\times同期增加值总额$$

该法的实质是，确定净产值在资本和人力资源之间的分配比率。其优点在于薪酬成本控制能与企业的净产值挂钩，充分考虑企业的支付能力和盈利能力。

4）薪酬成本比重基准法

薪酬成本比重基准法以薪酬成本比重为基准，根据目标企业总成本，推算出合理的

薪酬成本总额。由于各行业要素的密集度不同，薪酬成本占总成本的比重可能存在很大差异。

2. 薪酬增长幅度的确定

（1）平均及最大/最小原则。平均及最大/最小原则，是指规定平均加薪水平，如平均 5%的加薪，同时规定最低和最高增长幅度（如最低 3%、最高 10%）。对于没有完善绩效评价系统的企业，这将是最简单、实用的指导原则。

（2）绩效-回报原则。绩效-回报原则是指将绩效与加薪相联系，如绩效考核“杰出”对应加薪比例 10%。这种薪酬增长幅度的确定依赖于正式的评价系统，比平均及最大/最小原则更具有指导意义。它将绩效水平与加薪幅度相对应，能够较好地体现绩效与薪酬的一致性，但它不能控制加薪幅度的分布。

（3）强制分布原则。强制分布原则通过规定绩效评价中分布在某一绩效水平的员工比例，确定获得相应加薪幅度的员工比例，如表 7-2 所示。

表 7-2　加薪比例分布表

考核结果	分布比例/%	加薪比例/%
A：杰出	5	10
B：优秀	10	6~8
C：良好	35	5
D：合格	30	3 或 0
E：不合格	20	0

表 7-2 给出了 5%左右的总加薪幅度，想要调整非常方便。例如，有的企业认为员工素质很高，那么可以适当减少分布在“不合格”栏中的比例，增加其他栏的比例。这种方法提供了相对严格的加薪原则且最容易控制，也能在各部门之间保持最大限度的一致。但是这一原则依赖的前提是“整个组织内各部门的素质分布基本一致”，这一前提值得怀疑；同时，它也很难应用在较小的部门。

7.1.6　薪酬预算的分配

以绩效加薪预算（merit pay increase budget）为例，说明如何进行预算分配。假设一个企业批准了 5%的绩效加薪预算，企业当前基本工资的总金额为 1 000 元。员工增长个人绩效工资，是由其绩效水平及其在工资范围内的位置决定的。平均增长水平不能超过绩效加薪预算，即 5%。部门经理可通过下列四个步骤进行预算分配，并且确保绩效工资的增加不超过预算金额。

（1）算出每个绩效类别的员工百分比。假设：优秀为 10%，良好为 20%，合格为 40%，较差为 25%，不合格为 5%。

（2）明确工资分布在各四分位数范围内的员工百分比，以此决定员工在工资范围内的位置。假设：第四四分位数为 20%，第三四分位数为 25%，第二四分位数为 40%，

第一四分位数为 15%。

（3）根据以上两组信息计算每个绩效单元格中员工的百分比。例如，绩效水平是优秀，基本工资在第四四分位数范围内的员工有 10%×20%=2%。所有单元格的百分数总和为 100%。具体结果见表 7-3。

表 7-3　员工百分比的计算

项目	优秀	良好	合格	较差	不合格
第四四分位数	10%×20%=2%	20%×20%=4%	40%×20%=8%	25%×20%=5%	5%×20%=1%
第三四分位数	10%×25%=2.5%	20%×25%=5%	40%×25%=10%	25%×25%=6.25%	5%×25%=1.25%
第二四分位数	10%×40%=4%	20%×40%=8%	40%×40%=16%	25%×40%=10%	5%×40%=2%
第一四分位数	10%×15%=1.5%	20%×15%=3%	40%×15%=6%	25%×15%=3.75%	5%×15%=0.75%

（4）推荐每个单元格绩效工资增加的百分比，然后把这一百分比和前面算出的每个单元格里员工人数的百分比相结合，确定每一单元格的绩效工资增加量占总绩效加薪预算金额的百分比。假定绩效水平良好、工资在第一四分位数范围内的员工的推荐绩效工资增加百分比是 10%。用推荐绩效工资增加百分比 10%乘以前面算出的这一单元格内员工人数的百分比 3%，得到 0.3%。即在原基本工资 5%的总绩效加薪预算中，有 0.3%将奖励给绩效水平良好、工资在第一四分位数范围内的员工。

在这个例子中，绩效加薪预算金额是 400 万元。0.3%×400 万元就等于 1.2 万元。每个单元格中算出的这一金额的总和，不应高于总绩效加薪预算。在结束绩效工资表的设计之前，部门经理可根据企业期望的影响人群，确定每个单元格不同的绩效工资增加百分比。

7.2　薪 酬 控 制

7.2.1　薪酬控制的概念、原则与意义

1. 薪酬控制的概念

所谓薪酬控制，是指在确保实现企业战略目标的前提下，适度控制薪酬总额，追求合理的薪酬效益（薪酬效益=产出÷薪酬），其实质是追求企业利润最大化和薪酬效益的最大化（即相对薪酬成本的最小化），以保证企业利润和员工收入实现双赢，而不是薪酬成本本身（即绝对薪酬成本）的最小化①。也就是说，薪酬控制不是简单地降低薪酬，而是要在保证薪酬外部竞争性与内部一致性的基础上通过有效的控制措施，减少一些不合理和不科学的薪酬支出。

① 张四龙，李明生. 企业薪酬控制问题与解决之道. 管理现代化，2012，（6）：91-93.

从具体构成看，薪酬总额主要包括企业人工成本[①]中的工资总额、社会保险费用、福利费用和由企业缴纳的住房公积金四个部分。

2. 薪酬控制的原则

薪酬控制应遵循以下几个原则。

第一，人力资源效益最大化。为了促使员工努力工作，企业需要给予员工较高的薪酬激励；同时，企业又必须控制员工的薪酬水平，以实现自身的持续发展并不断壮大。因此，薪酬控制的一个重要原则就是要合理确定员工薪酬水平，实现人力资源效益的最大化。

第二，以人为本，科学控制。以人为本，就是要充分重视人的作用，尊重并满足人的要求。在薪酬控制的过程中，不能一味地追求人工成本的最小化，而应考虑企业支付的薪酬是否能够满足员工的基本生活需求。例如，某类劳动力市场供给过剩，此时企业不能因此就最大限度地压低企业中此类劳动力的工资。

第三，自我约束与标杆管理相结合。在企业中，管理者尤其是高层管理者往往掌握着薪酬决策权，如果他们无法做到自我约束，就很可能给自己支付高额薪酬，而给普通员工支付较低的薪酬。因此，良好的薪酬控制制度，需要企业管理层的自我约束；同时，企业在薪酬控制的过程中，还应学习标杆企业的做法，将管理层的自我约束与标杆管理相结合。

3. 薪酬控制的意义

薪酬控制的重要意义主要体现在以下几个方面。

第一，修正薪酬预算偏差。企业在进行薪酬预算时通常是对市场薪酬水平、薪酬变动幅度等因素进行大致的估计或预测，而现实中的不确定因素使薪酬预算往往存在偏差。薪酬控制通过对企业的整个薪酬体系运行状况进行监控，可以及时地处理现实中的不确定因素，修正薪酬预算偏差，确保薪酬体系有效地发挥作用。

第二，增强企业市场竞争力。企业支付的薪酬是员工最为主要的收入来源，因而薪酬也是企业激励员工的重要手段之一。如果薪酬制度不当容易挫伤员工的工作积极性和创造性，从而影响企业的整体效益。因此，通过薪酬控制，及时发现并修正不当的薪酬制度，确保企业薪酬投入的科学有效，充分发挥薪酬的激励作用，提高企业的经济效益，增强企业的市场竞争力。

第三，降低企业经营成本。企业的薪酬支出也是一种经营成本，其高低直接关系到企业利润。而薪酬控制有利于企业进行成本核算，加强管理，尽量节约劳动力[②]，以最

---

① 编者注：薪酬和人工成本本质上是一个问题的两个方面，薪酬是从员工角度来讲，人工成本是从企业角度来讲，企业付给员工的薪酬总和即构成了企业的人工成本。因此，本章内容中薪酬控制某种程度上是和薪酬调整相统一的，因为企业要对员工的薪酬进行控制，最常用的策略可能就是调整员工的工资。

② 编者注：降低人工成本似乎具有分类性和部门性。有些行业的人工成本是无法降低的，而且一直在提高。此外，低人工成本的产业正在转向比中国劳动力更低廉的国家。因此，降低人工成本固然是企业的永恒追求，但就总体来说，则未必如此。

少的投入获得最大的产出。

7.2.2 薪酬控制的范围

薪酬控制主要是对企业的薪酬成本进行控制。而薪酬成本的分类方法主要有两种：一种是按我国劳动和社会保障部颁发的〔2004〕30 号文件规定的分类方法，另一种是按人力资源成本会计中的分类方法。

1. 按我国相关行政规章的分类方法

该分类方法的依据是我国劳动和社会保障部颁发的〔2004〕30 号文件。根据该文件，企业薪酬成本的范围包括职工工资总额、社会保险费用、职工福利费用、职工教育经费、劳动保护费用、职工住房费用和其他人工成本支出共计七项。根据《企业财务通则》和《企业会计制度》，这些费用通过不同科目的会计处理进入企业的总成本。而效益好的企业，其薪酬成本还要加上公益金中用于职工集体福利的支出。由于薪酬成本没有独立的统计体系，故必须在劳动统计与财务核算之间根据数据共享原则规定，满足双方要求的衔接口径。

根据这种分类方法，企业薪酬成本的具体范围主要有以下几大方面。

（1）职工工资总额。职工工资总额是指各单位在一定时期内，以货币或实物形式直接支付给本单位全部职工的劳动报酬总额。职工工资总额是企业人工成本的重要组成项目，是计提其他人工成本费用的基础（基数）。以国家统计局《关于职工工资总额组成的规定》为统计范围，包括计时工资、计件工资、奖金、津贴和补贴、加班加点工资、特殊情况下支付的工资。

（2）社会保险费用。社会保险费用是指国家通过立法对劳动者在生、老、病、死、伤残、失业时给予物质帮助的费用。具体包括养老保险、失业保险、通信保险及其他保险（含工伤保险、生育保险和人身安全保险）等社会保险费用，企业为职工支付的补充养老保险和储蓄性养老保险也是养老保险的组成部分。

（3）职工福利费用。职工福利费用是指在工资以外，按照国家规定开支的职工福利费用，主要用于职工的医药费、医护人员工资、医务经费、职工因工负伤赴外地就医路费、职工生活困难补助，企业举办社会性产品机构中的工作人员的工资及按照国家规定开支的其他职工福利支出，如物业管理费、冬季取暖费、独生子女费、托儿补助费、丧葬抚恤费、集体福利事业补贴、工会文教费、集体福利设施费、探亲路费、上下班交通补贴、洗理费和解除劳动合同的费用、员工困难补贴费、企业补充养老保险和企业补充通信保险（在企业工资总额之内）。

（4）职工教育费。职工教育费是指企业为职工学习先进技术和提高文化水平而支付的费用。会计处理具体比例是按工资总额的 1.5%计提。

（5）劳动保护费用。劳动保护费用是指企业为实施安全技术措施、工业卫生等发生的费用，以及用于职工劳动保护用品（保健用品、清凉用品、工作服等）的费用。财

务决算成本费用中有“劳动保护”科目。

（6）职工住房费用。职工住房费用是指企业为改善职工住房条件支付的费用，如住房公积金、租房补贴。职工住房费用在劳动统计上是指为改善职工居住条件而支付的所有费用，包括从职工宿舍提取的折旧费、企业缴纳的住房公积金、实际支付的职工住房补贴（含租房费用）和住房困难补助、企业住房的维修和管理费用。

（7）其他人工成本支出。其他人工成本支出包括工会会费、外聘人员劳务及咨询费用、没有列入工资总额的劳动报酬、按规定对职工的特殊奖励等。

上述 7 项，如果从企业列支渠道来看则如下：①产品生产人员工资、奖金、津贴和补贴（生产成本——直接工资）；②产品生产人员的职工福利费（制造费用——其他直接支出）；③生产单位管理人员工资（制造费用）；④生产单位管理人员的职工福利费（制造费用）；⑤劳动保护费（制造费用）；⑥工厂管理人员工资（管理费用——公司经费）；⑦工厂管理人员的职工福利费（管理费用——公司经费）；⑧职工教育经费（管理费用）；⑨劳动保险费（管理费用）；⑩失业保险费（管理费用）；⑪销售部门人员工资（销售费用）；⑫销售部门人员的职工福利费（销售费用）；⑬职工集体福利设施费（利润分配——公益金）。

以上 13 个项目中，除第 13 项在税后利润中提取公益金用于职工集体福利不计入成本外，前 12 项可计入成本费用核算。如果单纯以这 12 项计算人工费用，我国人工成本的计算范围比国外小一些。在核算人工费用时，宜加上第 13 项。为此得到我国企业全部薪酬成本的公式：

薪酬成本=工资总额+职工福利费+职工教育经费+劳动保险费
+失业保险费+劳动保护费+公益金

2. 按人力资源成本会计中的分类方法

人力资源会计（human resource accounting）在 20 世纪 60 年代末 70 年代初产生于美国，由美国密歇根大学的会计学家赫曼森（G. Hermanson）在 1964 年出版的《人力资源会计》中首次提出。人力资源会计是鉴别和计量人力资源数据的一种会计程序和方法，其目的是将企业人力资源变化的信息提供给企业和外界的有关人士使用。人力资源会计包括人力资源的计量和人力资源价值的计量。人力资源会计的基本前提是将人力资源视为一项资产，美国会计学者弗兰 · 霍尔茨将人力资源成本定义为取得、开发和重置作为组织的资源的人所引起的成本。

根据上述理论，通过人力资源成本项目的确认，将形成另一种对企业薪酬成本的要素解构。所谓人力资源成本项目的确认，就是确定有关人力资源投资成本各项目的范围。按照人们赋予人力资源会计的任务，凡是涉及人力资源的取得、开发、使用、保障和离职等投入成本的都应加以反映。人力资源的投资作为人力资源会计的反映对象，依据人力资源进入企业到最终退出企业的时间顺序，以及企业对人力资源投资的不同目的，可将这项投资确认为以下五个项目。这五个项目也可以理解为薪酬成本的五大组成部分。

（1）人力资源的取得成本。人力资源的取得成本是企业在招募和录取职工的过程中发生的成本。具体包括以下几项：①招募成本，是为吸引和确定企业所需人力资源而发生的费用，包括对企业内外的广告宣传费用和招聘费用。②选择成本，是企业为选择合格的职工而发生的费用。③录用成本，是企业为取得已确定聘任职工的合法使用权而产生的费用。④安置成本，是企业将被录用的职工安排在确定工作岗位上的各种行政管理费用；录用部门为安置人员所损失时间的费用；为新职工提供工作所需装备的费用；从事特殊工种按人员配备的专用工具或装备费；录用部门安排人员的劳务费、咨询费；等等。

（2）人力资源的开发成本。人力资源的开发成本是企业为提高职工的生产技术能力，为增加企业人力资源的价值而发生的费用。具体包括以下几项：①上岗前教育成本，是企业对上岗前的新职工在思想政治、规章制度、基本知识、基本技能等基本方面进行教育所发生的费用。②岗位培训成本，是企业为使职工达到岗位要求对其进行培训而发生的费用。③脱产培训成本，是企业根据生产加工作的需要，允许职工脱离工作岗位接受短期（一年内）或长期（一年以上）的培训而发生的成本，其目的是为企业培养高层次的管理人员或专门的技术人员。

（3）人力资源的使用成本。人力资源的使用成本是企业在使用职工的过程中而发生的成本。具体包括以下几项：①维持成本，是保证人力资源维持其劳动力生产和再生产所需的费用。②奖励成本，是为激励企业职工，使人力资源发挥更大作用，对其超额劳动或其他特别贡献所支付的奖金。③调剂成本，是调剂职工的工作与生活节奏，使其消除疲劳而发挥更大的作用，满足职工必要的需求，稳定职工队伍，并吸引外部人员进入企业工作而发生的费用。

（4）人力资源的保障成本。人力资源的保障成本是保障人力资源在暂时或长期丧失使用价值时的生存权而必须支付的费用。具体包括以下几项：①健康事故保障成本，是企业承担的职工因工作以外的原因引起的健康欠佳不能坚持工作而需给予的经济补偿费用。②劳动事故保障成本，是企业承担的职工因工伤事故应给予的经济补偿费用。③退休养老保障成本，是社会、企业及职工个人承担的保证退休人员老有所养和酬谢其辛勤劳动而给予的退休金和其他费用。④失业保障成本，是企业对有工作能力但因客观原因造成暂时失去工作的职工给予的补偿费用。

（5）人力资源的离职成本。人力资源的离职成本是由于职工离开企业而产生的成本。具体包括以下几项：①离职补偿成本，是企业辞退职工或职工自动辞职时，企业所应补给职工的费用。②离职前低效成本，是职工即将离开企业而造成的工作或生产低效率的损失费用。③空职成本，是职工离职后职位空缺的损失费用。

在确认人工成本项目的内涵之后，企业应选择一定的计量基础和计量方法，对人工成本加以量化。由于人力资源本身是一种特殊的资源，相应地决定了人力资产不同于其他资产的特性，所以账户设置便不同于传统会计中成本项目的账户设置，主要包括以下几个科目：人力资产、人力资源、取得成本、人力资源开发成本、人力资源保障成本、人力资产费用、人力资产摊销、人力资产损失准备、

人力资产损益。

7.2.3　薪酬控制的指标体系

企业要实现有效的薪酬控制，应当在企业内部建立薪酬控制的指标体系，通过指标体系之间的比较发现管理中存在的问题并寻找解决方案。

1. 薪酬控制指标的分类

企业常用的薪酬控制指标主要包括薪酬总量指标、薪酬结构指标、比率型指标三类。

（1）薪酬总量指标。薪酬总量指标反映的是企业薪酬的总量水平。由于不同企业职工人数不同，因此常用人均薪酬来反映企业薪酬水平的高低。该指标可以显示本企业职工平均收入的高低，企业聘用一名职工大致需要多少人工成本支出，企业在劳动力市场上对人才的吸引力有多大，等等。人均薪酬能够表示企业职工的工资和保险福利水平，也能作为企业向劳动力市场提供的劳动力价格信号。企业要提高职工的劳动积极性、吸引高素质的劳动者，就需要建立人均薪酬指标，以便企业对薪酬水平进行更全面的分析和控制，有利于企业的生产发展。

（2）薪酬结构指标。薪酬结构指标是指员工薪酬各组成项目占薪酬总额的比例，可反映薪酬投入构成的情况与合理性。其中，工资占薪酬的比重是结构指标中的主要项目。

（3）比率型指标。比率型指标是企业进行薪酬控制常用的指标，是一组能够将薪酬与经济效益联系起来的相对数。常用的两个比率型指标是劳动分配率和人事费用率。其中，劳动分配率表示企业在一定时期内新创造的价值中有多少比例用于支付员工薪酬，它反映分配关系和薪酬要素的投入产出关系。同一企业在不同年度劳动分配率的比较、同一行业不同企业之间劳动分配率的比较，说明薪酬相对水平的高低。人事费用率表示企业生产和销售的总价值中有多少用于薪酬支出，同时也表示企业职工人均收入与劳动生产率的比例关系、生产与分配的关系、人工成本要素的投入产出关系。

劳动分配率和人事费用率实质上反映的是薪酬作为一种投入的效益，由于是相对数指标，有利于国际、国内企业的人工成本水平进行比较。但应该注意的是，不同行业的企业之间，由于资本有机构成或劳动装备水平不同，增加值率和利润率不同，劳动分配率和人事费用率存在明显差异。因此，劳动分配率和人事费用率指标适合同行业的企业之间进行比较。

但是上述指标的分析和结论也存有片面性，因为它只局限于成本领域，只是物质消耗成本与人工成本的比值关系，没有考虑为创造经济效益用于补偿劳动消耗的分配关系，所以还应从生产和分配关系、投入和产出关系统筹考虑设置人工成本分析指标。以下介绍常用的薪酬控制指标。

2. 常用的薪酬控制指标

企业常用的薪酬控制指标主要包括以下 8 项。

1）平均人工成本指标

平均人工成本分析的意义如下：一是显示企业员工实际收入的水平；二是据此预算企业聘用一名员工大致需要的投入量，以及所需要支出的平均人工成本费用水平；三是衡量企业在劳动力市场上的竞争力水平。此外，平均人工成本指标表明了成本动态变动情况。可以看出，人均人工成本为我们提供了进行人力资源管理各项工作非常重要的科学依据。过去企业仅有的人均工资指标统计是不能真实反映员工的实际收入的。公式为

$$\text{平均人工成本}=\frac{\text{人工成本总量}}{\text{在岗平均人数}}$$

$$\text{平均人工成本指数}=\frac{\text{本期人均人工成本}-\text{上期人均人工成本}}{\text{上期人均人工成本}}$$

2）人工成本含量指标

人工成本含量指标反映了企业人工成本占总成本的比重，它是行业、企业间商业竞争的重要指标。在同行业企业中，它表示企业的竞争潜力，人工成本含量低的企业竞争潜力大；反之，则竞争潜力小。人工成本占总成本的比重，反映活劳动对物化劳动的吸附程度，这一比值越低，则反映活劳动所推动的物化劳动越大；反之，活劳动所推动的物化劳动越小。该指标用于衡量企业有机构成的高低和确定人工费用定额。各行业要素密集程度不同，有资本密集型、技术密集型、劳动密集型，因此，不同行业人工成本占总成本的比重可能差异很大。也就是说，不同行业企业的人工成本含量不具有可比性。公式为

$$\text{人工成本含量}=\frac{\text{人工成本}}{\text{总成本}}$$

3）人事费用率指标

人事费用率是企业人工成本占企业销售收入的比重，也是衡量企业人工成本能力支付的重要尺度之一，是分析企业人工成本支付能力的最简单、最基本方法之一。也就是说，人事费用率表示企业生产和销售的总价值中有多少用于人工成本支出，同时表示企业人均收入与劳动生产率的比例关系、生产与分配的关系、人工成本要素的投入产出关系。它的倒数（销售收入总额 ÷ 人工成本总额）表明每投入一个单位的人工成本能够实现多少销售收入，表明了人工成本的投入产出效益。公式为

$$\text{人事费用率}=\frac{\text{人工成本总额}}{\text{销售收入总额}}$$

由此可以看出，如果公司的销售额增加，则人工费用也可以相对增加，因为公司的支付能力比较强；同理，如果销售业绩不好，则应相应地减少人工成本的支出。那么我们可以根据过去几年的经营业绩计算出人事费用率，再根据这个比率，求出合理的人工成本总额。

例如，A 公司 2004~2008 年 5 年平均的人工费用比率为 17%。公司员工 150 人，人均月工资 1 000 元，那么其前 5 年平均的薪酬总额为 180 万元。

销售额=180 万元 ÷ 17%=1 058.8 万元

进入 2008 年，员工人数为 160 人，公司决定总体上调 10%，则薪酬总额由 180 万

元上升为 198 万元［180 万元×（1+10%）=198 万元］。

如果人事费用率仍然按 17%，相应地 2008 年的销售额应为 1 164.7 万元（198 万元 ÷ 17%=1 164.7 万元）。

4）劳动分配率指标

劳动分配率是指企业人工成本占企业增加值的比例。人工成本是企业增加值的一部分，增加值是人工成本的来源。劳动分配率指标是衡量企业人工成本支付能力的重要尺度之一，反映了劳动力和资本参与分配企业增加值的比例关系，而劳动分配率加上资本分配率等于 100%。其计算公式为

$$劳动分配率=\frac{人工成本总额}{增加值}\times 100\%$$

附加价值类似我国的净产值加上折旧，是指企业通过产销过程创造新的价值，是投入人员和资金所净赚的金额。其公式为

附加价值=销售额–从外部购入价值（物料+外包加工费用）

根据劳动分配率就可以求出合理的人工费用率，公式为

$$人工费用率=\frac{人工费用}{销售额}=\frac{附加价值}{销售额}\times\frac{人工费用}{附加价值}$$

$$=目标附加价值率\times 目标劳动分配率$$

例如，B 公司 2007 年度总人工费用为 1 200 万元，附加价值为 4 800 万元，到 2008 年第一季度人工费用为 350 万元，月均约 116.7 万元，附加价值为 1 500 万元，则可以计算出 2007 年度与 2008 年第一季度的劳动分配率。

2007 年度劳动分配率=人工费用/附加价值=1 200 万元 ÷ 4 800 万元=25%。

2008 年第一季度劳动分配率=350 万元 ÷ 1 500 万元=23%。

由此可见，这两个数字相关不大。现在该公司决定自 4 月开始调整薪资，若 4 月的附加价值为 550 万元，而要求维持第一季度的劳动分配率不变，那么 4 月的人工费用应该是多少呢？

$$目标人工费用=目标劳动分配率\times 附加价值=23\%\times 550万元=126.5万元。$$

很明显，调薪差额为 126.5 万元–116.7 万元=9.8 万元，合理的调薪幅度为（126.5 万元–116.7 万元）÷ 116.7 万元=8.4%。

5）人工成本利润率指标

人工成本利润率是反映人工成本投入产出效应的一个重要指标，体现企业人工成本投入与企业最终价值创造的关系。人工成本利润率的变动趋势，基本可以反映企业经营效益的变动趋势。管理者需要注意人工成本管理是为强化企业人工成本的控制，在保持人工成本适度增长的同时，实现企业经济效益的显著提升。通过人工成本利润率的变动趋势，也可以分析企业经营状况和企业经营环境的变动趋势。公式为

$$人工成本利润率=\frac{利润总额}{人工成本总额}\times 100\%$$

6）人工成本工资率指标

人工成本工资率是人工成本结构的指标，它说明工资成本占人工成本的比例。公

式为

$$人工成本工资率=\frac{工资总额}{人工成本总额}$$

根据我们的调研，目前大多数国内企业的该项指标在 50% 以下，说明工资在整个人工成本中所占的比例不到一半，这可能意味着，成本项目中相当多的费用项目是属于普通员工不太清楚而公司暗补的“隐形”性福利。而同期的外企人工成本工资含量的指标一般都在 65%以上。这可以解释为什么外资企业更有吸引力——其显著性的高工资是促使人才流动的重要原因。因此，改变小工资、大福利的分配格局，使福利分配更加显性化、货币化，并逐步纳入工资性分配体系，向大工资、小福利方向发展，是国内企业人工成本管理改革的方向。

7）人工成本系数指标

人工成本系数是人工成本有关指标按相应权重加权计算的结果，是人工成本水平的综合标志，可作为不同企业、行业或地区的社会人工成本比较的主要参考指标。相应权重应依据各指标的性质和作用确定，相应权重之和等于 1，不同行业、企业人工成本系数的权重必须相同才具可比性。公式为

人工成本系数=（人工成本指数×相应权重）+（总成本人工成本含量×相应权重）+（人事费用率×相应权重）+（劳动分配率×相应权重）

8）人工成本社会负担率指标

人工成本社会负担率是指企业单位人工成本中社会负担费用所占的比重。它是反映企业社会费用负担程度的结构性指标，可用于不同企业社会负担的比较和区别。公式为

$$人工成本社会负担率=\frac{社会性服务总额}{人工成本总额}$$

除以上几项外，还可以根据企业人工成本管理的实际需要相应设置人工成本指标，如单位产品人工成本含量、劳动生产率与平均工资增长比率、工资总额与福利总额的比率等。

7.2.4 企业薪酬成本的控制

企业如何加强对薪酬成本的管理呢？首先要界定合理的工资水平，因为工资是人工成本中的重要组成部分。控制工资水平，是控制投入的一个重要方面。当然控制工资并不意味着工资越低越好；其次要想方设法提高劳动生产率。研究人工成本是围绕人的劳动投入、产出而展开的。劳动生产率是体现效率的指标。有人这样论断：如果增加 10%的工资得到增加 15%的效率，则产生 5%的利润。企业对薪酬成本的管理，注重的应该是增加投入所带来的效益。以下介绍企业薪酬成本控制体系和薪酬成本控制线。

1. 企业薪酬成本控制体系

企业薪酬成本控制体系包括弹性控制体系和比率控制体系两方面。

1）企业薪酬成本弹性控制体系

企业薪酬成本弹性控制体系旨在考察人工成本的增长状态，即从动态的角度，通过对人均人工成本变动幅度分别与人均增加值、人均销售收入、人均总成本变动幅度的比值进行弹性的控制，把人工成本水平的增长控制在经济效益和投入产出水平所能允许的范围之内。

从投入产出的经济效益角度考虑，人工成本是一种消耗性要素。这种消耗的必要性取决于它为企业带来产出效益的大小。也就是说，一定的人工成本投入应带来一定的产出效益，当企业人均人工成本增长时，人均增加值和人均销售收入也应呈增长趋势。否则，这种人工成本投入所产生的效果就是负面的。在其他条件不变的情况下，人工成本的增加，必然引起总成本的增加，二者是一种同方向变动的关系。这样，就可以通过人均人工成本增长率与人均增加值增长率、与人均销售收入增长率、与人均总成本增长率的比值，反映人工成本投入的经济效益，即其在总投入中的含量的变动趋势。

显然，当企业人均人工成本增长时，人均增加值、人均销售收入也要有所增长且增长幅度应高于人均人工成本的增长幅度，才能带来经济效益的提高，这才是增收增效的人工成本；反之，对于人工成本增长时其他产出指标反而呈下降状态的企业，其人工成本的投入是不合理的。这部分人工成本的投入未能给企业带来经济效益，其作用是负面的，说明该企业在人工成本弹性控制方面失控，需要合理调节人工成本的投入产出关系，减少无效人工成本消耗，以便保持良好的增长态势。

我们也会看到有的企业在发展的过程中出现了人均人工成本下降的情况，尽管效益指标有所增长，但对于调动劳动者的积极性和开发人力资源是不利的。尤其当人均人工成本下降伴随着人均增加值、人均销售收入等产出指标的下降时，会使企业的生存和发展受到威胁，更应该引起注意。因此，对于这类企业，首先要改变以上不合理现象，在此基础上，再进行人工成本与各产出指标的弹性控制。

2）企业薪酬成本比率控制体系

企业薪酬成本比率控制体系是从水平状态考察人工成本，即从分配水平的角度控制人工成本，旨在使企业在分配方面更好地兼顾个人、企业、国家三者的利益关系，保证企业的持续、稳定发展。人工成本的水平状态主要是从人工成本的比率指标考察，以行业平均的劳动分配率、人事费用率、人工成本占总成本比重这三个比率指标作为参照，衡量企业与行业对应比率指标的偏差程度。

显然，企业的这三项比率指标应当低于行业平均水平，且这三项比率指标均都不能为负值。所以，计算出的综合偏差率应大于 0 且小于等于 1，符合这一条件的企业是人工成本比率控制较好的企业；反之，则认为该企业在人工成本的比率方面失控了。有的企业劳动分配率或人事费用率指标出现了大于 100%的情况，这是非常不合理的。对于此类企业，首先要改变人工成本超出增加值或销售收入的不合理现象，有的还必须扭转

亏损局面，并在此基础上进行与行业平均水平的对比。

2. 企业薪酬成本控制线

1）企业薪酬成本支出的高限和低限

薪酬成本是企业获取利润必须付出的代价，同时是员工工资和保险福利水平的一种体现。尽管提高这一水平是生产的目的，但是在企业一定生产水平的限制下，这种要求不应过高。企业薪酬成本支付有一个最高限度问题，不顾其他条件，任意超过这一限度，就会使企业陷于亏损和破产的境地，员工也会陷于困境。我们可以借用管理经济学盈亏平衡方法分析并确定人工成本支付的最高限度。

薪酬成本控制的限度可以通过图 7-1 来表示。

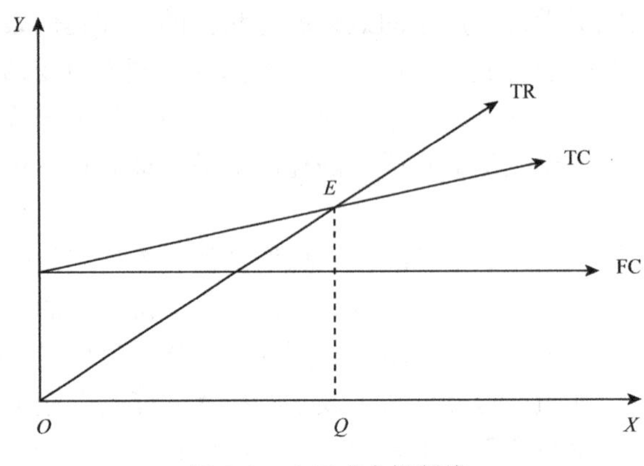

图 7-1　人工成本控制线

图 7-1 中，X 轴表示企业生产和销售数量，Y 轴表示企业的成本和收益，FC 线表示的是固定成本，TC 线表示的是企业总成本（总成本=固定成本+变动成本），TR 线表示的是企业总收益（即销售收入或生产总值），TR 线与 TC 线相交的 E 点就是盈亏平衡点（亦称盈亏转折点），Q 点表示的是无盈亏状态下的生产和销售数量。当生产和销售数量为 Q 时，E 点所表示的是总收益等于总成本，即企业不亏损也没有任何盈利；当生产或销售数量小于 Q 时，总成本大于总收益，企业陷于亏损区域；当生产或销售数量大于 Q 时，总成本小于总收益，企业可获得盈利。因此，我们可以发现，当企业总成本等于销售收入或生产总值时，可维持简单再生产过程，在这种状态下所支付的人工成本应为企业薪酬成本支付的最高限度。

其中，盈亏平衡点的计算如下：

$$\text{盈亏平衡点销售收入或产值}=\frac{\text{固定费}}{1-\text{变动费率}}=\frac{\text{固定费}}{1-\text{变动成本/销售收入}}$$

企业总成本包括固定费用和变动费用两大部分。企业全部薪酬成本都是在一般管理费与销售费用和劳务费中支出的，因此可以说薪酬成本包括在固定费之中。

以常用的人事费用率和劳动分配率作为分析的主指标，我们可以得到人工成本最高限度：

$$人事费用率最高限度=\frac{人工成本}{盈亏平衡点销售收入总成本}\times100\%$$

$$劳动分配率最高限度=\frac{人工成本}{盈亏平衡点销售收入-物耗成本}\times100\%$$

而薪酬成本的最低限度是由劳动力市场决定的，公式为

$$薪酬成本的最低限度=\sum v_i\times x_i$$

式中，v_i表示企业在劳动力市场上招聘到的某一类合格人员的最低待遇水平；x_i表示企业对某类人员的需求量。

2）企业薪酬成本控制线的确定

企业的人事费用率和劳动分配率只要不超过盈亏平衡状态所决定的最高限度，就可以处于安全区域之内。那么，在这个安全区域之内又如何进一步确定对某个企业来说适度的或最佳的人事费用率和劳动分配率呢？

在薪酬成本的安全区域内，企业应首先考虑制订合理的利润计划，对维持一定规模的扩大再生产所需利润进行分析、计量，计算出能够维持企业正常发展的必要利润数额。必要利润公式如下：

$$必要利润=\frac{公积金+公益金+股金分红+\cdots\cdots}{1-税率}$$

由此基础上可以得到比较适度的控制线：

$$适度的人事费用率=\frac{人工成本}{总成本+必要利润}\times100\%$$

$$适度的劳动分配率=\frac{人工成本}{总成本+必要利润-物耗成本}\times100\%$$

但上述公式是根据自身利润计划做出的，不一定适应企业在市场竞争中的需要，因此还需考虑市场因素。企业在制定人工成本控制线时应当尽可能满足两个条件（两个条件中优先满足第一个条件）：①企业每人平均人工成本水平高于竞争对手；②企业人事费用率和劳动分配率低于竞争对手。

7.2.5　企业薪酬成本循环管理体系

薪酬成本主管部门应拟定薪酬成本的管理制度，使薪酬成本管理实现制度化、程序化、规范化。这里我们提出，企业在进行薪酬成本管理过程中，可以根据薪酬成本循环管理体系包括的各个环节及其要求，逐步建立、完善相应的制度、流程设计。企业薪酬成本循环管理体系包括薪酬成本的预算、计划、执行、检查、处理和结算六个环节。

1. 企业薪酬成本循环管理体系的预算环节

企业应从源头上控制薪酬成本，即做好薪酬成本的预算。薪酬成本的预算应以财务预算年度作为薪酬成本预算年度，以财务及其他专业的预算数据为依据，由劳资部门单独进行预算，即保持相对的独立性。

预算时，应根据国家有关方针、政策，按照业务部门的计划、任务，根据上年度实际发生情况，考虑本年度特殊增减因素，遵循增收节支、量入为出的原则，精打细算、科学合理安排各项资金，编制人工成本预算，不得编制赤字预算。为了保证制度的严肃性，预算一经批准，一般不予调整，如果在年度执行中受国家政策影响，人员机构发生大的变化，确实需要调整的，下属各单位、各部门应向人工成本主管部门提出申请，经批准后方能支付。除此之外一律不予调整。预算可以使成本在合理的幅度内变化，不至于严重不足或过分溢出。

预算能够采用的方法很多，各种财务管理中预算方法几乎都能够用做薪酬成本预算。目前企业的人力资源活动预算基本上根据定员结合公司的考核目标是否实现等调整。但对于新建企业或有较大活动计划变动的企业，则可以考虑零基分析法，即不考虑账户的历史成本的记录，在全面分析人力资源结构、数量的基础上结合人力资源的市场情况，预测未来的薪酬成本。对于一些大型的活动，难以一步到位确定成本的，还可以考虑滚动预算的方法。值得注意的是，预算前首先要判断预算的薪酬成本是收益性支出还是资本性支出，并据此决定预算是短期还是长期的、是静态还是弹性的。

2. 企业薪酬成本循环管理体系的计划环节

计划环节中的关键问题是做好薪酬成本的规划决策。而规划决策的核心在于薪酬成本的效益性分析，其目的是使人力资源能够被最经济有效地利用，修正不经济的支出，达到人力资源的有效配置。企业应对计划开展的各项人力资源管理活动，列举不同方案，根据投资收益的理念，进行比较分析。一般包括估算成本、估算收益、评价投资收益三部分。在评价投资收益时可计算投资收益率、投资回收期或净现值等以进行比较决策。在计算过程中，要综合考虑几个因素：①薪酬成本支出的机会成本，即执行一项计划而放弃的另一项计划可能带来的收益；②人力资源投资中的风险因素，即考虑成本支出效益为负的可能性。

3. 企业薪酬成本循环管理体系的执行环节

执行过程要求执行人员树立成本意识，严格控制各项活动支出，在合理的范围内进行预算调整。具体有以下两点。

1）成立监控的组织机构

建立人力资源部门和财务部门合作的人工成本管理组织，系统、全过程地负责有关工作。企业薪酬成本管理是一项系统工程：其一，要求企业必须系统、全员、全方位、全过程地进行这项工作，在企业内部建立以劳资部门为主的人工成本管理体系，对各项人工成本预算要严格审核，对预算外费用要严格监控，履行必须的审批程序，经批准后方能执行，努力降低人工成本；其二，对下属各单位、各部门的报表数字质量要负责监督检查，并发布全企业的人工成本状况，提供各单位需要的其他人工成本信息咨询；其三，指定下属各单位的人工成本管理责任主体，并通过调查、收集、整理社会人工成本

信息、全企业人工成本信息，合理确定企业的人工成本控制指标，定期公开发布人工成本控制标准；其四，每年召开人工成本结算会，对有效管理人工成本的单位进行奖励，对人工成本偏高的单位进行预警预报，必要时实行成本否决。

2）完善人工成本统计台账

制定劳动工资、保险福利统计报表制度和财务报表制度，建立人工成本统计台账。台账主要包括人工成本汇总台账、工资内外收入台账（应含支付职工的全部劳动报酬）、社会保险台账、职工福利费用台账、教育培训费用台账、职工住房费用台账、非本单位职工的人工成本台账、其他人工成本台账、劳动保护费用台账。台账的填报要求是一般应按本期实际发生数填报，除有单项规定外，不能按计划数填报；要按谁支付、谁统计的原则登账，如企业对外按项目承包，只对单位支付项目承包费用，不直接支付工资报酬，不统计为企业用工人员及工资。

4. 企业薪酬成本循环管理体系的检查环节

及时检查，可保证成本控制在合理的范畴内变动；及时纠偏，可保证成本控制不至于失控。检查包括如下几点。

（1）阶段性检查。企业按季度、月度或项目阶段对各部门进行阶段性的审核，审核各项人力资源活动成本的使用情况，并进行及时调整。

（2）年度结算检查。企业在每年财务决算后应进行人工成本的结算，并与年初的人工成本预算方案进行对比，以便发现问题。

（3）年度统计分析。进一步分析结算结果，发现问题及差距，为下一年度的人工成本控制提供改进依据。企业的经营活动是相互联系的，指标之间存在着相互依存关系，通过图 7-2 可以清晰、全面地了解人工成本的构成、数量和指标之间的关系，为提高企业管理水平提供帮助。

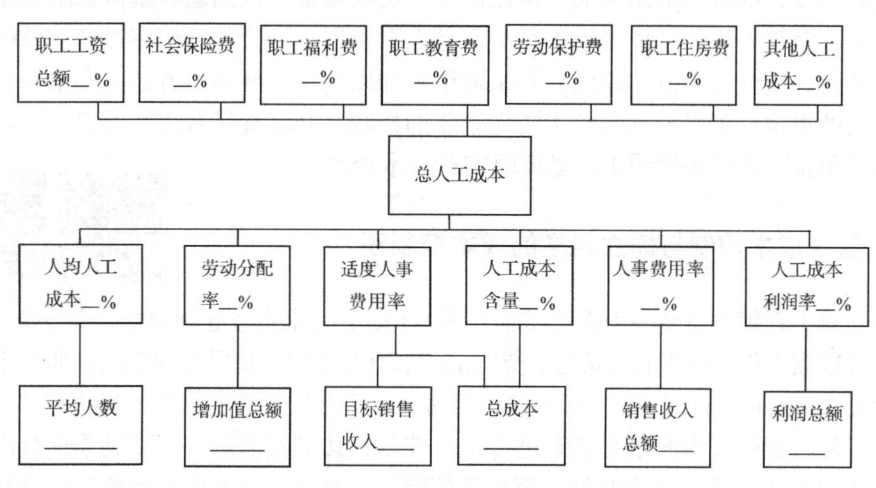

图 7-2　薪酬成本分析模型

（4）人工成本预警制度检查。人工成本预警制度是指劳动行政部门为促进企业建立人工成本自我约束机制而采取的强制性与指导性相结合的监控措施。企业应根据国家或行业主管部门发布的人工成本分级标准和人工成本预警线，结合企业实际情况，制定人工成本控制目标。为了实现人工成本管理的预定目标，应采取事中控制的方法，企业劳资部门对人工成本进行分析评价并发布评价结果，对所属各单位人工成本管理预定目标实现程度的好、中、差，采取分别亮“绿灯”“黄灯”“红灯”的办法，促进人工成本预定目标的实现。

5. 企业薪酬成本循环管理体系的处理环节

通过第四环节的检查，可以得到季度、年度企业薪酬成本使用情况的总结，对其结果可进行如下处理。

（1）季度审核结果处理鼓励控制成本提高效益的做法，及时给予褒扬；及时发现，及时纠正成本溢出或使用效率低下的做法。

（2）年度审核结果处理表彰奖励人工成本控制好的下属机构、部门，鼓励经验交流，促进其他部门机构的成本控制；调查分析人工成本控制失当情况，从机构、制度、执行各环节分析原因，寻求解决对策，在下一年度进行针对性调整。

6. 企业薪酬成本循环管理体系的结算环节

企业应在每年财务决算后召开薪酬成本结算会，按照有关财会规定，按建立的台账，及时、准确、完整地对人工成本进行结算，对比年初的薪酬成本预算方案，计算节约超支的额度并分析薪酬总量指标、结构型指标和相对比率型指标；对比薪酬成本控制目标，包括绝对指标和相对指标，检查薪酬成本是否进行有效控制，检查是否达到了增收节支。对于薪酬成本管理得当的单位，应制定一些奖励措施，按照各单位增收节支的程度，提取工资总额的一定比例作为奖励基金，以调动各单位薪酬成本管理的积极性；对于人均薪酬成本水平过高，且人事费用率、劳动分配率过高的单位，在年终结算时，应分析具体的原因，并采取措施加以调整。例如，若是工资水平过高、增速过快的单位，可以对其效益工资作必要的核减，并对责任者进行处罚；对薪酬成本过高的单位要进行预警预报，必要时实行成本否决。

7.2.6　重视成本控制与树立科学的成本控制观

薪酬成本管理本身是一个系统工程（图 7-2）。它要求企业必须全员、全方位、全过程地进行这项工作。企业的决策层、劳资部门、财务部门、基层管理部门及职工个人都要通力配合，同时要讲求方法。薪酬成本管理，无论是从薪酬成本的增长状态进行弹性控制，还是从薪酬成本的水平状态进行比率控制，其本质都是对薪酬成本进行内涵控制，即不是一味地压缩其绝对额，而是要控制其相对数，薪酬成本的绝对额必然随着社会的发展不断提高，这是总趋势。

企业进行薪酬成本控制的目的是降低薪酬成本在总成本中的比重，增强产品的竞

争能力；降低薪酬成本在销售收入中的比重，增强薪酬成本的支付能力；降低薪酬成本在劳动分配率中的比重，增强人力资源的开发能力，即要提高薪酬成本的投入产出比。提高薪酬成本效益的关键在于提高劳动生产率。薪酬成本控制是适应企业资本有机构成不断提高的趋势而提出的，资本有机构成的提高必然要求劳动生产率与之相适应，企业要生产高附加值的产品，必须要有高素质的熟练劳动者。这就决定了企业管理者不能只注重短期经济效益，单纯强调降低薪酬成本，忽视对人力资源的投资，而是要适时地增加薪酬成本的投入，加强职工的培训教育，提高职工的技能和素质。否则，企业在短期内取得超额经济效益的同时，人力资源的损耗也会随之产生，如果这种损耗没有及时得到合理的补偿，就会损害人力资源的使用价值，可能导致企业负效益的产生。

7.3　薪 酬 调 整

薪酬体系设计是企业人力资源管理的核心内容。在现代企业管理中，薪酬不但是具有传统企业生产成本支出功能的载体，而且已经成为与企业人力资源开发战略紧密相连的管理要素。随着我国经济的发展，传统的薪酬体系已难以适应企业现代化管理的需要，普遍出现了激励作用不足、约束作用乏力、平均主义和分配行为不规范等弊端。因此，对传统的薪酬体系进行变革就成为一种必然。此外，企业原有的薪酬体系在运行一段时间以后，随着企业经营业务的变化而出现的用人政策的变化，往往使现行的薪酬体系难以适应企业业务运营的需要，这时企业就必须对其现有的薪酬体系进行全方位的检测，以确定相应的调整措施。根据自身发展情况，有的企业需要对奖金制度进行调整，有的企业需要对起点薪资做出调整，有的企业只需对福利制度进行修改。类似的调整可以归纳为薪酬的局部调整。在某些时期，可能就需要对企业的原有薪酬体系做出重大改革或调整，即为全面性的调整。从整个薪酬管理的角度看，薪酬体系的调整是个持续动态的过程，见图 7-3。

7.3.1　薪酬调整的原则

企业薪酬体系的调整是整个薪酬管理的相当重要的一环，做好薪酬体系的调整工作就必须把握好调整的原则。在薪酬设计环节中需要考虑的原则有以下几点：①内外公平性，对外的绝对公平和对内的相对公平；②劳资互惠性，劳资双方互惠互利；③激励性，薪酬应作为激励员工的主要手段之一；④层次需求性，不同层次人员对薪酬福利需求的欲望是不同的；⑤支付效率，薪酬的支付要有利于员工劳动生产率的提高；⑥能力开发，薪酬的支付有利于员工能力的不断开发和提高；等等。

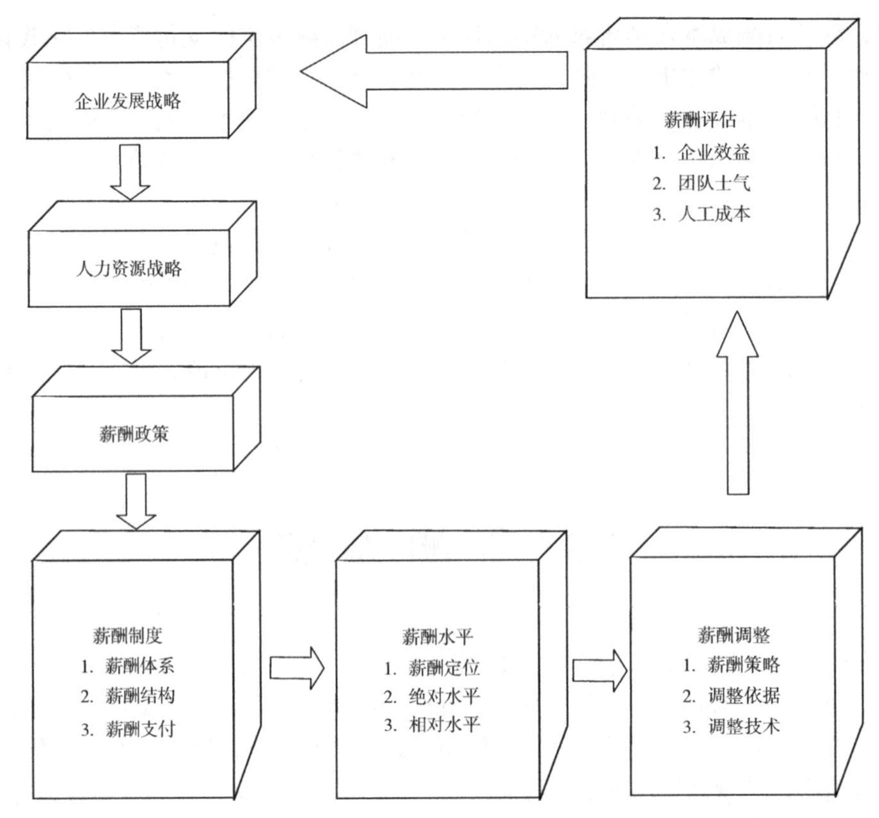

图 7-3 薪酬调整的动态过程

此外，还应注意把握好以下原则：①市场导向与经营状况相兼顾原则，既要考虑薪酬水平与市场接轨、对外有竞争力，也要考虑公司的经营状况对薪酬成本的适应度；②贡献与收益相挂钩原则，体现对关键岗位、关键员工的重视，适当加大对关键岗位、关键员工的调整力度；③岗位价值与个人业绩相结合原则，员工的薪酬不但受所在岗位价值的影响，而且要根据个人的业绩进行调节。

7.3.2 薪酬调整的策略与方式

首先，薪酬体系调整需要确认下述类似问题。

（1）何时对员工的薪酬水平进行调整？即企业在一年中的什么时候为员工调薪的问题。根据前面薪酬预算的有关介绍，薪酬调整的时间不一样，同样的加薪方案给企业带来的经济压力也是不同的。如果一份准备将企业的整体薪酬水平提高 5 %的薪酬预算是在年初提出的，那么它意味着组织只需为该预算多支付相当于薪酬总额 2.5%的财务支出。

（2）对谁的薪酬水平进行调整？此处涉及的是薪酬方案的参与率问题。在企业加薪总额一定的情况下，员工的参与比例越高，那么每个人可以得到的加薪额度就越小。在实际生活中，刚刚加入企业的员工是不会马上享受加薪的；根据企业政策的不同，这段等待期可能从6个月到1年。

（3）企业里的工作职位状况发生了哪些变化？能够对企业内部工作职位的状况产生影响的因素很多。以技术水平为例，对于特定职位而言，当它的技术含量提高时，员工所得的薪酬应该也会相应提高。因此，企业在制定薪酬预算的时候，综合考虑企业内部职位发生的整体变化及各种职位上人的增减状况是十分必要的。

（4）企业的员工人数是增加了还是减少了？这种变动是在什么时候出现的？企业员工的人数对企业的整体薪酬支出水平影响极大；当员工人数增加或流动比较频繁时，组织的平均薪酬水平可能会随之降低。但是，和薪酬调整的时间问题一样，在不同的时候对员工人数进行调整，对组织所产生的影响也是不同的。

（5）员工的流动状况如何？对各个部门的预期流动率进行估计往往是很困难的，但根据市场情况和历年经验对企业整体的流动情况进行评估则多半会简单一些。按照估计出来的流动水平，结合流动效应进行考虑，可以在很大程度上增加企业薪酬预算的准确性和时效性。

正是由于薪酬管理的敏感性及其对企业的财政状况的决定性，从这个意义上说，管理者必须对包括上述问题在内的类似问题加以考虑，投入一定的时间和精力。这也是做好薪酬调整工作的基础性必要工作。

其次，做好薪酬调整的策略选择工作。企业薪酬调整策略包含水平策略和结构策略两个方面。

1）薪酬水平策略

薪酬水平策略是指企业根据当地市场薪酬行情和竞争对手薪酬水平而制定企业自身薪酬水平的策略。

在为不同工作或不同技能水平的员工调整薪酬水平时，一般以工作为基础或以技能为基础，结合薪酬市场调查的结果进行。通过薪酬调查掌握与本组织相关的劳动力市场的流行薪酬率，薪酬水平的调整既要体现内部公平性，也要体现外部竞争性。而外部竞争性的实现，关键是要使组织内各种工作的薪酬水平与市场薪酬水平一致。要实现这一目的，离不开市场薪酬调查。首先，通过市场薪酬调查，在了解竞争对手给其员工的薪酬水平状况的基础上调整本组织的薪酬标准。但是，付给员工的薪酬越高，劳动力成本就越大，本企业的产出与竞争对手相比，成本比较优势就越小，因此，薪酬调整决策必须充分考虑组织的总支出和产出品的竞争力。其次，通过市场薪酬调查，可以了解同行业和相关劳动力市场的流行薪酬率，并在此基础上将薪酬水平调整为同行业的薪酬水平，或者先确定某些基本工作的薪酬水平，然后按照相对价值调整其他工作的薪酬水平。薪酬调查的结果通常包括各种工作的最低小时薪酬、中位数小时薪酬、最高小时薪酬、平均小时薪酬，被调查的各个组织某类员工的人数等。薪酬调查的主体可以是需要薪酬调查的组织，也可以是政府有关部门、行业协会、咨询机构等。

将本组织的实际薪酬水平与市场薪酬水平进行比照，可确定本组织的薪酬水平调整方案。组织可采取四种常见的薪酬水平的策略：①市场领先型。企业薪酬水平在同行业的竞争对手中处于领先地位，即企业薪酬水平高于同行业其他企业。②市场跟随型。企业一般都建立或找准自己的标杆企业，企业的经营与管理模式都向自己的标杆企业看齐，薪酬水平也与标杆企业差不多。③成本导向型。企业在制定薪酬水平策略时不考虑市场和竞争对手的薪酬水平，只考虑尽可能地节约企业生产、经营和管理的成本，其薪酬水平一般比较低。④混合薪酬策略。企业在制定薪酬水平策略时可以综合考虑各种因素而采用以上不同的薪酬策略组合。

2）薪酬结构策略

薪酬结构策略主要是指企业总体薪酬中的固定薪酬（主要指基本工资）和浮动薪酬（主要指奖金和绩效薪酬）所占的比例。薪酬结构策略一般有高弹性、高稳定和调和性三种（也称为高激励、高保健和折中），它们之间的比较如表 7-4 所示。

表 7-4　三种薪酬模式结构的比较

名称	高弹性薪酬	调和性薪酬	高稳定薪酬
特点	薪酬绩效是该薪酬结构的主要组成部分，基本薪酬等处于次要地位，所占比例非常低（甚至为零）	绩效薪酬和基本薪酬各占一定比例	基本薪酬是该薪酬结构的主要组成部分，绩效薪酬等处于次要地位，所占比例非常低（甚至为零）
优点	对员工的激励性很强，员工的薪酬完全依赖于其工作绩效的好坏	对员工既有激励性又有安全感	员工收入波动很小，员工安全感很强
缺点	员工收入波动很大，员工缺乏安全感与保障	必须制定科学合理的薪酬系统	缺乏激励功能，容易导致员工懒惰
使用条件	员工的工作热情不高，企业的人员流动率较大，员工业绩的伸缩空间较大	兼具激励性与员工安全感，薪酬制度灵活掌握，薪酬成本容易控制，适用面比较广泛	员工的工作热情较高，企业的人员流动率不大，员工的业绩伸缩空间较小

薪酬结构调整的方法导向如下。

（1）工作导向法和技能导向法。薪酬结构调整最常用的方法导向是以工作评价为基础，以员工所承担的工作为导向调整薪酬结构。近年来，以技能为导向的薪酬结构调整日益普遍。技能导向的薪酬结构调整有两种表现形式：一种以知识为基础，即根据员工所掌握的完成工作所需要的知识深度来调整薪酬；另一种是以多种技能为基础，即根据员工能够胜任的工作种类数目或技能的广度调整薪酬。技能导向法与工作导向法的一个重要区别，就在于前者强调的是员工方面的特征，后者强调的是工作方面的特征。

（2）市场导向法。即根据市场上本组织竞争对手的薪酬水平来调整本组织的内部薪酬结构。其具体做法如下：首先根据本组织内所有工作岗位对组织目标实现的贡献大小进行排序，然后调查市场上与本组织有竞争关系的若干组织的薪酬状况，并按照这些竞争对手与本组织相同工作岗位的薪酬平均水平来调整这些可比较的工作岗位的薪酬水平，最后参照这些可比较的岗位的薪酬水平调整那些不可比较的工作岗位的相应薪酬水平。薪酬结构调整的市场导向法实际上是依据外部劳动力市场上的薪酬结构来调整组织内部的薪酬结构。它关心的重点是组织薪酬成本的外部竞争力，而不是组织内部各种工作之间在对组织整体目标贡献上的相对关系。换言之，市场导向法是让竞争者调整组织内部的薪酬结构，这可能导致本组织内部薪酬结构

的不一致。

薪酬结构调整有其一般程序。薪酬结构的调整通常与薪酬水平的调整结合在一起进行，其步骤如下：①调整薪酬等级数目。在薪酬结构以技能为导向时，薪酬等级应根据职务（工种）的技术（业务）复杂程度和从业人员所需具备的劳动熟练程度进行调整。通常某一职务（工种）的技术越复杂，对从业人员的技术要求越高，则薪酬等级数目就越多。当然，在方法上，薪酬等级数目应与技术（业务）等级数目相对应，若考虑到劳动者增加薪酬的需要，也可适当增加薪酬等级数目。在薪酬结构以工作为导向时，薪酬等级应根据各职位的价值差异，即依据工作评价的分数调整薪酬等级，调整时既可增加也可减少薪酬等级，具体数目的多少应考虑组织规模、每一工作群所包括的工作种类、岗位评价点数的聚散状况等。②调整各工作（职务、工种）的薪酬等级。各工作（职务、工种）薪酬等级的调整，既可依据劳动复杂程度、精确程度、繁重程度、劳动条件、培训时间和费用、创造价值大小等选择典型工作进行比较，也可选择各工作的共同部分，即“结合部”进行比较。通过比较，即可调整各工作的薪酬等级。

最后，薪酬的调整方式如下。薪酬调整方式主要决定薪酬调整的频率及幅度。所谓薪酬调整频率，就是调整薪酬的时间间隔，是每年还是两三年或不定期调整一次。薪酬调整幅度，即每次调整的平均薪资额。基本模式有两种，即快频小幅调整与慢频大幅调整。实践证明，由于员工都盼望增加薪资，若调整薪资间隔时间长，就会引发较大的矛盾，因此，根据激励响应递减规律，不如采用快频小幅调整薪资的模式。

必须注意的是，企业有竞争力的薪酬调整策略必须以企业的经济承受力为基础，否则，将失去整个薪酬调整的坚实基础。因此，企业在确定每个岗位薪酬级别与福利后，对薪酬总量进行测算，在满足提供有竞争力薪酬的同时，能有充足的资金支撑公司的经营发展。

7.3.3　薪酬调整的影响因素[①]

1. 组织自身因素

组织自身因素具体包括：①组织战略与发展阶段。企业在薪酬体系调整时必须充分考虑企业的发展战略，必须与企业发展的阶段相结合。②组织的行业性质和特点。组织的行业性质和特点不同，其技术特点、工作性质、员工的素质和竞争态势也不同，薪酬体系调整中采取的薪酬制度必然也不同。③企业生命周期的阶段性。处于生命周期不同阶段的企业具有不同的发展目标、经营战略，需要不同的薪酬制度与薪酬策略以适应和支持其战略条件，激励的重点也会有所不同。④组织文化。组织文化界定了组织在市场和社会中独特的地位和优势。它是影响薪酬制度设计的重要因素，每个组织的薪酬制度模式必须适合本企业自身的企业文化和价值导向。⑤组织特有的优势和

---

① 陈思明. 现代薪酬学. 上海：立信会计出版社，2004：152-157.

劣势。薪酬制度设计中还应考虑组织具有的优势和劣势。组织特有的优势（如知名度、广阔的发展机会、优异的经营业绩等）往往能降低吸引优秀人才的薪酬成本，因为员工在做出加入组织的决策时需要进行综合分析，而不是单一考虑薪酬待遇。

2. 员工因素

员工是薪酬分配的参与者和接受者，薪酬体系的调整设计必须考虑员工的需求、类型、个体差异等因素。根据激励理论，不同类型的员工和同类型员工的个体差异，也是薪酬设计中必须考虑的因素，即薪酬制度设计首先必须了解员工的需求。

3. 价值因素

价值因素是指企业必须支付薪酬的因素，即市场因素、岗位因素、能力因素和绩效因素。薪酬设计通过评估它们确定相应因素的薪酬支付标准。第一，市场因素，表明企业在设计薪酬时需要对人才薪酬市场的需求和供给进行分析和判断，进而确定所需人才的薪酬水平标准。第二，岗位因素，即薪酬支付对象（员工）所在岗位责任的大小和相对重要性（价值判断），并通过岗位评价制定相应的岗位薪酬标准。第三，能力因素，即薪酬支付对象所承载的企业发展所需的知识、能力、经验和相对重要性（价值判断），并通过能力评估制定相应的能力薪酬标准。第四，绩效因素，即薪酬支付对象为企业创造业绩和相对重要性（价值判断），并通过绩效考核和评估确定相应的绩效薪酬标准。

4. 组织外部因素

国家的相关法律法规、经济政策、市场状况是必须着重考虑的外部因素。影响薪酬水平的外部因素有很多，现简述如下：①政治因素，包括社会的所有制形式、经济体制、国家法律法规、地方法规、政府的宏观调节政策等。②经济因素，包括国民经济的发展态势、经济周期的不同阶段、经济发展状况、劳动生产率、劳动力市场的供需情况、通货膨胀、地区的生活水平、行业薪酬水平的变化等。③生产力因素，包括国内生产总值、国内生产力水平、生产要素的边际生产力等。④技术因素，包括技术发展的状况、技术的生命周期等。⑤其他因素，包括地理环境、社会文化意识形态等。

7.3.4 薪酬调整的步骤

不管是局部的还是整个体系方面的薪酬体系调整，都是企业管理特别是人力资源管理的一项重大决策。这需要一套完整而正规的程序来保证调整质量。图 7-4 描绘了薪酬调整过程基本流程所包括步骤和操作程序。

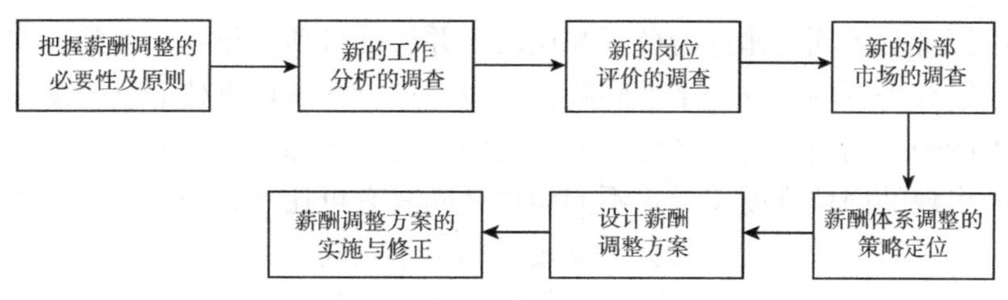

图 7-4　薪酬体系调整的基本流程

1. 薪酬调整必要性与理念的确认

这一步主要是通过薪酬调查发现已有薪酬的现状及问题，得出调整的必然性的结论。首先必须确认薪酬体系调整的必要性，薪酬调整必须以影响薪酬水平诸因素变化的资料为依据。这是薪酬体系调整必须把握的主要原则。薪酬调整的原则是根据企业最高管理层的方针拟定的。每个组织都有其薪酬理念，薪酬理念可使人了解整个组织薪酬的主要方向。一般来说，薪酬调整的主要原因在于出现了一种新的与薪酬有关的管理理念，所以需要明确认清组织的薪酬理念，确定组织的薪酬政策。例如，如果薪酬理念如下："高附加价值的员工是公司的最大资产；畅通薪酬升迁通道，用人唯才；塑造高素质、高效能、高待遇的工作环境；实现员工、企业与客户均满意。"根据上述的薪酬理念便可制定如下薪酬政策：能力主义；资格认证（派任职位前先取得资格）；管理职与专业职并重；工作轮调与管理职任期制；高素质、高效能、高待遇。能力主义是指以能人为取向，在公平的原则下，员工凭为组织贡献的实际成绩获取相应的薪酬。资格认证（派任职位前先取得资格）是指为使晋升通道多元化，除了职位普升之外，员工可依照意愿申告或接受推荐，参加资格挑战，展现个人实力，取得资格认证，作为担当更高一层工作的条件。管理职与专业职并重是指组织要塑造专业职与管理职并重的环境，使担任专业职者受尊重、礼遇，并享有应有的福利，使员工破除升任管理职才有出路的观念。工作轮调是指为使组织活性化，并实施人才培育，一般职要充分轮调，专业职适当轮调，管理职则实施任期制。高素质、高效能、高待遇是指终身学习并发挥所长的人，是组织的高素质人才；做对事情（效能）比单纯把事情做对（效率）更重要；有能力、肯贡献的人将获得高待遇。

2. 薪酬调整的准备性工作

开展薪酬体系调整须做三项准备工作，即工作分析、岗位评价与外部市场调查。工作分析是薪酬调整设计过程中的基础准备工作，也是新的薪酬设计得以产生的依据。工作分析的成果包括岗位描述书和任职说明书两部分。在工作分析的基础上，通常还要根据企业战略和工作分析过程中出现的问题调整组织结构，改善岗位设置，包括岗位新设、取消、合并、分设等，同时将职责在岗位之间重新分配。工作分析反映了企业对各个岗位和各项工作的期望和要求，但不能揭示各项工作之间的关系，因此要通过岗位评价对各项工作进行分析和比较，并评估各项工作对企业的相对价值。岗位评价重在解决薪酬的内部公平性问题，同时为进行薪酬调查建立统一的岗位评估标准，消除不同公司间由于岗位名称不同，或即使岗位名称相同但实际工作要求和工作内容不同而出现的岗位难度差异。不同岗位之间具有可比性，为工资的公平性奠定基础。薪酬对外具有竞争力的重点在于能提供相当于或高于劳动力市场一般薪酬水平的薪酬。企业要吸引和留住员工，不但要保证企业工资制度的内部公平性，而且要保证外部公平性。薪酬调查重在解决薪酬的对外竞争力问题。根据对本地区、本行业市场，尤其是与企业有竞争关系的公司或同行业的类似公司进行薪酬调查的结果，确定本企业的薪酬水平，确保企业薪酬外部公平性（或竞争性）的实现。薪酬调查渠道有企业自我调查和第三方调查。企业自我调查是企业依据企业薪酬目标自行设计问卷、进行调查、数据收集和分析。第三方调查是企业委托外部中介机构进行调查，如咨询公司，也可以是直接从第三方购买行业薪酬数据。

3. 薪酬调整的策略定位

在上述工作完成后，企业需要分析汇总各项调查数据，结合本次薪酬调整的原则，根据调整目标而选用不同的薪酬策略。薪酬策略包括薪酬水平策略和薪酬结构策略。例如，在薪酬水平定位上，企业可以选择领先策略或跟随策略。而在确定薪酬策略之前还要充分了解企业发展历史、企业过去的战略与文化、现有的组织结构、现有的薪酬制度、现有的人力资源概况等。

4. 设计薪酬调整方案的细节

在完成以上步骤之后，就可以综合考虑设计可供选择的薪酬方案细则。这一步骤需要结合实际确定公司的薪酬总量和薪酬水平；确定公司薪酬的总体架构，明确各部分的大致比例关系，明确各部分的发放办法。薪酬调整后的总额计划草案，其具体内容主要包括：增资方式、工龄工资增长率、基础工资（底薪）增长率、职务（职能）工资增长率、津贴标准增长率、薪酬增长分析等。有时，企业为配合薪酬体系的调整会制定与薪酬改进方案相配套的组织结构、人力资源配置和业务规范等方面的改进规划，形成系统的薪酬体系调整方案。

5. 薪酬调整方案的审核、批准

由人力资源部提出的薪酬调整方案经公司总经理审核、交董事会讨论批准后实施。

6. 薪酬调整方案的实施与修正

在薪酬体系改革的实施过程中，可能会遇到以下问题。

（1）薪酬对于员工的工作状态是一个非常敏感的影响因素，出于对自身利益的保护，某些岗位的薪酬结构变革可能遭到员工的抵触，这时候人力资源部门首先要得

到高层经理，如总经理的支持，自上而下地贯彻实施，同时加强与各部门的沟通，阐明改革的必要性和重要性，使之配合。在实施薪酬体系过程中，及时的沟通、必要的宣传或培训是保证薪酬制度成功的关键因素。

（2）在薪酬体系变革过程中，还涉及很多技术性较强的内容，如对于岗位分析评价，人力资源部门要加强培训，使各部门管理者对为什么要进行岗位评价、如何选择岗位评价的因素展开讨论，真正使岗位评价能科学合理地评价目前岗位。

总之，实施薪酬体系调整方案，必然会触及原有的利益格局。因此，必须精心组织、谨慎推进。既要态度坚定、克服阻力，又要积极宣传、达成共识，以保证组织薪酬体系调整的顺利进行。薪酬体系调整方案的实施并不意味着薪酬体系改进的终结。在社会发展日益加快的时代，组织总是不断面临新的挑战。这就需要对薪酬体系的方案不断地进行改进，以适应新形势的需要。

关键概念

薪酬预算　薪酬成本　薪酬调整　薪酬诊断　薪酬平均率　劳动分配率　人工费用率增薪幅度

本章小结

本章主要介绍了薪酬预算的概念、目标、参照因素以及企业制定薪酬预算的具体方法，并阐述了如何进行薪酬控制，具体包括薪酬控制的概念、原则、意义、范围与指标体系等。同时，本章还重点分析了薪酬调整的原则、策略、影响因素及具体步骤等内容。

复习思考题

1. 什么是薪酬预算？薪酬预算的方法包括哪些？
2. 什么是薪酬成本？薪酬成本衡量的指标体系有哪些？
3. 如何正确理解薪酬体系调整的原则？
4. 试述企业薪酬调整的主要影响因素。
5. 试述企业薪酬调整的主要步骤。
6. 请你说说曾经接触过的企业薪酬调整工作中的一些情况。

案例分析

健尔益公司应该如何调整薪酬体系

2007 年元旦过后，北京气温骤降，大雪纷飞，听着呼啸的北风，健尔益公司总裁代水清的心里沉甸甸的。马上就要过春节了，正是销售旺季，在这个节骨眼上，上海分公司销售部的顶梁柱一个接一个地提出了辞职。华北分公司也报告说，新招进来的销售人员大多在试用期未满之前就会辞职。

所谓不患寡而患不均，这是一个历史遗留问题。健尔益公司成立于2001年，是费尔集团为了整合营销渠道而新设立的销售公司，80%的员工属于销售人员，他们来自费尔集团原有的4个分公司，因此基本上还领着原来公司的工资。由于当初北方两家分公司效益比南方两家好很多，于是北方的销售人员一直享有比业内平均水平高得多的薪水；而南方的销售人员则相反，到手的薪水比起同地区、同行业的销售人员足足要少30%左右。干着同样的工作，别人的薪水却超出自己好大一截，谁会乐意？

其实，针对这些问题，公司也在想办法。2005年6月，健尔益公司发布了新的薪酬体系方案，出台了“老人老办法，新人新办法”，公司指望通过逐步到位的薪酬调整，慢慢解决这个问题，实现薪酬调整的“软着陆”。

这次薪酬改革，主要是针对销售部和市场部。首先，公司将销售部和市场部的总体薪酬水平调高10%左右。与此同时，销售人员的固定工资由原来的80%下调到70%，市场部也由原来的90%下调到80%。对于这个变化，两个部门的人都很不服气。因为浮动工资的发放取决于销售指标的达成，而销售指标是年初就定下来的，定得相当高。到了年中，突然告诉他们固定工资比例下降、浮动工资比例上涨，当然没人乐意了。况且工资水平有落差的问题在这次方案中也没有得到解决，大家的怨气就更重了。

其次，公司在绩效考核体系设置了一些关键指标，并给各个指标设定了相应的权重。例如，对销售人员销售额中品类结构配比的考核权重由原来的5%提高到10%。但是，这个调整似乎还是提不起销售人员对销售新品的兴趣，经过仔细核算公司的考核指标，他们自己设计了“抓大放小”的对策。这使市场部推广新品的品牌经理有了很大的压力，因为依据公司的考核体系，他们也需要对自己负责的新品销售额负责。于是，市场部人员对公司考核体系更是满腹牢骚。

除了销售部和市场部问题重重以外，这次薪酬调整没有涉及的职能部门也是怨声载道。由于健尔益公司是一个销售主导型的公司，原本这些职能部门的员工就觉得低人一等。现在薪酬调整与自己无关，十分失落。财务部和人力资源部的很多员工都打起了“出走”的算盘。

思考题：

面对如此多的问题，健尔益公司的总裁代水清有点无所适从。到底是这次薪酬体系的调整有问题，还是执行过程中有什么偏差？要不要继续把新的薪酬体系推行下去呢？代水清到底应该怎么办？

第 8 章
员工福利与社会保障管理

引导案例

奇葩年终奖　员工洗脚老板上

临近春节，各种年终奖PK层出不穷，除了传统的送房子、送手机等，自然也少不了各种奇葩年终奖。2015年2月3日，广州一家移动互联网公司的老板及高管甚至为员工送出了“亲手为员工洗脚”的年终奖。

记者在现场看到，该公司创始人兼CEO焦一挽起袖子，将自己裸露的双手伸进脚盆的洗脚水里，拿起员工的脚就开始洗，没有一丝犹豫。洗好后，还用毛巾帮忙擦脚。直到员工穿好鞋子，他又亲赴另外一个员工面前，再次洗脚。前后有不少于5人被焦一洗过脚。

“平时高高在上的老板蹲下身，亲自为我洗脚，觉得心里很忐忑，也很受宠若惊。”刚刚被老板洗过脚的该公司程序员张显红说，除了小时候父母为自己洗过脚，长大后再也没有别人为自己洗过脚，这个特别的年终奖让他非常意外和惊喜。

“互联网公司看似风光无限，但事实上，IT人的健康问题十分突出。”焦一解释为什么给员工洗脚，因为IT人都长期坐着工作，经常熬夜，疏于健康管理，而洗脚是一种日常最容易做到的保健活动。

此外，在焦一看来，“如果你不是真的心里把员工当成亲人，这是根本无法做到的，只有你把员工真的当成亲人了，你才会觉得洗脚这件事是很正常的一件事”。

“为了留住人才，老板也真是蛮拼的。”现场一位围观的群众低声笑道。

据相关统计，2015年全国超八成的企业会发放年终奖；面对春节前后这段“跳槽”高峰期，年终奖怎么发，对企业管理者而言也是一个很让人挠头的问题。送出奖金还要送出关怀，样样都少不了。

据介绍，该公司除了送出这个特别的“洗脚年终奖”之外，正常的年终奖金照常发放，其中优秀员工的年终奖金将高达人民币6万元。

资料来源：许青青. 奇葩年终奖　员工洗脚老板上. 北京晨报，2015-02-04，第A20版

思考题：

1. “高管为员工洗脚”是一种员工福利吗？常见的员工福利形式有哪些？
2. 企业该如何制订出让员工满意的员工福利方案？

8.1　员工福利概述

员工福利是薪酬的重要组成部分。员工福利由基本社会保险、企业补充保险和职工福利三个部分组成。社会保险缴费是员工享受社会保险的前提条件，职工福利费的提取是职工福利的来源。基本保险福利的缴纳和提取是员工应当享受的法定权益。员

工福利具有薪酬不能替代的重要作用，是吸引、保留、激励员工的经济手段，已经成为整体薪酬设计的必要的组成部分。

8.1.1　员工福利的概念和范围

对员工福利的界定，有不同的角度。

1. 广义福利与狭义福利

广义福利泛指在支付工资、奖金之外的所有待遇，包括社会保险在内。狭义福利是指企业根据劳动者的劳动在工资、奖金，以及社会保险之外的其他待遇。

2. 法定福利与补充福利

法定福利又称基本福利，是指按照国家法律法规和政策规定必须发生的福利项目，其特点是只要企业建立并存在，就有义务、责任且必须按照国家统一规定的福利项目和支付标准支付，不受企业所有制性质、经济效益和支付能力的影响。法定福利包括以下几种。

（1）社会保险，包括生育保险、养老保险、医疗保险、工伤保险、失业保险及疾病、伤残、遗属三种津贴。

（2）法定节假日。国务院公布全年法定节假日为 11 天。元旦放假 1 天；春节放假 3 天，“五一”国际劳动节放假 1 天，“十一”国庆节放假 3 天；清明、端午、中秋各放假 1 天（农历节日如遇闰月，以第一个月为休假日）。

（3）特殊情况下的工资支付，是指除属于社会保险，如病假工资或疾病救济费（疾病津贴）、产假工资（生育津贴）之外的特殊情况下的工资支付，如婚丧假工资、探亲假工资。

（4）工资性津贴，包括上下班交通费补贴、洗理费、书报费等。

（5）工资总额外补贴项目，包括计划生育独生子女补贴、冬季取暖补贴和夏季降温补贴等。

补充福利是指在国家法定的基本福利之外，由企业自定的福利项目，企业补充福利项目的多少、标准的高低，在很大程度上受到企业经济效益和支付能力的影响及企业出于自身某种目的的考虑。

补充福利的项目五花八门，主要有如下几种：交通补贴、房租补助、免费住房、工作午餐、女工卫生费、通信补助、互助会、职工生活困难补助、财产保险、人寿保险、法律顾问、心理咨询、贷款担保、内部优惠商品、搬家补助、子女医疗费补助等。

3. 集体福利与个人福利

集体福利主要是指全部职工可以享受的公共福利设施，如职工集体生活设施（职工

食堂、托儿所、幼儿园)、集体文化体育设施[图书馆、阅览室、健身室、浴池、体育场(馆)]、医疗设施(医院、医疗室等)。

个人福利是指在个人具备国家及所在企业规定的条件时可以享受的福利，如探亲假、冬季取暖补贴、子女医疗补助、生活困难补助、房租补贴等。

4. 经济性福利与非经济性福利

企业提供的经济性福利主要如下。

(1)住房性福利：以成本价向员工出售住房、房租补贴等。

(2)交通性福利：为员工购买公共汽车月票或地铁月票供其免费使用、用班车接送员工上下班等。

(3)饮食性福利：免费供应午餐、慰问性的水果等。

(4)教育培训性福利：员工的脱产进修、短期培训等。

(5)医疗保健性福利：免费为员工进行例行体检、打预防针等。

(6)有薪节假：节日、假日及事假、探亲假、带薪休假等。

(7)文化旅游性福利：为员工过生日而举办的活动、集体的旅游、体育设施的购置。

(8)金融性福利：为员工购买住房提供的低息贷款。

(9)其他生活性福利：直接提供的工作服。

(10)企业补充保险与商业保险：①补充保险，如补充养老保险、补充医疗保险等。②商业保险，如安全与健康保险、人寿保险、意外死亡与肢体残伤保险、医疗保险、病假职业病疗养、特殊工作津贴等；养老保险金计划；家庭财产保险；等等。

企业提供非经济性福利的基本目的在于全面改善员工的工作生活质量。这类福利形式包括以下几点。

(1)咨询性服务：免费提供法律咨询和员工心理健康咨询等。

(2)保护性服务：平等就业权利保护(反性别、年龄歧视等)、隐私权保护等。

(3)工作环境保护：实行弹性工作时间、缩短工作时间、员工参与民主化管理等。

5. 弹性福利计划

在实际生活中，福利薪酬往往难以产生较为理想的激励效果。大部分福利是一种“大锅饭”性质的薪酬，它通常不考虑薪酬接受者的绩效，而是企业内的员工人人有份。对企业而言，福利是一笔庞大的开支(在一些企业中能占到工资总额的 30% 以上)。在实际生活中，许多企业的福利不仅没有起到激励作用，甚至成为员工负担的例子也十分常见。

由于人的需要多种多样，企业提供的福利组合并非适用于所有员工。在这种情况下，可能企业支付的福利成本很高，但提供的福利对有些员工没有价值。因此，企业在

支付个人的福利报酬时，可以实行灵活的福利计划，采取员工自愿选择项目的方式。

讨论与思考 8-1

应该如何发放福利？

某公司的高层领导为感谢广大员工一年来的辛勤工作，特地准备了一项福利，即为每一位员工准备一个公文包。公司高层本以为广大员工会喜欢这一份礼物，没想到却收到了很多抱怨意见，有的高层经理说："我平时上班根本用不着公文包，发一个只好留在家里。"广大女性员工更加反对，她们反对都用一样的包。"那样太没个性了"，王女士说，"如果能给我一个热水器就好了，我正需要"。面对这种情况，公司的管理层陷入了沉思。

出现这种情况的症结在于公司福利物品与员工的需求脱节。公司没有考虑员工需求的多样性、层次性，忽视了员工的直接需要，力图以一种物品适应众多员工的需要，这是这项福利失败的原因所在。公司发放福利的本意是更好地提高员工的士气，激励员工更加努力地工作。然而福利发放不当，却起了相反的作用，伤害了员工的感情。福利只有针对员工需要才能起到激励员工的作用。因此，如果公司能够让员工自由地选择他们所需要的物品，其效果将是显著的。这种福利形式，正如自助餐一样，可以让员工自由挑选所喜欢的物品，因此这种福利形式可称为自助式福利。

讨论与思考：如何设计自助式福利呢？

1）弹性福利计划的含义

弹性福利计划又称自助餐式的福利计划，起源于 20 世纪 70 年代，为员工提供了多种不同的福利选择方案，满足了不同员工的不同需要。这种福利计划可以划分为三种类型，即全部自选（全部福利项目均可自由挑选）、部分自选（有些福利项目可以自选，有些则是规定好的福利项目）及小范围自选（可选择的福利项目比较有限）三种。但是，无论哪一种弹性福利计划，都具有最重要的一个特征，即弹性福利计划的个性化和可选性。

2）实行弹性福利计划的意义

推行弹性福利计划不仅能够提供最适合员工需要的福利组合，还能够更好地控制福利成本。弹性福利使员工能够认清自己的权利和义务，也是提高企业福利成本投资回报率的一种重要手段。企业在控制福利的成本开支之后，可以将节约下来的钱投入绩效激励方面，增强对员工的激励性。此外，弹性福利计划通过提高员工的自主选择权，促进员工和企业之间的沟通，强化员工和企业之间的相互信任关系，从而有利于提高员工的工作满意度。弹性福利计划在本质上改变了传统的福利制度，从一种福利保险模式转变为一种真正的薪酬管理模式，从一个固定的福利方案转变为一个固定的资金投入方案（由员工的福利收益固定转变为企业的福利投入固定）。这就使企业不再为福利所套牢，而是能够根据具体情况控制资金的支出。

3）弹性福利计划的实施方式

企业可采取多种方式实现从传统福利计划向弹性福利计划的过渡。简单的做法是适当降低基本薪酬，增加福利待遇的可选择性；复杂的做法则可以运行设计完备的福利选择系统。无论如何，只要员工有机会在一系列的福利计划之间做出选择，弹性福利计划就能够发挥作用。选择何种弹性福利计划方案取决于企业想要从弹性福利计划中获得什么。

（1）附加福利计划。这是一种最普遍的弹性福利计划。实施这种弹性福利计划，在不降低原有的直接薪酬水平和福利水平的基础上，提供给员工一张特殊的信用卡，员工可以根据自己的需要自行购买商品或服务。发给员工信用卡的可使用金钱额度取决于员工的任职年限、绩效水平，还可以根据员工基本薪酬的百分比确定。与直接薪酬不同的是，信用卡中的金钱必须花完，且不能提取现金。从薪酬角度来看，任何附加福利计划都会提高企业的薪酬成本。但是，对那些直接薪酬低于市场水平而又想在劳动力市场上具有一定竞争力的企业而言，这是一种很好的办法。

（2）核心福利项目计划。核心福利项目计划是每个员工都享有的基本福利。企业按照最低限度水平为员工提供包括健康保险、人寿保险及其他一系列企业认为所有员工都必须拥有的福利项目的福利组合，然后让员工根据自己的爱好和需要选择其他福利项目，或者增加某种核心福利项目的保障水平。这种类型的弹性福利计划与附加福利计划有些类似，都是附加选择福利项目的计划。不同的是附加福利计划是在企业原有福利组合的基础上扩大范围，让员工附加选择，而核心福利项目计划是确定核心福利计划，再附加选择。

（3）混合匹配福利计划。实施混合福利匹配时，员工在可享受的总福利水平一定的情况下，可以按照自己的意愿在企业提供的福利领域中决定每种福利的多少，一种福利的减少意味着员工有权利选择更多的其他福利。当然，如果降低其他福利项目的水平仍然不能使某种特定的福利让员工感到满意，那么企业就只能降低基本薪酬。

（4）标准福利计划。标准福利计划是由企业推出不同的福利组合，每个组合所包含的福利项目和优惠水平不同，员工可以在这些组合之间自由选择，但是没有权利自行构建认为合适的福利项目组合。就如西餐厅所推出来的 A 套餐、B 套餐一样，食客只能选其中一个套餐，而不能要求更换套餐的内容。在选择此种弹性福利时，企业可根据员工的背景（如婚姻状况、年龄、有无眷属、住宅需求等）设计。

4）实行弹性福利计划应注意的问题

（1）企业应限定一些必须选择的福利项目。在实施弹性福利计划过程中，员工往往无法享受到法律允许范围内所能够拥有的最大限度的自由选择权。因为这种做法会因为个别员工的特殊福利要求而大大增加公司的福利成本，而且某一员工可能后来发现自己在职业生涯的早期阶段做了并不明智的福利选择，此时，企业赋予员工的这种自由度反而会招致员工的怨恨。因此，在实施自助式福利计划的时候，除了国家法律规定的必选福利项目之外，企业还应该限定某些员工必须选择的福利项目。在这个基础上，员工才可以做出进一步的福利选择。

（2）控制福利总成本。实施弹性福利计划时，员工可以对一些福利项目自行选择，而选择结果往往因人而异，造成了管理难度和管理成本的增加。为了控制福利成本，企业应在提供弹性福利计划之前，进行企业内部的福利调查，提供给员工一系列可供选择的福利项目，让他们确定自己的福利组合，企业一般不会提供只符合少数员工需要的福利项目。目前越来越多的企业选用咨询公司设计的标准化弹性福利计划，同时，根据企业实际情况适度规范购买额度和频率。

（3）避免员工出现“逆向选择”行为。在弹性福利制中容易出现的一个问题是“逆向选择”，即员工仅挑选那些对他们有用的福利项目，因为员工认为自己每年都有改变自己福利方案的机会，所以他们常常选择比较容易发生问题的部分进行保障。例如，有跳槽意图的员工有可能更多地选择与离职消费有关的福利项目等。这样的结果与企业最初的福利目标相背离，还可能造成福利成本的增加，使福利管理目标与企业人力资源整合目标脱节，使企业在福利管理中处于被动地位。因此企业在为员工提供弹性福利项目时，应采取如下措施：规定一定的调整周期；控制福利金额的上限；按统一标准提供核心福利项目，其他福利项目给予一定的选择余地；等等。

8.1.2　员工福利的特点

1. 均等性

员工福利的均等性是指履行了劳动义务的本企业员工，均有享受企业各种福利的平等权利，都能共同享受本单位分配的福利补贴和举办的各种福利事业。这在一定程度上起着平衡劳动者收入差距的作用。

2. 补充性

员工福利是员工工资收入的补充，用以满足员工生活的需要，在工资的基础上起到了一种保障和提高的作用。

3. 集体性

员工福利的集体性是指员工福利主要形式是兴办集体福利事业，员工主要是通过集体消费或共同使用公共物品等方式分享职工福利，如员工食堂、员工俱乐部。因此，集体性也是员工福利的一个重要特点。

8.1.3　员工福利的作用

在企业薪酬体系中，工资、奖金（激励薪酬）和福利是三个不可或缺的组成部分，各自发挥不同的作用。工资具有基本的保障功能，奖金具有明显而直接的激励作用，福利的激励作用则是间接而隐约，但其作用极其巨大而深远。随着员工工作生活质量的不断提高，人们对福利的要求也越来越高，因为相对于工资、奖金满足员工单方面的需求以外，福利具有满足员工多方面、多层次需求的作用，无论对于企业还是员工都有着十分重要的作用。

1. 员工福利对企业的作用

（1）改善企业形象，提高企业经济效益。企业通过提供各种福利和保险，可以获得政府的信任和支持及社会的声望，如责任感、以人为本、关心员工等，改善企业形象。同时良好的员工福利使员工得到了更多的实惠，员工则以更高的工作绩效回报企业，以提高企业的经济效益。

（2）增强企业在劳动力市场上的竞争力，吸引并留住优秀人才。在开放的市场竞争环境中，良好的员工福利有时比高工资更能吸引员工。在企业内要想留住和吸引优秀员工，员工福利无疑是一个重要的因素，良好的员工福利有助于提高员工的满意度，强化员工的忠诚度。

（3）享受优惠税收政策，提高企业成本支出的有效性。在许多国家，员工福利计划受到的税收待遇往往比货币薪酬受到的税收待遇优惠，如免税或是税收递延。这就意味着，给员工提供一定价值的福利比在货币薪酬上支出的同等货币能够产生更大的潜在价值。

2. 员工福利对员工的作用

（1）税收的优惠。福利不仅对企业存在税收优惠，对员工也同样如此。以福利形式所获得的有些收入无须缴纳个人所得税，即使需要缴税，也不是现期的，而是要等到员工退休以后再缴纳。

（2）集体购买的优惠或规模经济效益。员工福利中的许多内容是员工工作或生活所必需的，即员工自己也要花钱去购买的，而在许多商品和服务的购买方面，集体购买具有较多的优势，能够享受一定的优惠，体现规模经济效益。

（3）满足员工的多样化需要。不同的员工，甚至同一个员工在其职业生涯的不同阶段，对福利的项目偏好都是不同的。现在很多企业都在实行弹性福利计划，通过让员工选择不同的福利套餐满足员工各个方面的需要。

8.2 员工福利的规划与管理

一个世纪以来，西方工业化国家的福利保障制度不断增订、修订，形成了一个庞杂的体系，从而对福利管理提出了较高的要求。因此，进行科学的规划和管理，才能让福利发挥出更大的激励作用和更有效地促进企业的发展。

8.2.1 员工福利的规划

企业除了按国家要求为员工提供福利外，还应该为员工设计和提供其他项目的福利。由于对福利所要达到目标的模糊、对提供的福利项目难以达成一致及福利种类的增多、福利成本的迅速增长等各方面的原因，企业的福利规划和决策过程应该注意影响福利规划的因素、福利目标的明确、福利水平的确定、福利资金的来源、福利保障对象的确定等方面的问题。

1. 影响员工福利规划的因素

（1）高级管理者的经营理念。有的管理者认为员工福利能省则省，有的管理者认为员工福利只要合法就行，有的管理者认为员工福利尽可能的好，这都反映了他们的经营理念。

（2）政府的政策法规。许多国家和地区的政府都明文规定，组织员工应该享受哪些福利。一旦组织不为员工提供相应的福利就算违法。

（3）税收优惠。由于个人所得税和计税工资等原因，一般企业为了控制成本，不能增加太多的工资，但可以提供良好的福利，福利一般是免税的。

（4）医疗费用的迅速增加。由于种种原因，近年来世界各地和我国的医疗费都大幅度增加。员工一旦没有相应的福利支持，如果患病，尤其是重病，往往会造成生活困难。

（5）劳动力市场的竞争性。员工福利作为企业提供给员工的一项补充性报酬，已经越来越受到求职者的关注，因此企业应至少提供类似同行业企业的各种福利，否则将影响员工的工作积极性。

（6）工会的压力。作为员工利益的代言人，工会经常会为员工福利问题与企业资方谈判，有时资方为了缓解与劳方的冲突，不得不提供某些福利。

2. 明确员工福利的目标

规划员工福利应设立特定的目标，而且该目标应该考虑企业的规模、企业所处的地区环境、企业的盈利能力及行业竞争对手的情况等。最重要的是，要与企业经营战略相一致，以及考虑企业的目标和薪酬策略等。既要考虑员工的眼前需要与长远需要，还要能调动大部分员工的积极性，吸引优秀人才，并将其成本控制在企业可能的范围之内。

3. 员工福利水平的确定

在进行福利决策时，必须了解其他企业所提供的福利种类及福利水平。因为福利本身就是一种薪酬，只不过是一种间接薪酬，因此必须对外具有竞争力，对内具有吸引力。通过了解其他企业所采取的福利实践的状况，以及总福利成本，企业可以了解自己的薪酬成本处于什么样的水平是合理的，计算本企业的福利成本并与员工的偏好结合起来。福利水平的核算，主要涉及以下几个方面：①通过销售额人工费率或附加价值劳动分配率及薪酬结构计算出公司最高可能支出的福利总费用。②与外部福利水平进行比较，尤其是与竞争对手的福利水平进行比较。③做出主要福利项目的预算。④估算每一个员工

福利项目的费用。⑤制订书面的职工福利方案计划。

4. 员工福利保障对象的确定

确定福利保障对象，即确定哪些员工能享受企业的福利，如福利计划是否包括兼职员工、退休人员等，以及福利计划是否根据某些标准来确定其保障的对象。

（1）福利计划是否包括兼职员工、退休人员。目前大多数企业不向兼职员工提供福利。例如，1997 年，在美国大型和中型私营企业中，大约只有一半的兼职员工得到了非工作时间报酬，得到医疗保险和退休福利的则更少（分别为 21%和 34%）。而小型的私营企业向兼职员工提供福利的可能性更小。1996 年，在小型私营企业中，只有大约 1/3 的兼职员工得到了非工作时间报酬，而得到医疗保险和退休福利的分别只有 6%和 13%。

（2）确定福利保障对象的标准。为了降低福利成本，企业不必向所有的职工都提供一样的福利，而是根据某种标准，加以区别对待。这些标准大致有以下几点：①以工龄为标准。职工的福利与工龄挂钩，规定在本企业服务达到一定年限的员工才有资格享受某种福利。②以员工对企业的贡献为标准。对企业贡献大的员工可以享受较高的福利待遇。③以在职与不在职为标准。在职职工享受的一些福利，如作为福利发放的一些实物、业余教育、带薪休假等，退休职工与下岗职工则不能享受。④以每周工作时间为标准。全日工享受的福利，半日工与临时工不能享受。

5. 员工福利资金的来源

员工福利资金的来源是企业依法筹集、专门用于员工福利支出的资金。企业在选择为福利融资的时候，可能会采用非自费、半自费和员工自费福利计划，或将它们结合起来。非自费是指企业承担所有非固定福利的费用；半自费是指企业和员工共同分担费用；员工自费福利计划中企业不承担福利费用。目前大部分福利计划（包括法定福利）都是半自费的（表 8-1），主要是因为福利成本大幅度上涨，并且福利计划让员工负担一部分费用，还可以使他们了解和认可该项目福利的价值，否则如果免费获得福利，员工可能就对成本控制不再感兴趣。

表 8-1　国家规定的社会保险缴费一览表

险种	企业缴费	个人缴费
基本养老保险	不超过 20%	8%
失业保险	2%	1%
基本医疗保险	6%	2%
工伤保险	行业差别费率	不缴纳
生育保险	不超过 1%	不缴纳
合计	约 30%	11%

6. 员工福利选择的自由度

企业制订福利计划通常有两种方式，一种是按一定标准统一向员工提供福利，不给员工选择的自由，这种方式的优点是管理简单、管理成本较低，缺点是不能满足员工个性化的需要，向员工提供统一的标准福利显然不能适应所有员工的需要。因此越来越多的企业开始实行比较灵活的福利计划，即弹性福利计划。在弹性福利计划中，员工可以在多种福利项目中根据自己的需要进行选择，这种方式的优点是员工对福利的满意度、对工作的满意度、对工资的满意度都会增加，并对缺勤率、离职率的降低和企业绩效的提高都有积极的意义，缺点是管理过程复杂，管理成本较高，并且随着员工对福利项目的自由选择，会在一定程度上冲击员工的团队合作精神，此时，企业必须把握好员工选择福利自由的“度”。

7. 员工福利在薪酬中比重的确定

企业工资总额确定以后，就要全面考虑货币化薪酬和福利各自所占的比重，既要避免取消福利，即在其薪酬体系中不考虑福利的倾向，又要避免福利无限膨胀的倾向。我国企业通常按照财政部于 1992 年 4 月 30 日发布、1992 年 5 月 1 日起执行的《关于提高国营企业职工福利基金提取比例调整职工福利基金和职工教育经费计提基数的通知》（〔92〕财工字第 120 号），将职工福利基金按职工工资总额的 14%从成本中提取。企业按照职工工资总额 14%提取的职工福利费，主要用于职工的医疗费、职工探亲假路费、生活补助费、医疗补助费、独生子女费、托儿补贴费、职工集体福利、职工供养直系亲属医疗补贴费、职工供养直系亲属救济费，职工浴室、理发室、幼儿园、托儿所人员的工资，以及按照国家规定开支的其他职工福利支出，也可用于支付职工的补充养老保险费。

8.2.2　员工福利的管理

员工福利的管理在现代企业管理中日益受到重视，一方面由于政府法律的不断完善，要求企业必须做出具体的福利计划并对员工做出承诺，另一方面使人们认识到福利的激励功能越来越重要。如果企业缺乏福利的预算与管理，不仅会造成福利成本的上升，效率的低下，而且会使福利投资不利于提高企业绩效。因此，企业必须认真做好福利管理。福利管理的内容通常包括员工福利政策的宣传、员工福利的申请与处理、员工福利的沟通及员工福利的监控和调整等。

1. 员工福利政策的宣传

企业通常可使用《员工福利手册》向员工介绍本企业福利的基本内容、享受福利待遇的条件和费用的承担。近年来，随着计算机的广泛使用，很多企业还在企业总的《员工福利手册》之外，为每个员工准备一本个人的福利手册，提醒员工个人在福利上所做的选择、享有的权利和分担费用的责任，便于个人查阅。还通过举办讲习班和员工个别谈话等方法，帮助员工做好福利安排和选择的细节。

2. 员工福利的申请与处理

一般情况下，员工会根据企业的福利制度和政策向企业提出享受福利的申请，而企业此时就需要对这些福利申请进行审查，以确认其是否合理。也就是说，需要审查本企业是否实施了某种相关的福利计划，该员工在该计划覆盖的范围之内，以及该员工应当享受什么样的福利待遇等。这项任务并不是一种技能水平要求较高的工作，但是它通常花费较多时间，并且对从事这项工作的人的人际沟通能力要求较高。这是因为在处理福利申请时，要对那些申请被拒绝的员工提供咨询并说明拒绝的理由。

3. 员工福利的沟通

要使福利项目最大限度地满足员工的需要，福利沟通相当重要。研究显示，并不是福利投入的金额越多，员工就越满意。很多企业的经验显示，即使企业为员工提供福利做了很多努力，员工依然没有意识到企业到底为他们提供了什么福利，或者根本没有意识到企业为此付出了多么高额的成本。例如，美国有一项研究专门让员工来做两个方面估计，一是估计企业在他们的医疗保险中投入了多少，二是估计如果自己不以企业员工的身份参加健康保险，可能会付出多大的成本。结果表明，员工对其所享受的医疗福利的成本及这些医疗福利的市场价值都大大低估了。因此，企业必须要设计一套完善的福利沟通模式，一方面明确他们都享受了哪些福利待遇，另一方面明确他们所享受的福利待遇的市场价值到底有多高。福利沟通可以采取以下方法。

（1）编写福利手册，解释企业提供给员工的各项福利计划。

（2）定期向员工公布有关福利的信息。这些信息包括福利计划的适用范围；对具体员工来说，这些福利计划的价值是什么；企业提供这些福利的成本。

（3）在小规模的员工群体中作福利报告。这一工作由福利管理人员或者部门经理来完成。

（4）建立福利问题咨询办公室或咨询热线。

（5）建立网络化的福利管理系统，在企业网络发布福利信息，与员工就福利问题进行双向交流，减少沟通不畅导致的种种福利纠纷或福利不满。

4. 员工福利的监控和调整

福利领域的情况变化很快，企业必须紧紧跟随企业内外环境的变化，对福利系统进行监控，及时做出调整。

（1）有关福利的法律经常会发生变化，企业需要关注这些法律规定，检查自己是否适合某些法律法规的规定，一方面避免在不知不觉的情况下违反国家的法律法规；另一方面，企业还可以以法律法规为依据，寻求有利于自己的福利提供方式。

（2）员工的需要和偏好也会随员工队伍构成的不断变化及员工自身职业生涯的发展阶段而不断发生变化，因此，员工福利需求的调查应该是一项持续不断的工作，不能一劳永逸。

（3）与外部市场的直接薪酬状况变化相似，了解其他企业的福利实践也是企业在劳动力市场上取得竞争优势的一种重要手段。

（4）对企业而言，外部组织提供的福利成本（如保险公司提出的保险价格）所发生的变化会对本企业产生影响。

因此，企业外部市场环境、竞争对手的变化、企业发展阶段的不同、企业经济实力的变化、内外劳动力的变化等因素，都要求企业及时调整薪酬福利系统，调整福利项目或力度，使其更好地为企业战略目标服务。

8.3　社会保障的管理

8.3.1　中国的社会保障体系

根据英国《简明不列颠百科全书》，社会保障是一种公共福利计划，旨在保护个人及其家庭免除因失业、年老、疾病或死亡而在收入上所受到的损失，并通过公益服务（如免费医疗）和家庭生活补助，提高其福利。

在我国，社会保障体系通常包括基本社会保障与补充社会保障两大类，前者由国家立法统一规范并由政府主导，一般包括社会救助、社会保险和社会福利三个基本组成部分，以及部分国家针对军人建立的特殊保障制度；后者则通常在政府的支持下由民间及市场解决，一般包括企业年金、慈善事业等，它们构成对基本社会保障制度的补充，并发挥着有益的作用。

1. 社会救助

社会救助，即社会救济，是指国家对于遭受灾害、失去劳动能力的公民及低收入的公民给予无偿救助，以维持其最低生活水平的一项社会保障制度。社会救助主要是为社会成员提供最低生活保障，其目标是扶危济贫，救助社会弱势群体，对象是社会的低收入人群和困难人群。社会救助体现了浓厚的人道主义思想，是社会保障的最后一道防护线和安全网。

社会救助的特点有以下几点。

（1）社会救助是国家无偿提供的救助。社会救助的资金源于国家财政和地方财政，列入国家总预算支出，社会成员无须缴纳费用，符合条件者即可获得社会救助。即社会救助被视为“国家的责任”和“贫穷的救助”。

（2）社会救助的对象为全体社会成员。社会救助由符合条件的救助对象依法定程序申请即可获得，其范围为全社会成员。

（3）享受社会救助的对象必须基于贫困的事实。享受社会救助前，需要由有关部门对贫困状况或收入作必要的调查，调查的内容包括收入状况、财产状况、劳动力、赡养人口数等，当调查的结果达到法定救助标准时才能获得救助。

（4）社会救助提供的是最低生活保障，即维持最低生活标准所需的实际费用，而社会保险和社会福利都可以在此标准之上，如社会保险金的给付可以依工资的一定比例，还可以按缴费基金积累的数额。

社会救助是社会保障体系中具有基础地位的一个重要组成部分。进入现代化社会后，因贫困人口减少和其他社会保障系统的建立和完善，社会救助在整个社会保障体系中的地位较历史地位有所下降，但因为其肩负着解决特别弱势社会成员的基本生存权利保障问题的重任，仍然占有必不可少的基础地位。

2. 社会保险

社会保险是国家依法建立，面向劳动者的一项社会保障制度，由政府、单位和个人三方共同筹资，目标是保证劳动者在因年老、疾病、工伤、生育、死亡、失业等风险暂时或永久失去劳动能力而失去收入来源时，能够从国家或社会获得物质帮助，以解决劳动者的后顾之忧。这一概念强调了社会保险的对象是最重要的社会群体——劳动者，并突出了以劳动权利为基础，在实践中实现权利与义务相结合及个人、单位和国家（政府）三方责任共担。社会保险主要包括养老保险、医疗保险、失业保险、工伤保险和生育保险等。

社会保险的特点有以下几点。

（1）保障性。实施社会保险的根本目的，就是保障劳动者在其失去劳动能力之后的基本生活，从而维护社会的稳定。

（2）法定性。就是国家立法，强制实施。保险待遇的享受者及其所在单位，双方都必须按照规定参加并缴纳社会保险基金，不能自愿。法定性，是实现社会保险的组织保证，目的在于保障劳动者因暂时或永久丧失劳动能力及失业时获得生活保险，安定社会秩序。

（3）补偿性。社会保险给予劳动者的物质帮助，主要限于收入损失补偿，即劳动者在劳动收入中断时才有权获得给付。

（4）互济性。互济性是指社会保险按照社会共担风险原则进行组织，社会保险费用由社会统筹，建立社会保险基金。社会保险机构要用互助互济的办法统一调剂基金，支付保险金和提供服务，实行收入再分配，使参加社会保险的劳动者生活得到保障。

（5）福利性。社会保险不以盈利为目的，以最少的花费，解决最大的社会保障问题，属于社会福利性质。

（6）普遍性。社会保险实施范围广，一般在所有职工及其供养的直系亲属中实行。

3. 社会福利

社会福利是社会保障的重要组成部分，是国家与社会为保障和维护社会成员一定的生活质量，满足其物质和精神的基本需要而采取的社会保障政策及所提供的设施和相应的服务。社会福利有广义和狭义之分，广义的社会福利是指提高广大社会成员生活水平的各种政策和社会服务，旨在解决广大社会成员在各个方面的福利待遇问题；狭义的社会福利是指对生活能力较弱的儿童、老人、母子家庭、残疾人、慢性精神病人等的社会照顾和社会服务。社会福利的内容十分广泛，不仅包括生活、教育、医疗方面的福利待遇，而且包括交通、文娱、体育等方面的待遇。社会福利是一种服务政策和服务措施，其目的在于提高广大社会成员的物质和精神生活水平，使之得到更多的享受。同时，社会福利也是一种职责，是在社会保障的基础上保护和延续有机体生命力的一种社会功能。

社会福利的特点有以下几点。

（1）社会福利的普遍性。社会福利是为所有公民提供的，利益投向呈一维性，而不是像社会保险仅限于劳动者，也不像社会救助仅限于特殊的弱势群体，而是全社会成员，被称为“按人头”的社会保障制度，即不要求被服务对象缴纳费用，只要公民属于立法和政策划定的范围之内，就能按规定享受的津贴服务。

（2）社会福利是社会矛盾的调节器。每一项社会福利计划出台总是带有明显的功利主义目的，总是以缓和某些突出的社会矛盾为终极目标，如在商品房价格高居不下时，政府为收入水平较低者提供经济适用房；在遭受特大自然灾害时，政府提供各项经济援助和福利服务；等等。

（3）社会福利保障项目广泛。社会福利的项目包括社会成员享受的福利事业，如教育、科学、文化、体育、卫生、环境保护设施和福利服务；特殊人群享受的福利事业，如为孤寡老人、孤儿、残疾人设置的福利院、教养院、疗养院等；局部性的、选择性的福利措施，即为一定地区、一定范围社会成员提供的福利待遇，如寒冷地区的冬季取暖津贴、住公房的房租补贴等，这些项目或者是免费，或者是减费优惠。

（4）社会福利资金来源多渠道。社会福利项目的资金来源包括各级政府的财政预算拨款，还有各个组织单位的专项基金、社会团体的资助与捐献，以及福利服务的收费等。根据资金来源的不同，可以分为官办福利事业、民办福利事业、企业办福利事业及官助民办福利事业。

（5）社会福利较社会保险而言是较高层次的社会保险制度，是在国家财力允许的范围内，在既定的生活水平的基础上，尽力提高被服务对象的生活质量。

4. 军人保障

军人保障制度是以现役军人为主要保障对象的一个综合性保障系统，这主要是因为军人肩负着保家卫国的任务，是一个特殊性群体，军队的独立与军人高度集中的群体意识和职业要求，使其不可能与普通社会成员一样纳入同一个社会保障系统，而是需要相对独立的制度安排。

我国的军人保障包括军人保险、军人抚恤、军人福利、军人复员转业的就业安置或补偿等项目。需要指出的是，军人保障的对象虽然以现役军人或武装警察为主体，但也包括革命烈士家属，退伍、复员、转业军人，因公残废的军、警人员，部分项目还惠及军人家属。当然，当军人转业、复员或退休后，亦可直接融入面向普通公民的各项社会保障体系。

5. 补充保障

在社会保障体系中，除政府主导并由专门法律具体规范的基本社会保障制度外，往往还同时存在一些非正式的社会化保障措施并发挥着相应的社会保障功能。例如，慈善事业、社区服务、企业年金、商业保险和家庭保障等在客观上均不同程度地发挥着社会保障的作用，因此也成为现代社会保障体系的有机组成部分。

（1）慈善事业。“慈”是长辈对晚辈的爱，“善”是指人与人之间的友爱和互动。国外著名社会学家贝克尔（Gary Becker）对慈善的定义为：“如果将时间与产品转移给没有利益关系的人或组织，那么，这种行为就被称为‘慈善’或‘博爱’。”

慈善的特征：一是无偿性，二是双方并无利益关系。具体体现在以下四个方面：①以社会成员的慈善心为道德基础；②以社会成员之间的收入差距和资源捐献为经济基础；③以社会性的民间公益团体或公益组织为组织基础；④完全以捐助者的意愿为实施基础。

慈善事业的这些特征将其和政府从事的社会救助事业区分开来。政府的社会救助事业以社会稳定为政治基础，以财政拨款为经济基础，以政府机构为组织基础，以法律制度为实施基础。

（2）社区服务。所谓社区服务，是指在政府倡导和组织下居民所进行的自助服务，是以社区为单位开展的社会服务，是一种公益性质的福利性便民、利民服务，是一种为提高社区居民生活质量、有偿和无偿相结合的社会服务。社区服务的内容：一是针对社区特殊群体提供的服务，如老年群体、残疾人和精神病群体及心理障碍群体等；二是社区便民、利民服务，它是针对社区居民提供的服务；三是社区居民、企事业单位共建服务。

（3）企业年金。企业年金是指企业及其职工在依法参加基本养老保险的基础上，自愿建立的补充养老保险制度。企业年金是我国多层次养老保险体系的重要组成部分，建立企业年金制度，有利于完善社会保障体系，提高职工退休后的生活水平，吸引人才，增强企业凝聚力和竞争力，支援国家经济建设，促进我国金融市场发展。企业年金包括各种类型的企业补充退休保险，如雇主退休金计划、利润分享退休金计划、员工股权退休金计划、企业团体寿险等项目。企业年金所需费用由企业和职工个人共同缴纳。

（4）商业保险。商业保险是保险人与被保险人通过保险合同建立保险关系的一种商业交易行为，由被保险人支付一定的保险费，将自己特定的风险转移给保险人，但约定风险或事件发生后，由保险人依据保险合同支付赔款或保险金的一种风险管理机制。

商业保险包括人寿保险、人身意外伤害保险、健康保险及各种财产保险、责任保险等。由企业为员工进行集体投保已成为企业福利的一种重要补充形式。

（5）家庭保障。家庭保障是指在家庭内部，家庭成员之间相互提供包括经济保障、服务保障和精神慰藉等内容的生活保障机制，它在保障社会成员的生活方面通常与国家和社会负责的社会保障并驾齐驱。

8.3.2　社会保险及其管理

社会保险是以国家为主体，通过立法手段，设立保险基金，当劳动者在年老、患病、生育、伤残、死亡等暂时或永久丧失劳动能力，以及失业而失去收入来源时，由社会给予物质帮助和补偿的一种社会保障制度。

社会保险的概念包括以下四层含义。

（1）参加社会保险制度的成员资格是通过立法确定的，也就是说，在立法指定范围内的每一个劳动者都必须参加社会保险。因此，社会保险带有一定的立法强制性。

（2）社会保险强调个人缴费。这种缴费在形式上与商业保险的保险费有某些相似之处，但是，社会保险的缴费是完全建立在自助自保和互助互济基础上的。参加社会保险制度的劳动者通过缴费，获得成员资格，因此有“先尽义务，后享权利”一说。同时，这种权利和义务是对等的，即机会上的均等，在遭遇法定范围内的各种风险时，参加社会保险制度的成员都可得到保障基本生活需求的津贴。

（3）社会保险强调劳动者、劳动者所在工作单位及国家三方共同筹资，体现了国家和社会对劳动者提供基本生活保障的责任。劳动者所在工作单位的缴费，使社会保险资金来源避免了单一渠道，增加了社会保险制度本身的保险系数。而国家的参与，更使社会保险制度有了强大的后盾。

（4）社会保险的“保险”具有积极预防的含义，对法定范围之内的风险起到了未雨绸缪的作用，使参加社会保险制度的成员获得心理上的安全感，从而体现了社会保障的稳定机制。

综上所述，我们可以概括出社会保险的六个特点：①组织形式上的强制性，立法限定，强制参加；②个人意义上的自助性，先尽义务，后享权利；③集体意义上的互助性，互助互济，满足急需；④资金来源上的多源性，三方筹资，来源可靠；⑤资金使用上的预防性，预防风险，安全感强；⑥资金管理上的储备性，积蓄增殖，源远流长。

社会保险的目标是预防风险，从这个意义上说，现代社会经济生活中的风险决定了社会保险的内容。社会保险的内容包括养老保险、医疗保险、工伤保险、生育保险、失业保险等。

1. 养老保险

养老保险是社会保险制度的重要内容，也是整个社会保障制度中最基本的内容。在当今世界上，离开养老问题谈论社会保险或社会保障，几乎是不可思议的。因为现代社会人口老龄化和家庭小型化不可逆转的趋势，传统的家庭保障在满足老年人的基本生活需求方面处于捉襟见肘的窘境，因此，社会不得不担负起照料这部分曾经对社会经济发展和人类繁衍做出贡献，而现在因为生理或社会的原因无法再以劳动为主要谋生手段的老年人的责任。这就是养老保险产生与发展的社会和经济背景。

养老保险是以保障法定范围内的老年人在完全或基本退出社会劳动生涯后仍有足以满足基本生活需求的稳定可靠的经济来源为目的的社会保险项目。这一概念的界定有以下三层含义。

（1）养老保险是在法定范围内的老年人完全或基本退出社会劳动生涯后才自动发生作用的。这里所说的“完全”，是以其与生产资料的脱离为特征的，即为退休；这里所说的“基本”，是指参加生产活动已不成为其主要社会生活内容，即为养老。必须强调的是，法定的年龄界限才是切实可行的实践标准。

（2）养老保险的目的是为老年人提供保障其基本生活需求的稳定可靠的经济来源。

（3）养老保险是以社会保险为手段来达到保障目的的。

2. 医疗保险

医疗保险是社会保险制度的基本内容之一，是当今世界各国普遍推行的社会保险项目。在现代社会中，疾病是劳动者时常可能遭遇的且是对他们威胁较大的风险之一。它不但使劳动者在患病期间收入中断、减少甚至丧失，而且在医疗方面又必须支出费用，这就使劳动者一旦患病便在经济上处于内外交困的境地。因此，即使从维护劳动力再生产的角度出发，社会也必须承担起对劳动者提供应对疾病风险的保障责任。

医疗保险是向法定范围内的劳动者部分或全部提供预防和治疗疾病的费用，并保证其在病假期间的经济来源，保障其基本生活需求的社会保险项目。这一概念的界定有以下三层含义。

（1）医疗保险一般被用来应对法定范围内的劳动者因疾病而出现的经济风险，一是支付预防或治疗疾病的费用；二是保证病假期间的经济来源。

（2）医疗保险的具体做法因时间、空间和法定对象的不同而表现出极大的差异，有的是全部负担，一般以保障基本生活需求为最低标准。

（3）医疗保险是以社会保险为手段来达到保障目的的。

3. 工伤保险

工伤保险是社会保险制度的内容之一，也是整个社会保障体制中又一个最基本的内容，当今世界各国的社会保障体制中忽略工伤保险的极为罕见。在工业社会中，工伤（含职业病）被从一般的伤害疾病中突出并加以强调，是因为这种打上“职业”烙印的伤病与雇主或企业的责任相关，而与劳动者本人的责任无关。因此，雇主和企业在经济上分担的份额更大，工伤保险作为对受到损害的劳动者的经济补偿被计划得更为周全。

工伤保险是向法定范围的劳动者补偿其因职业伤病而导致的全部经济损失，包括预防、治疗、护理、康复和疗养的费用，以及在收入方面保证其生活水平不至于因职业伤病下降的社会保险项目。这一概念的界定有以下三层含义。

（1）工伤保险是打上“职业”烙印的，因此，作为一种经济补偿，它必须帮助劳动者应对来自两个方面的经济风险：一是必须提供预防、治疗、护理、康复和疗养的全部费用；二是必须保证受到职业伤害者的经济来源。

（2）工伤和职业病保险作为对劳动者因受到职业伤害而丧失的劳动能力的完全补偿，具体标准一般较高，它必须保障受到损害的劳动者生活水平不因此而下降。

（3）工伤和职业病保险除用社会保险的手段达到目的之外，采用雇主责任制或企业责任制的方法也较为常见，采用社会保险方法的也大大增加雇主或企业分摊的份额。

4. 生育保险

生育保险是社会保险制度的基本内容之一。生育问题事关人类繁衍生存和劳动力再生产，所以受到普遍的关注。但是，由于国情不同，世界各国的人口政策也大相径庭，因此生育保险必然要打上人口政策的烙印——或鼓励生育，或控制生育。

生育保险是向法定范围内的劳动者，尤其是部分妇女或全部提供怀孕、生产、哺育期间的医护费用，保证产假和哺育假期间的经济来源，使其不因生育而基本生活需求没有保障的社会保险项目。这一概念的界定有以下三层含义。

（1）生育保险一般被用来帮助法定范围内的劳动者应对因生育而导致的两个方面的经济风险：一是怀孕、生产、哺乳期间的医护费用；二是产假和哺育假期间的经济来源。

（2）生育保险因人口政策的不同而表现出极大的差异，有的鼓励生育，有的控制生育，但都以保证劳动者不因生育而不能保障基本生活需求为最低标准。

（3）生育保险以社会保险为手段达到保险目的，但大多数是将妇女作为直接受益者。

5. 失业保险

失业保险是社会保险制度的基本内容之一。在商品经济社会中，有竞争就有优胜劣汰，因此，靠工资度日的劳动者有失业之忧，一旦成为竞争中的失败者，这部分人就有生计之忧。保障这部分最有可能成为社会不安定因素的人的基本生活需求，就成了社会为消除动乱之隐患而普遍关注的重要问题。

失业保险是在法定范围内的靠工资度日的劳动者因失业而丧失经济来源时，按法定时限保障其基本生活需求的社会保险项目。这一概念的界定有以下三层含义。

（1）失业保险是针对劳动者阶层而言的，失业是工薪劳动者在职业竞争中被淘汰，其后果是使劳动者生计断绝。于是，当失业或破产的情况一旦发生，失业或破产保险就自动发生作用。

（2）失业保险是帮助失业者或破产者再次就业或东山再起之前维持基本生活需求的，有法定时限。

（3）失业保险是以社会保险为手段达到保障目的的。

关键概念

员工福利　社会保险缴费　职工福利费　补充医疗保险　企业年金　住房公积金

本章小结

员工福利是用人单位为改善与提高员工的生活水平，增加员工的生活便利度，通过提供福利设施和各种补贴，向员工个人及其家庭提供实物给付或福利性服务。员工福利在本质上属于员工激励机制的范畴，是企业吸引人才和激励员工并借此提高工作绩效、赢得竞争胜利的一种重要的手段。本章重点阐述了员工福利的定义、员工福利的范围及员工福利的特点，介绍了员工福利规划与管理，并重点分析了社会保障体系及社会保险的内容和功能。

复习思考题

1. 什么是员工福利？员工福利包括哪些内容？
2. 员工福利的特点是什么？员工福利对企业和员工分别有什么意义？
3. 中国的社会保障体系包括哪些？各自有哪些作用？
4. 社会保险内容包括哪些？与商业保险相比较，它有什么特点？

案例分析

N公司的福利政策为何遭到冷遇？

N公司是某跨国公司的中国分公司，在全国有多家分支机构，该公司的发展势头很好。该分支机构的负责人张总经理为了稳稳地把握中国市场，开始想办法稳定分公司的核心员工。各个分支机构的高级管理人员都是通过内部提升选拔上来的，经过多年的摸爬滚打，已经都是能够独当一面的行家里手。张总经理开始注意到国内的同行开始用高薪吸引人才，他已经能够闻到这种战斗的火药味，意识到稳定人才队伍是当务之急。张总经理不缺经费，缺的是做事方法。

近一段时间以来，张总经理就开始琢磨启动人才战略的切入点。他的目标是将员工的工资普遍调高的同时，还要对核心员工实行针对性的福利政策。经过调查核实后，张总经理发现这些核心员工大多是30岁出头的年轻人，这个年龄一般都与房和车联系在一起，于是张总经理开始着手从这两个方面做文章，构建激励员工的福利政策。

张总经理经过与其他领导讨论，决定将每位核心管理者的工资按照级别上浮24 000元左右，级别较高的员工上涨幅度更大。在此基础上，张总经理决定给每位核心员工配

一辆价值 18 万元的轿车，公司负责一半价款，分五年按月汇入员工的账户中。随后张总经理又给核心员工发放购房补贴。公司规定按 120 平方米为计算基础，核心员工支付首付款以外的款项，按 20 年分期付款计算，公司为核心员工承担月供的 60%，公司会将购房补贴按月汇入员工的账户。但是房屋的产权在员工退休前归公司所有，在员工办理退休手续的时候，一并将房屋产权归还员工。

个性化补贴政策是张总经理的得意之作，因为这项政策的出台需要足够的资金支撑。在推出之后，张总经理本来认为可以引起轰动效应，但事实并非如此。于是张总经理开始宣布新政策暂停，并对不同城市的公司员工进行调查，通过广泛搜集意见，张总经理大致弄清楚了原因。人们对张总经理提出的提高福利待遇政策非常欢迎，但认为应该结合不同城市的实际考虑问题，因为在不同城市，生活成本是有差别的，用绝对数的方式涨工资，对于生活成本较低的城市而言是好事，生活成本高的城市的员工就觉得有失公允。在配备轿车这件事情上，大家更是有不同的看法，很多人已经有了轿车，再配备一辆轿车就没有必要。同时也并不是所有人都喜欢车，有些人对车不感兴趣，所以与其配车还不如补贴一笔现金。大家对房子的反映是比较强烈的，表面上看公司为员工提供了很多的补贴，但这都是以员工不离开 N 公司和始终是 N 公司的核心员工为前提。在以后 20 年的分期付款中世事难料，公司的发展前景也会受到很多因素的困扰。如果公司的未来发展前景不是很好，员工如果选择离开 N 公司，就相当于 40%月供为公司做了补贴，这种情况下就不是公司补贴员工了。员工之间的竞争如此激烈，今天是核心员工的人，明天也许就不再是核心员工了，如果员工的身份发生了这方面的变化，这些员工曾经享受的待遇将如何处理？

张总经理推行的为大家“多分钱”的政策表面上看很诱人，但仔细分析一下，其中还有很多方面需要细化。张总经理本来要给大家带来一个“欢心”，但是政策刚刚推出后就让大家有了很多的“担心”。每个员工都不愿意用实在的付出换取一个“莫须有”的补贴。张总经理的政策草草收兵之后，大家的心情并没有平复下来。人们开始感觉张总经理在福利政策上有些感情用事。一些还没有成为核心员工的普通员工开始选择“投胎”到其他制度相对成熟的公司中就职，核心员工对未来的公司政策开始担心，担心张总经理会出台类似的政策，让自己从口袋中掏钱买“担心”。张总经理的办公室开始收到各类有关福利调整政策的“匿名信”，大家仁者见仁、智者见智，张总经理吃不好饭、睡不好觉，变得头昏脑涨起来。

资料来源：孟祥林. “N 公司激励性福利补贴政策遭到冷遇”一案的启示. 上海商学院学报，2014，15（3）：73-79

思考题：

1. N 公司的福利政策存在哪些问题？为何会出现这些问题？
2. N 公司应如何改进其福利政策？

参 考 文 献

陈维政，余凯成，程文文. 2011. 人力资源管理. 第三版. 北京：高等教育出版社.

李宝元. 2012. 现代组织薪酬管理演化的历史脉络及前沿走势——基于历史与逻辑相统一的文献梳理及理论透视. 财经问题研究，(7)：3-10.

李燕萍，李锡元. 2012. 人力资源管理. 第二版. 武汉：武汉大学出版社.

刘文军. 2009. 效率工资理论研究综述. 中国劳动关系学院学报，23(3)：83-88.

刘昕. 2014. 薪酬管理. 第四版. 北京：中国人民大学出版社.

马尔托奇奥 J. 2015. 战略性薪酬管理. 第七版. 刘昕译. 北京：中国人民大学出版社.

米尔科维奇 G，纽曼 J，格哈特 B. 2014. 薪酬管理. 第十一版. 董克用，成得礼译. 北京：中国人民大学出版社.

汪雯. 2007. 薪酬的水平、差距与制度——现代西方企业薪酬管理理论述评. 现代管理科学，(11)：36-38.

杨静. 2016. 国外典型国家工资集体谈判制度及对中国的启示. 经济研究参考，(4)：76-83.

姚裕群，姚春序，李中斌. 2015. 人力资源开发与管理概论. 第四版. 北京：高等教育出版社.

张丽华，陈龙，王娟. 2002. 国有企业重组后薪酬制度改革的现场研究——以某市热电集团为案例. 经济与管理研究，2002(1)：49-55.

张丽华，王娟，陈龙. 2003a. 国企薪酬制度改革难点及对策. 中国人力资源开发，(5)：40-42.

张丽华，王娟，陈龙. 2003b. 薪酬改革从调查开始——一个上市国企薪酬制度改革难点问题的对策研究. 企业管理，(5)：67-71.

张丽华，杨付. 2011. 薪酬公平感对我国女性管理者责任心影响的实证研究. 商业经济与管理，(10)：33-42.

郑海航，吴冬梅. 2012. 企业人力资源管理. 北京：经济管理出版社.